西荻さんぽ

絵と文
目黒雅也

NISHIOGI SANPO
by Meguro Masaya

AKISHOBO

西荻さんぽ

はじめに

この本では〝西荻〟という言い方をしているけれど、じつは西荻は正式な名称ではない。東京駅から高尾駅まで延びるJR中央線のちいさな駅「西荻窪」の略称だ。

このこじんまりとした街に暮らす人たち、また訪れる人たちの多くは、西荻窪のことを愛情こめて〝にしおぎ〟と呼ぶ。このあいだ駅前の今野《こんの》書店で店員の水越さんと話をしていたら、「西荻と言うのがもうあたりまえで、あえて西荻窪と言うのは逆に違和感がありますね」と言っていて、まさにそのとおり。

さて、あなたは西荻という街をどのくらいご存じだろうか。

この本を手に取ってくれたのだから、少なくとも名前くらいは知っている？

となると、いったいどんなイメージを持っていただいているのだろうか。

東京23区と市部（三多摩）の境目にひっそりとたたずむ西荻は、かつてその存在を知る者は都内でも多くはなく、「荻窪でしょう?」「吉祥寺のむこうだっけ?」などと言われ、西荻民はずっと肩身のせまい思いをしてきた。

土曜日曜には、中央線も西荻窪駅には停まらず通過してしまう。それは阿佐ヶ谷と高円寺も同様なのだが、パールセンター、阿佐ヶ谷神明宮、七夕まつりなどが有名な阿佐ヶ谷、そして古着屋、阿波踊り、純情商店街でにぎわう高円寺の知名度には、いかんせん及ばない。そう、長らく西荻にはこれといった売りがなかったのだ。

それでも西荻の人たちは、この駅と地域に深い誇りを持っている。実際、古くから文士や画家、役者に音楽家といった文化人が行き交い、有志のサロンや酒場、喫茶店などに集った。趣《おもむき》ある通好みの店は昔もいまも豊富だ。生まれも育ちも西荻の私は、幼いころからこの街の文化を揺りかごに生きてきた。

網の目のように広がる裏路地、緑豊かな善福寺川の長閑《のどか》なたたずまい、古くから続く喫茶店に闇市の面影をとどめる飲み屋街。どこへ行くにも何をするにも居心地がよく、同時に適度な刺激にあふれた街。なんともいえないこの独特な雰囲気は、学生時代に旅したパリやバルセロナ、ロンドン、そして日本各地の名所を訪れたときに感じたどんな街の匂いにも負けないものがある。

昭和の末期から平成にかけて新宿、渋谷、池袋はもちろん、都下なら吉祥寺、立川などのメジャーな駅周辺が次々と近代的な雰囲気をまといはじめ、個人店や商店街などは大型施設や高層ビルに街ごと吸収されていった。

それと歩を合わせるように、その土地ならではの心ときめくような場所も姿を消した。原宿・表参道の歩行者天国の廃止（2001年）や、同潤会アパート周辺の開発（2006年に表参道ヒルズが誕生）、隣の吉祥寺の急激な発展（大型チェーンの進出）などは、とりわけ印象深い。かくいう私も、20代を過ごした1990年代には、よりエッジの立ったフィールドを求めて都内のあちこちを歩きまわり、良くも悪くも街の移り変わりと人流の変化を肌で感じてきた。

そんな時代の片隅で、どローカルな西荻は、独自の進化を静かにとげてきた。風情のある老舗《しにせ》、個性派の飲食店や雑貨店などがこれ以外にない絶妙なバランスで共生する街へと、少しずつ変わってきたのだ。そこには、若い人たちと年配の人たちがたがいに手を取り合い、学び合い、支え合う姿がある。

さまざまな時代背景、地理的な要因もあるだろう。自由な気風と地に足のついた品が西荻を支え、いまなお進化を続けている。この唯一無二な裏道・小道文化を、私は心から愛している。個人の顔が見える街は、人々の記憶とともに生きていく街でもある。だからおもしろいし、離れられない。

〝首都圏で住みたい街ナンバー1〟といつもちやほやされている吉祥寺を横目に、そっと息づく〝路地好きたちのパラダイス〟。

そんな西荻がいま、再評価というのか、少しずつ脚光を浴びはじめているらしい。地元民のひとりとして誇らしい気もするけれど、一方でなんとなくむず痒《がゆ》いような寂しいような、複雑な思いもなくはない。いつまでも西荻の〝ちょうどいい〟マイナー感はなくなってほしくないと願っている。

西荻窪「玉ノ湯」内部
子供の頃の記憶のみで描いています
富士山の印象が強いような・・・
私
2020 MASAYA

西荻さんぽ地図

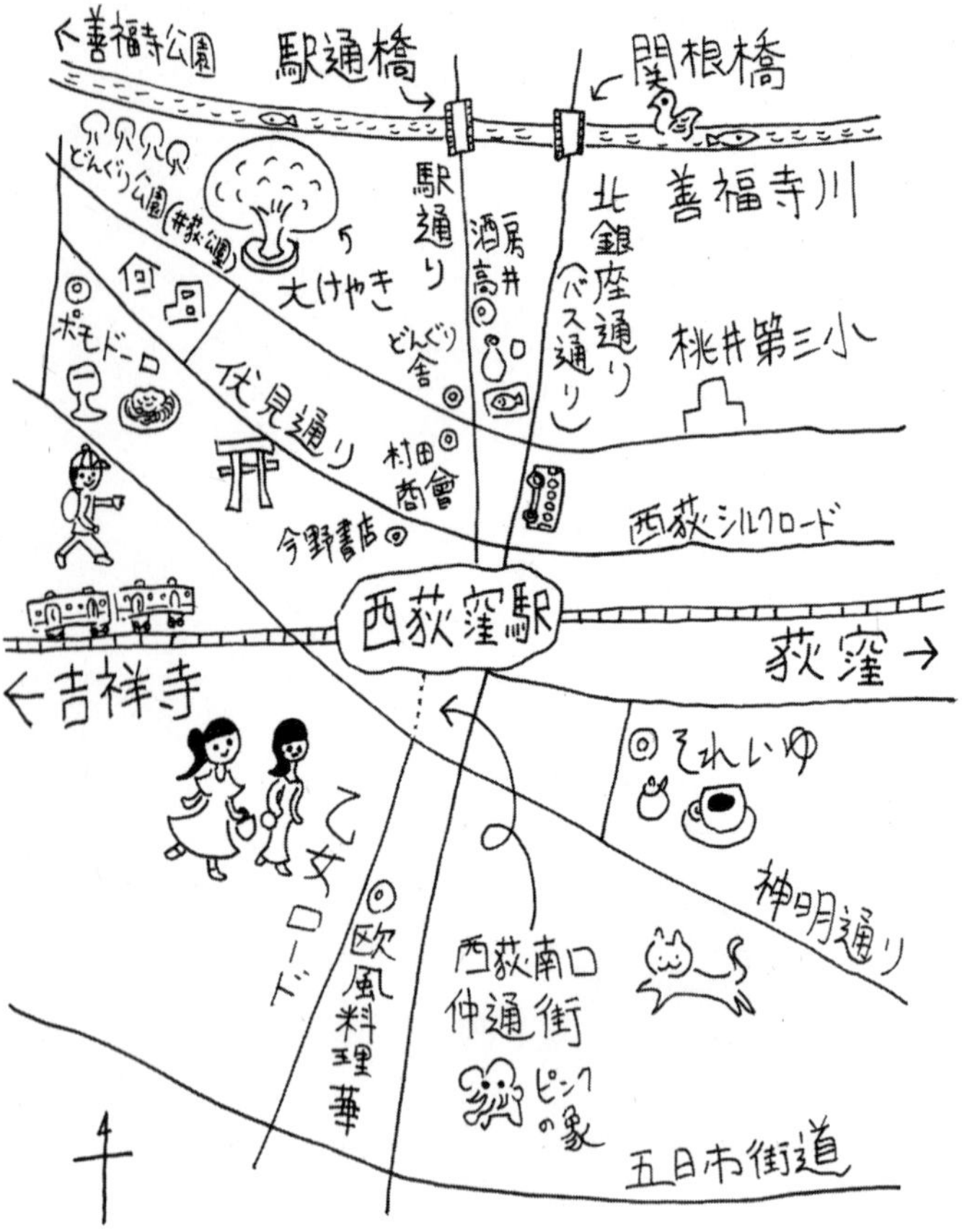

←善福寺公園
駅通橋
関根橋
どんぐり公園（井荻公園）
大けやき
駅通り
酒房高井
どんぐり舎
北銀座通り（バス通り）
善福寺川
桃井第三小
ポモドーロ
伏見通り
村田商會
今野書店
西荻シルクロード
西荻窪駅
荻窪→
←吉祥寺
それいゆ
乙女ロード
欧風料理華
西荻南口仲通街
ピンクの象
神明通り
五日市街道
2023 MASAYA

もくじ

第1章 てくてく北口

第2章 わくわく南口

第3章 食べて歩いて

ボクの西荻点景

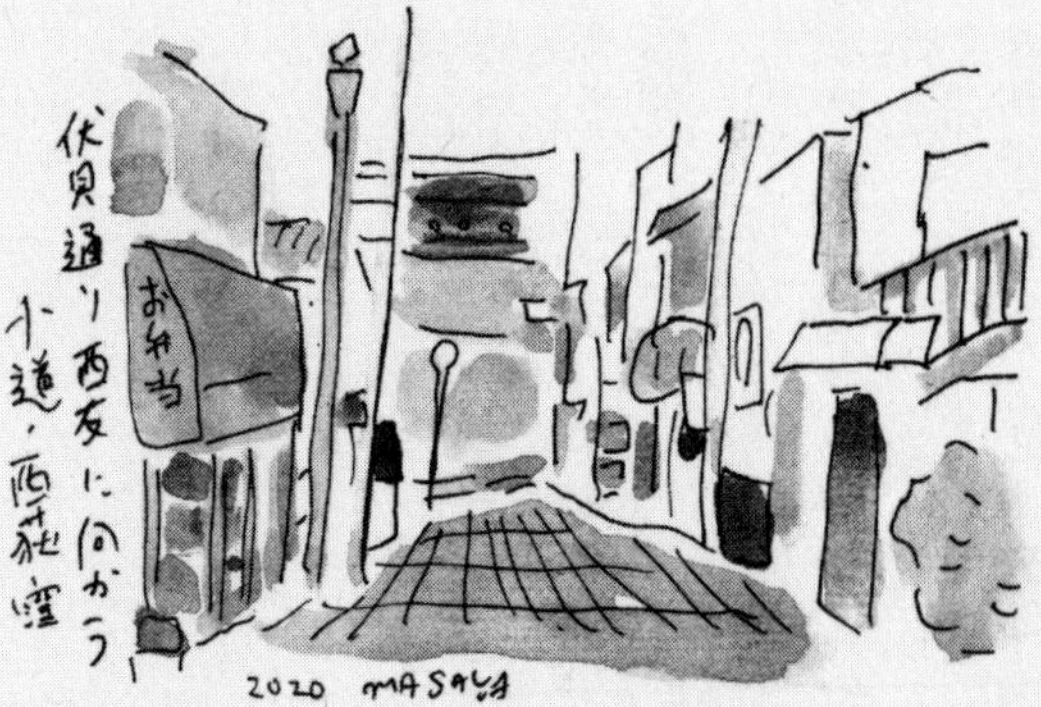
伏見通り西友に向かう
小道、西荻窪
お弁当
2020 MASAYA

第1章 てくてく北口

コーヒー豆の香る道

（西荻北3丁目）

東京都杉並区西荻北3丁目。西荻窪駅北口から徒歩5分ほどの分譲マンションに一家3人で住んでいた。大学進学と同時に、祖父母宅を建て直した東京市部の家に引っ越したから、私がこの家に暮らしたのは1997年ごろまでの18年間だ。

いまもこのマンションは健在で、ときおり住んでいた部屋のあたりを通りすがりに眺めたりする。時代とともに少しずつ補修されているようで見た目はきれいだが、建築物としては昭和レトロの域に入りつつある。

近隣の建物も道も風景も当時からあまり変わっていないので、このあたりの路地を歩いていると子どものころの思い出がよみがえる。誰にでもそんな場所があるのではないだろうか。私にとっては、それが西荻なのだ。学生のころは、日本全国さまざまな地域から来た人たちの話を聞くたびに、杉並区で生まれ、祖父母も都内に住んでい

コーヒー豆の香る道

た自分にはいわゆる田舎《いなか》がないということが少々寂しかった。でも、いまとなっては西荻が故郷だと言えることを素直にうれしく思っている。

大学4年のとき、デザイン事務所の真似事のような仕事をはじめた。大学近くの練馬区のマンション一室を仕事兼自宅として、友人とシェアしたのだ。卒業後は、渋谷でも新宿でも、あるいはまったく別の場所でもよかったのに、地元の西荻を選んで住むことになった。じつは理由ははっきりしていて、子どものころ気になってはいたけれど踏みこめなかった場所、お店、ネオン街に好きなだけ行ってみたくなったのだ。また、表現活動をする者としても、西荻の雰囲気に魅力を

感じていた。

学生時代からよく遊びにきていた友人もこの街を気に入っていて、ここを拠点とすることには異論はなかった。いま思えば正しかったと思う。西荻の街で、私たちは二度とは得られない多くの貴重な経験をすることができたのだから。日大芸術学部で意気投合し、ともに安西水丸先生の薫陶を受けた本田まさゆき（現・本田しずまる）と私は、2000年から2013年まで西荻で日々を送った。いまはおたがい西荻ではないが、やはりそう遠くない場所に住んでいる。

西荻北3丁目は、駅前から善福寺川沿いまでわりと広い範囲をカバーしているが、私が生まれたマンションは駅前の喧

騒からそれほど離れていない、住宅地に入ってすぐのところにある。部屋の窓からは国電（当時）中央線の高架が見えたし、電車の「がたんごとん」という音がうるさくない程度にはとどく。毎日ある時間帯になると喫茶店「どんぐり舎」から豆を煎《い》る香ばしいにおいが風にのって運ばれてきた。

立派な蔵がある「叶屋質店」の前まで来ると、いつも道を掃除している店主は通りかかる子どもに、にこにこ微笑んでくれ優しかった。質屋のショーウインドウには貴金属だけでなく、カメラやラジオなど当時としては高価な電子機器も陳列されていて、買うでも借りるでもないのに、中までずんずん入っていって品を

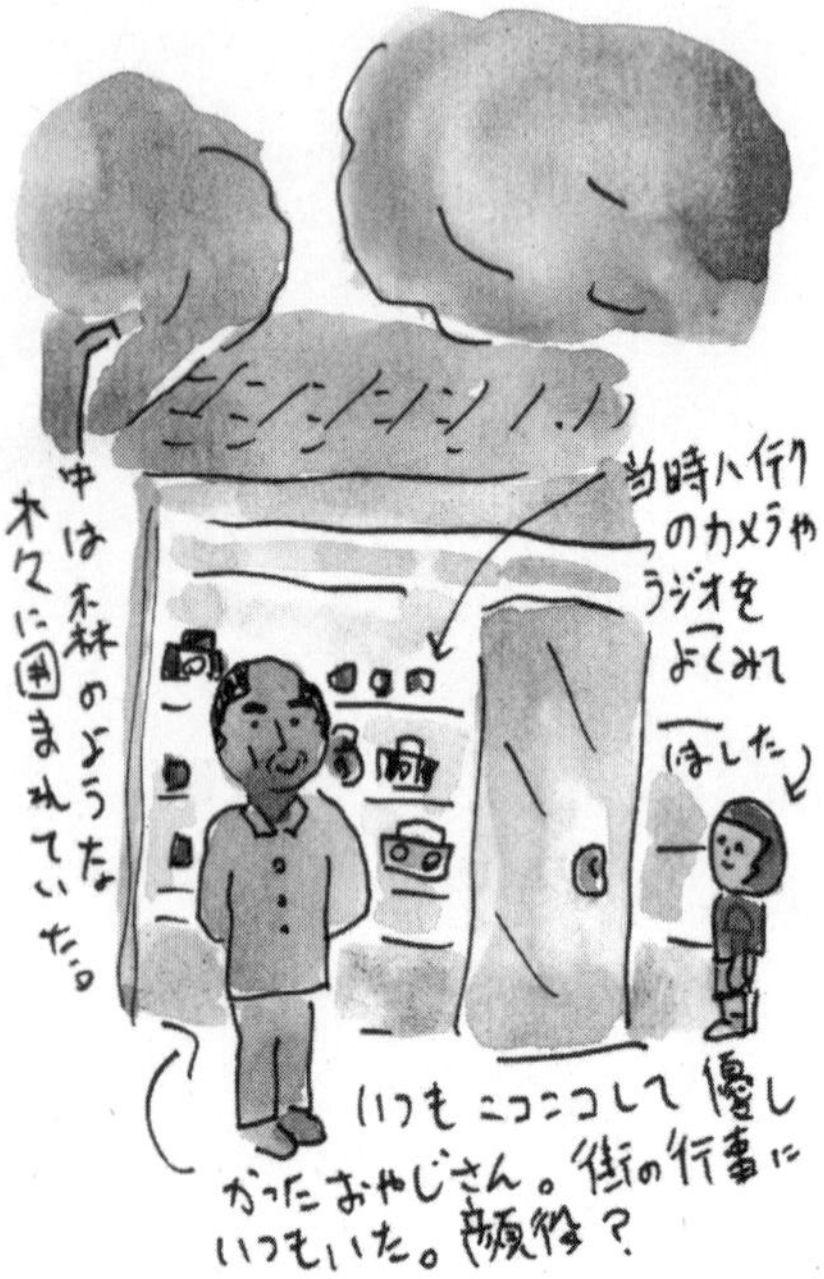

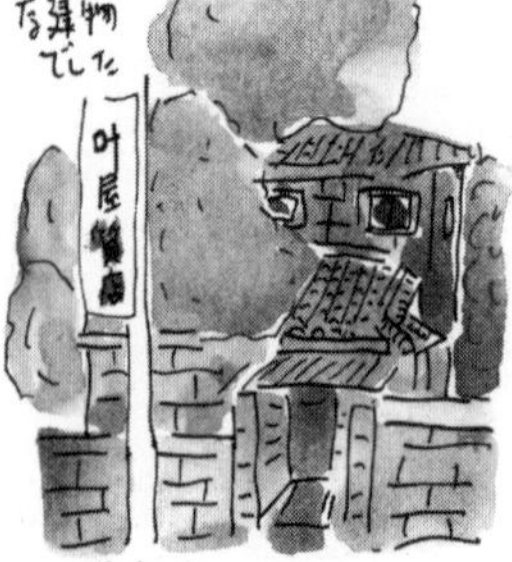
頑丈そうな建物でした

西荻窪「叶屋質店」
北口
2020 MASAYA

眺めたりした。店舗の奥に重厚な蔵と立派な母家が木々の合間から見え、当時はめずらしくなかった日本家屋の門構えが印象に残っている（現在は1階にファミリーマートが入るマンションになっている）。

その先には、若かりし坂本龍一、三上寛、高田渡、浅川マキらが出入りした伝説的なライブハウス「アケタの店」が入る吉野ビルがある。吉野ビルの1階、バス通りに面した店舗はいまでは「リサイクルギャラリーNEWS 西荻窪店」だが、かつては米屋として吉野の親父さんみずから店頭に立っていた。窓のついた大きな木箱のなかに小分けされた生麺を買いに使いにやられた記憶はまだ残っているし、2階（いや、3階だったかな?）で開催されていた編みもの教室に母についていったこともある。

バス通りを渡ると、当時としては巨大な9階建てで、1階に幼稚園を併設したチャペルマンションを横目に見ながら桃井第三小学校に通った。いまもなお存在している吉野ビルとチャペルマンションは、昭和の風景そのままの趣《おもむき》をとどめた、西荻における

貴重なモニュメントだ。

下校時には、苦い思い出がある。どんぐり舎の向かいの喫茶店「POT《ポット》」（現・村田商會）のマスターが腕組みして私を待ちかまえて、眉間にしわを寄せてじろりと睨《にら》むのだ。Sという同級生を私がいじめていると思われていたせいだ。

1年生のときに海外から転校してきたSは、身長がクラスで後ろから2番目だった私よりもずいぶん大きかった。家が近所ということもあって、私は担任から彼の学校生活のサポート役に任命された。Sはまだ日本語にも慣れておらず、しばしば（子どもからすると）わがままを言う。たとえば鬼ごっこでタッチされたら「ナーンデボクバーカリタチスルヨ！」と怒り、気をつかってタッチしないと「ナーンデボクバーカリナカマハズレスルヨ！」と怒る。「ハーッ！」と顔をまっ赤にし、拳法のような仕草で暴れだすからみんなクモの子を散らしたように逃げる。私は彼を止めて諌《いさ》めたり、

そのまま喧嘩になったりもした。ある日の帰りがけ、Sの黄色い帽子を奪い取ってからかったことがあった。マスターはそれを見とがめたのだ。無論マスターが正しい。

翌年Sとはクラスを分けられ疎遠になったが、3年生のときに起きたある事件の後、彼は転校してしまった。いっしょに帰っていた下校時に、学校の廊下でAという子が消しゴムを落とし、Sがそれを拾って渡そうとした。すると横からBという子が消しゴムを奪い、Aに渡す。Sが抗議するとAはこともあろうに「僕はBから拾ってもらったんだ」という。AもBも普段からとくにSとの諍《いさか》いなどないはずだったから、たいそうショックだったのだろう。Sは窓枠にまたがって「シンデヤル！」と泣きながら叫んだ。そばで見ていた私も気の毒に感じた出来事だった。

なぜか校長室に呼ばれた私は、見ていた顚末をすべて話し、自分はああいう回りくどいやり方はしない、Sとは正面からやり合ってきただけだと涙ながらに訴えた。年配の女性校長は「そうですか、わかりました」と優しく微笑んでいた。

この事件からほどなく彼が転校した直後、気がかりになって家を訪ねた。Sは不在で、彼の母親はうれしそうにお菓子をくれた。それが最後だった。夏休みの課題でSと共同でカミキリムシを育てた絵つきの日記帳は、いまも実家にある。1週間分ほどの書きこみで、Sの担当するページに黒い虫の寂しげな絵とともに「カミギリムはし

んだ」（原文ママ）とある。カミキリムシには気の毒だが何度見てもおもしろい。

時は流れ、それから30年以上たったある日、「3丁目cafe nico-nico」のあたりを歩いていると、見上げるような大男がいた。思わず「S君！」と呼んだ。誇張なしで190センチはある。三国志の関羽、超飛が実在したらこのような体軀かもしれない。私は177センチで、小1当時の身長比率そのままだった。嘘のような本当の話で、相当久しぶりのSとの偶然の再会だった。彼の一家は転校後すぐに西荻から引っ越してしまったので、二度と会うことはないと思っていた。

Sは結婚し、日本に帰化して西荻に住

みはじめたところだという。どこかに顔見知りがいないかと歩いていたそうだ。時間は正しく流れているとはいえ、それはまさに私にとってタイムスリップのような出来事だった。

日をあらためて「酒房高井」で杯を交わしながら、おたがいに小学生時代の記憶の答え合わせをし、それ以来、飲み仲間となった。話によれば、彼は学生時代に巨大掲示板群「〇ちゃんねる」をH氏といっしょに立ちあげたメンバーのひとりだったそうだ。その後大企業から大企業へと引き抜かれ、また世界的なスマホ「I」の研究者として各種講演にも出向いているという。なんとも優秀な男だったのだ。小1で転校してきてひと月もしないうちに、みんなと日本語で口論していたのだから、よく考えてみたらすごいことだ。福耳の貫禄ある大男と私が歩いているのを西荻の街角で見かけたら、それはたぶんSである。

どんぐり舎

西荻窪どんぐり舎
2020
MASAYA

看板に描かれたキャラ
どんぐり舎(や)のカップ《コーヒー》が
どれもかわいい

2021
MASAYA
西荻窪
「どんぐり舎」

西荻窪「どんぐり舎」の床

さよなら、萬福の親父さん

（萬福飯店）

Sは生まれも育ちも中国だ。一家で日本にやってくると「萬福飯店」のすぐ近くに住んだ。だから、当時から親子でこの店の常連だった。あのころから中国人ならではの知識で、未知の料理について私に教えてくれていた。

萬福飯店の少し先にあった居酒屋「たかお」（現在はもうない）の料理、なかでも茄子の肉はさみ揚げ定食がおいしいと教えてくれたのも彼だった。親にねだって私も食べにいったが、茄子で鶏肉をはさんだ天ぷらにポン酢醤油ともみじおろしをかけたオリジナル料理で、かりっとした衣の中から茄子と鶏肉の汁があふれ出た。いまどきテレビで紹介されようものなら行列必至の、やみつきになるうまさだった。味噌汁、漬物、豆腐の小鉢、白米。それで600円。ランチメニューなのに夜の居酒屋営業でも注文できる。

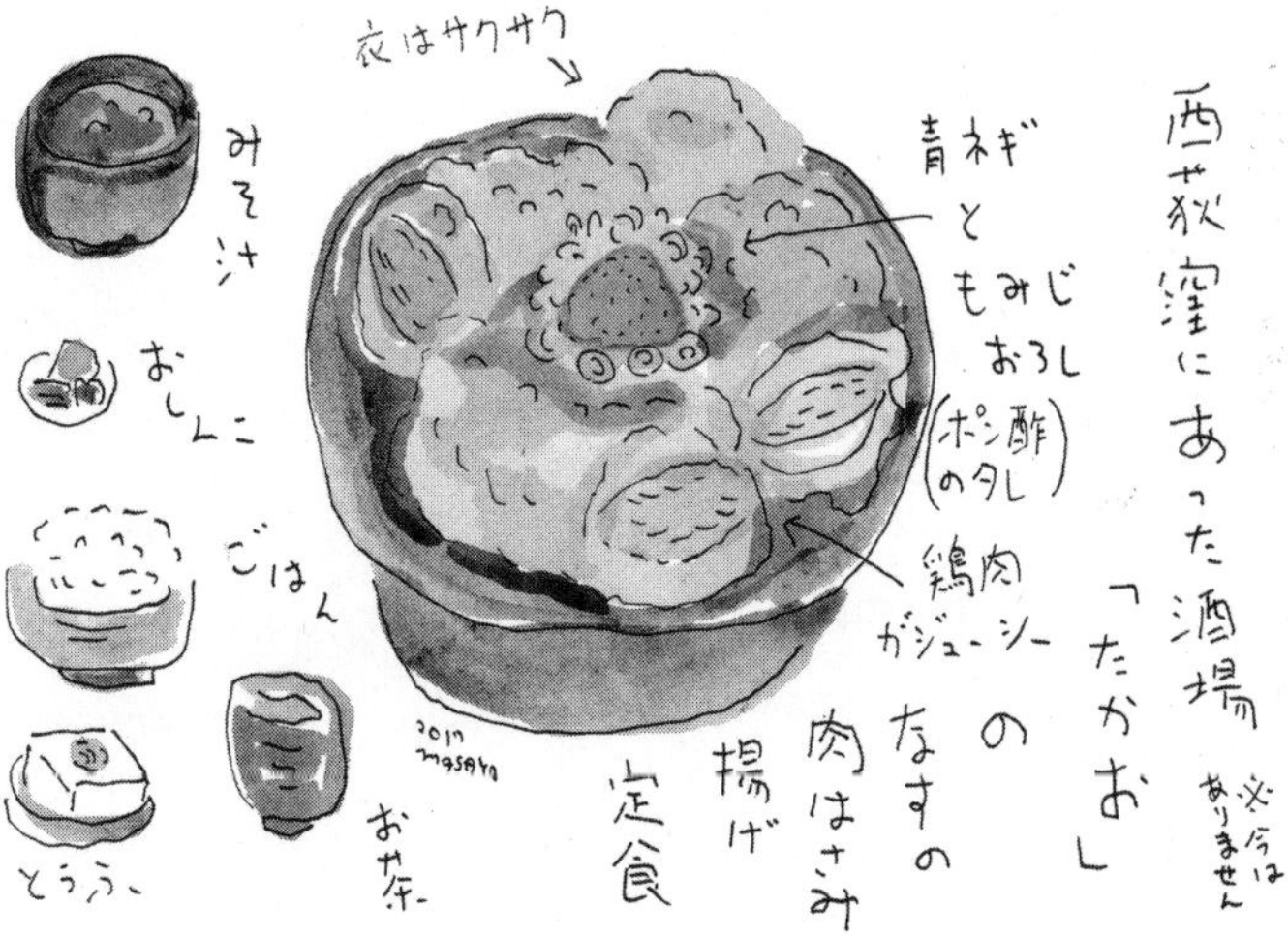

マスターはふっくらとした体格の優しいたたずまいをした中年男性で、居酒屋の亭主というより料亭の板前のような風格があり、暖簾《のれん》をくぐると酒やけした涼しい声色で迎え入れてくれる。着席し、ほどなくすると「なにが？」とくる。この「なにが？」のひと声がまた優しい、おだやかな言い方なのだ。食事をすませ席を立つと最後に暖簾をくぐるまで4回ほど「ありがとうございました」と言ってくれる。席を立つとき、会計時、扉を開けるとき、閉めるときの4回。

Sが「タカオ、タカオヨクイク」というので「高尾？　ずいぶん遠くまで」と思っていたけれど、あとでそれは近所にある居酒屋なのだとわかった。

どことなく哀愁ただよう
山本屋
山ちゃん
山田
タカ
イーグルス
チャーリー
福田
いらっしゃい
何が？
優しいマスターは注文を聞くのはかなり早い
MASAYA

中国人転校生で日本語ペラペラ
よくケンカもしました（かなり身体が大きい）
Sくん
ポケットに手を入れられ意識する…
いたって普通にポケットに手を….
一応皮ジャン
すっ
当時スズキインパルスに乗っていました

小学生の私は、たかおに行くたびに目の前の棚に並べられたおびただしい数のキープボトルが不思議でたまらなかった。ボトルには〝田中〟とか〝高橋〟と書かれている。草野球チームなどの名前であろう〝イーグルス〟とか、〝山ちゃん〟などのニックネームや〝○○屋〟という近所の商店の名前、めずらしいのでは〝チャーリー〟なんていうのもあった。いったいどんなやつなんだ、チャーリー。なんて思いめぐらせながら眺めるのが好きだった。

和装の板前をみんなが「マスター」と呼ぶのもおかしく思えた。マスターはからからからという音とともに油の香ばしいかおりをただよわせ、鍋に天ぷらや茄子肉を放りこんでいく。あとは店内のテレビを眺めながら揚がるのを待つ。なにかというとテレビを見ている。テレビを見るのが仕事で、片手間に料理をしているんじゃないかというくらい手際がいい。常連さんと「今年の巨人はだめですねえ」なんて話しながら。私はカウンターに小さな身をのりだして油の中で花が咲くように広がっていく衣を凝視する。揚げている時間が思いのほか長いので、焦げはしないだろうかと心配したが、マスターは客と話しつつも軽やかな身のこなしで他のつまみなどと同時進行で仕上げていく。余裕があるように見えて格好よかった。

いまから思えばこのマスター、かなりの腕前だったように思う。ひとりで訪れるようになってからは、気品の奥に薄っすら影のある雰囲気を感じたものだ。人知れぬ苦心の物語があったのかもしれない。最後に行ったのは2002年ごろだったか。後輩の女子をバイク（スズキインパルス青白）に乗せて。冬の寒い日で、後部座席から私のジャンパーのポケットに手を入れてきた彼女に、えらく緊張したことを覚えている。マスターはどことなく、他界したお笑い芸人の上島竜兵さんに似た風貌だった。

萬福飯店に話をもどそう。私は子どものころ、いまはメニューから消えた天津麺をこのお店で好んで食べていたが、Sがジャージャー麺（肉味噌和え麺）や、木耳肉《ムースーロウ》（卵

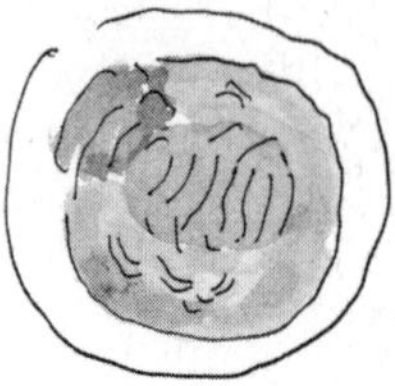

と豚肉と木耳の炒め）がおいしいと教えてくれて、それらも好きになった。成人した後、Ｓは中国への長期出張も何度となく経験していて、そのたびに土地土地にある名店をさんざん食べ歩いたそうだ。結論は「日本の中華はうまい、なかでも萬福飯店はトップクラス」。

萬福飯店は四川料理店なので、麻婆豆腐は名物料理のひとつだ。ただし最近はやりの、舌が麻痺し汗が止まらなくなるほどの刺激ではなく、ある程度日本人の舌に合わせた味つけになっている。油の風味に独特の香りがあり、何をどうしたらこういう品のいいこくが出るのか、他ではなかなか出会えない逸品だ。チャーハンはことさらにぱらぱらしているわけではなく、どちらかというとふっくら系だが、細かく刻まれた具材の風味が引き立ち、口に含むとうま味が一気に広がる。オーソドックス

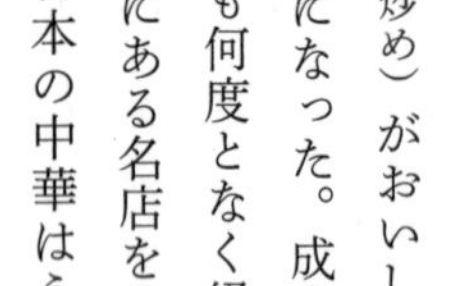

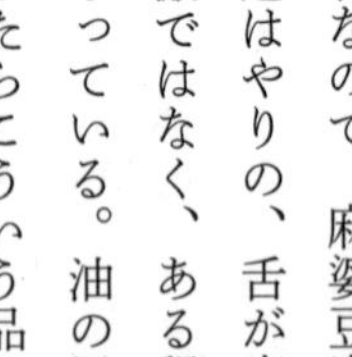

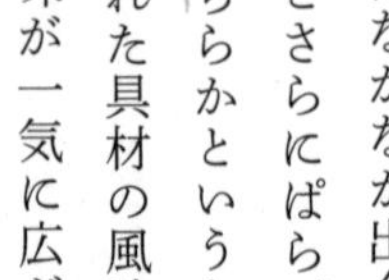

さよなら、萬福の親父さん

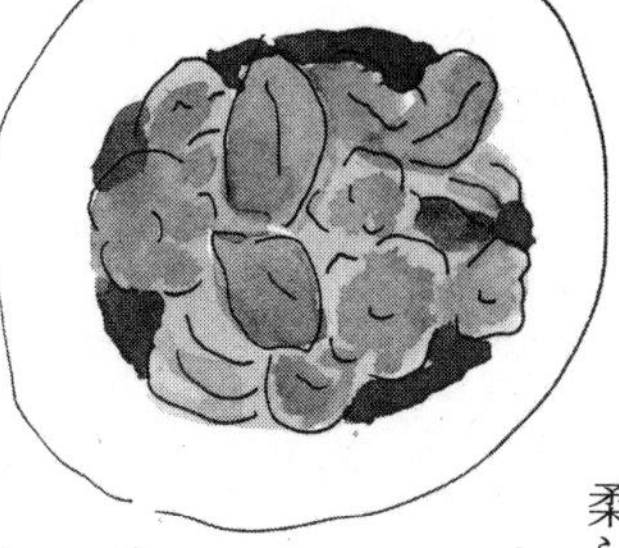

なメニューはどれもおすすめだが、水餃子は欠かせない。スープ入りではなく茹でた水餃子にぴり辛の胡麻味噌だれをかけるタイプだ。胡麻《ごま》のこくとぴり辛の加減がたまらない。噛むほどに具材のうま味が追いかけてくる。ビール好きには最高のつまみだ。透き通るスープの鶏そばは、丹念に煮出したにごりの少ない上質な白湯《パイタン》スープに、やや柔らかくて細めの中華麺、トッピングは蒸し鶏と青菜。一滴も残さず飲み干してしまう。体調が悪いときや、飲みすぎた翌日に最高だ。ぱちぱちと春雷鳴りひびく中華おこげ料理、牛肉あんかけご飯、挙げたらきりがない。中華揚げパンというものもあり、炒めもののソースをからめて食べるという悪魔的な裏技もここに記しておく。

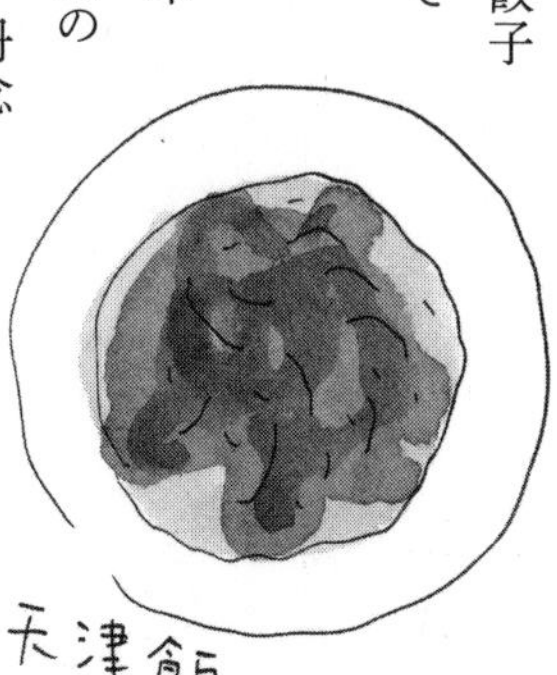

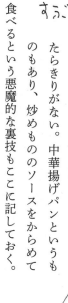

2020年の12月、はじめてSと萬福飯店へいっしょに食べにいくと、おばちゃんから「ふたり、同級生だったの⁉」と驚かれた。普段は仏頂面の親父さんもことのほか喜んでくれ、調理場から出てきて全員で記念写真を撮ろうということになった。職人気質の頑固な親父さんにしては異例のことだ。中華料理通のSのチョイスは確かになかなかだが、人それぞれの楽しみ方があっていい。メニューの選択に迷った方は私がイラストレーションに描いた料理を注文するのも手だ。

　残念なことに萬福の親父さんは翌年4月に他界された。Sと訪ねたその日からほんの数ヶ月後の訃報だった。親父さんは15歳で中華の世界に入り、25歳で興した萬福飯

店でじつに50年ものあいだ炎の前に立ち鍋を振りつづけた。家族は私と同じマンションのちょうどひとつ下の階に住んでいて、生まれたときから知っているから、いまだに「まーちゃん」と呼んでもらっている。

10年ほど前だろうか、隣のバー「イルカに乗った少年」に入ると、仕事終わりの親父さんがいて、ビールをごちそうになりながら話を聞いたことがある。「五目やきそばは横浜中華街でいちばんうまい店の味を通いつめて覚えた」とか、開店当初はサッポロラーメンブームで、隣の「コタン」は行列なのに萬福飯店は閑古鳥だったとか、意外な苦労話を聞けたのは新鮮だった。昔のSの話題も出た。「横浜中華街に買い出しにいこうとしたらあいつがたまたまいて、行くか？と聞いたら行くと言うからそのまま連れていったら、Sが行方不明になった、と大騒ぎになってね」親父さんらしい話だ。

極めつけは、二代目にはまだ鍋を振らせていない、というなんとも衝撃的な話も飛びだして、親父さんが倒れたらどうなるんだ⁉︎　と思ったのがハイライト。二代目とはいえ、もう50歳に近い。それでもまだ見習いあつかいなのか……。剣道の名人持田盛二先生が遺訓とした「50歳までは基本で、それからが本当の修業」という言葉を思い出す。たしかに野菜を切ったり麺を茹でたり盛りつけをしている二代目しか見たことがない。

ひと月ほど休業し喪に服された後、かつて厨房の親父さんがいた場所には二代目の姿があった。テーブルに着いて客席を見渡せば、お客さんたちはいつもと変わらずおいしそうに食べていて、鍋を振る二代目の横顔が親父さんそのもののように見えて胸が熱くなった。木耳肉を注文。香ばしい卵、ふわりと柔らかな豚肉、絶妙な甘みの効いたたれ。子どものころから慣れ親しんだ味だ。ひと口食べてわかる。（親父さんの味だ！）涙があふれそうになるのを堪えた。二代目はしっかりと料理を極めていた。

親父さん、安らかに。

純喫茶文化を継承する店

（村田商會）

純喫茶POTのマスターが勇退すると、喫茶店営業と並行して喫茶店の備品リサイクル販売を営む「村田商會」がそれを引き継いだ。村田商會の店舗内で使用されている椅子やテーブルも前マスターから引き継いだ年代物だが、新品のように綺麗で頑丈だ。東京を中心とした古い喫茶店から集まる家具はどれも長く使えるもので、デザインもすばらしい。スプーンやフォーク、ナイフなんかもあるし、コーヒーカップやグラスは、いまや探しても見つけることが不可能なオリジナリティあふれるものがどっさり並んでいる。

先日、閉店した喫茶店から発掘された安西水丸先生作のマグカップ（箱つき）を店主の村田さんがとっておいてくれた。その喫茶店はタバコ屋が併設されていたそうで、マグカップはJTのノベルティとしてタバコを購入した客に配布されていたものらしい。そのイラストレーションは先生独特の〝ホリゾン〟という水平線が引かれ、背景があざやかな赤。白地の上には赤い帽子の人形、マッチ、タバコが置かれ、中央にエメラルドクーラーのようなカクテルが描かれている。意外なところから先生の残したきわめてレアな作品が私の手元に届くという幸運にめぐまれた。長く倉庫の奥に眠っていたらしく、箱は褪色し汚れていたが、よくつくりこまれたデザインで、中身は新品。時空を超えて先生との再会を果たすことができた。

単に備品を引きとるだけでなく、そのお店の解説や閉店に至るいきさつなどまで書き記すほど喫茶店愛あふれる村田氏のもとには、行き場を失った家具や食器たちが集結し、手直しされて新たに巣立っていく。そうした中古品群は引く手あまたで飛ぶよ

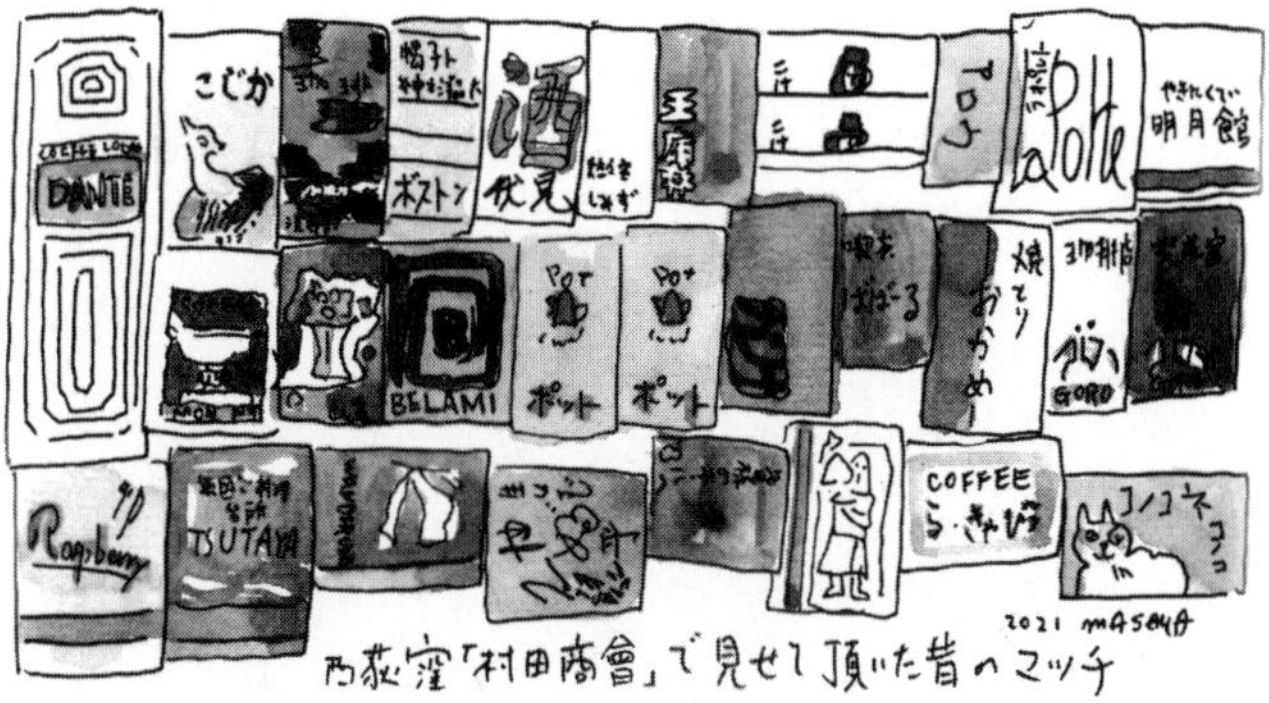

西荻窪「村田商會」で見せて頂いた昔のマッチ

うに売れていくため、つねに新鮮な血液のように循環している。我が家では村田商會で手に入れたパフェグラス、スプーンやフォーク、どんぶり、皿、マグカップ、弁当箱などを普段使いしている。

　村田商會が昭和の文化財ともいえる純喫茶POTの継承と、純喫茶の機材再利用（＝純喫茶文化そのものの再生）という難しいふたつのミッションを同時に果たしていることは〝西荻の奇跡〟と言っても過言ではない。マスターの村田龍一氏は、閉店するお店に対するリスペクトを第一に考えており、それがひと癖《くせ》もふた癖もある老店主たちから強く慕われている理由だろう。そうでなければ、なかなかこうも多種多様な品々は集まらない。〝喫茶店の髪の毛の先からつま先まで〟がここにはある。

　あるとき、新たに喫茶店を出店するらしい若い男女が嬉々としてたくさんの備品を買いそろえていく様子を見た。若者が新しい営みをはじめるにあたり、想いのこもった備品を引き継いでいく姿は素敵な光景だと思う。

ある閉店したばかりの喫茶店について、私が「昔、苦い思い出があって、以来入っていなかったんです」と村田さんに話していたら、実際にそのお店の老夫婦が入ってきたことがある。「目黒さん、あれが〇〇〇のマスターです。ご紹介しましょうか」と言ってくれたのだけれど、本当にずっと足を踏み入れていなかったので気まずく、そそくさと退散してしまった。

これまで何十年も休むことなく喫茶店営業を続けてきたご夫婦は、いまようやくじっくりと西荻巡りを楽しみながら、おふたりにとって新鮮であろう毎日をにこやかに過ごされているのだろう。私はおふたりをあの店のマスター夫妻とは知らずに、最近さまざまなお店の中で見かけ、また散歩をしている姿を認めていたのだ。

お店をされている人に聞くと、意外にもみな他の店のことを知らないということが多い。たしかに開店時間には中にいるし、おたがいに休業日が重なればしかたないことだ。ともあれ、レジェンドマスターの知遇をあらためて得る、千載一遇のチャンスを逸《いっ》してしまった。私にはそんな気《け》があり、よく後悔する。しかも、閉店を惜しんだ

純喫茶文化を継承する店

ファンの方からの依頼でその喫茶店のイラストレーションを描いたばかりだった。その絵は本書のどこかにひっそりと残しておこう。2022年に惜しまれつつ閉店した南口のあの喫茶店だ。

村田商會特製プリン・ア・ラ・モードやレアチーズケーキは逸品だ。レアチーズケーキは、ゼラチンが入らず生クリームの比率が高いマイルドなタイプで、敷いてある薄手のしっとりとしたチョコレートスポンジとのバランスが絶妙だ。「純喫茶のパフェやアラモードは、見ためは派手だけど味はふつうということが多いのに、ここのアラモードは本当においしい」と、村田氏に何度となく伝えたが、かならずうまくはぐらかされてしまい、絶対に乗っかってくれない。喫茶店について味だけで語ることは無粋なのだと気づかされる。優しい方である。変わり種では、関西で飲まれているらしい、カルピスをコーラで割った激甘のキューピットや、エメラルドグリーンの色味がそそるメロンミルクなど独特なメニューもあり、村田夫妻は寡黙だけれどメニューは雄弁に語りかけてくる。

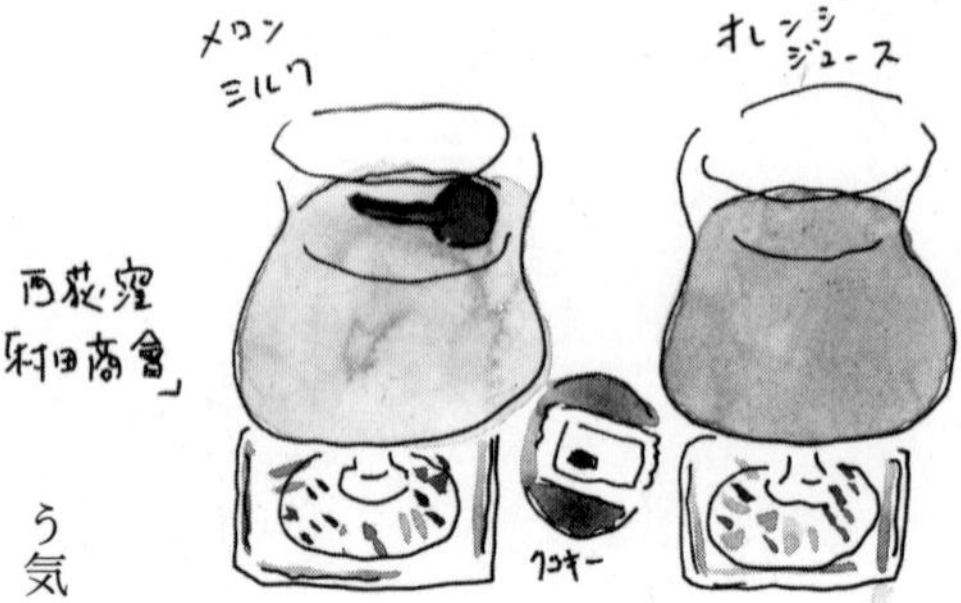

5歳になる息子を連れていくと、すぐ村田商會の大ファンになった。

西荻はわりと子連れに寛容な街だ。村田商會だけでなく喫茶店「それいゆ」にも家族4人ではもちろん、1歳と5歳の子を私ひとりで連れていくこともよくある。1歳の子がグラスを倒さず、食い散らかさず、騒ぎ出さないよう巧みに気を引くにはそれ相応のテクニックがいる。乳児はこちらが正解を提示できなければ、たちまちわめきだし、そうなれば店を出なければならない。

20代のころは喫茶店で子連れを見かけると「なぜわざわざ」という気になったが、いまは「そうまでしても来たい」という気持ちがわかる。

が、わめいたり騒ぎだしたら出るのがマナーだ。たまに「こちらは赤ちゃんがいるのだから配慮してもらいたい」と言わんばかりにふるまうママさんたちや、赤ちゃんがいるというだけで過敏になる御仁もいたりするが、どちらも純喫茶には合わないだろう。

村田さんが喫茶店を愛するように、客もまた、喫茶店に対するリスペクトが必要だ。

子連れが向かない雰囲気だったり、他の客に迷惑をかけるのなら出るのが私なりのルール。いまでは5歳児のほうは幼いなりに喫茶店での作法をわきまえるようになった。ちなみに小さな子どもを受け入れている店かそうでないかは、自分でよく見極めるか、店の人に直接聞いてみるのがいい。子どもたちはアイスクリームもジュースも大好きだから、連れていけばたいてい喫茶店が大好きになる。喫茶店の未来は明るい。

余談だけれど、私は家事・育児も得意なほうで、炊事・掃除・寝かしつけ、とたいがいのことはこなしている。朝の保育園送りも私の担当。育児絵日記本『うちのしょうちゃん』（皓星社）を出しているくらいだ。

窓がわりと大きめに分割された外観には、レトロが一周まわった斬新さがあり、その窓に描かれた赤いポットのシンボルマークはけっこう剥《は》がれている。そのまま補修しないところが粋だ。ピカピカに塗りなおす

西荻窪「POT」
（現・村田商會）

より、このほうが洒落ている。村田氏によると、拭き取ると塗装が剝げ落ちてしまうのだそうだ。

ＰＯＴの前マスターはご健在とのこと。口髭を生やしたあの渋い表情を思い出すとおっかないが、やはりお元気と聞くのはうれしい。少年時代に叱られた記憶が心に絡みついていて足を踏み入れることなく終わるはずだったＰＯＴ（あえて旧名で）にこうして通う日がくるとは思わなかった。

純喫茶文化を継承する店

暖かな風が吹く路地

（夢飯周辺）

萬福飯店の親父さんの訃報は、西荻窪の「ＢＲＥＷＢＯＯＫＳ（ブリューブックス）」で歌人の枡野浩一さん、漫画家の内田かずひろさんと開催した三人展「一人一人一人展」にいらした「夢飯《ムーハン》」の小島店長からもたらされた。夢飯も萬福飯店も「小高商店」で野菜を仕入れているから、みんな親戚のようなものだ。

夢飯は日本におけるシンガポールチキンライスの元祖のようなお店だ。

シンガポールチキンライスとは、お米を鶏のだし汁で炊いたうえに、蒸し鶏あるいはフライドチキンがのり、そこにレモンやスイートチリソース、醤油だれをかけて食すという、そのうま味を想像するだけでよだれが出てくるような魅惑的な料理だ。中国からシンガポールに持ちこまれたのが起源のようで、タイ料理のカオマンガイにかなり近いが、どことなく中華と西洋の融合というか、トロピカルな華やかさを感じる。

お店の周囲には甘くて香ばしい匂いがただよい、開店当初から一貫して大人気だ。

オーナーの妹さんは元キャンディーズの伊藤蘭さんだったりもする。蘭さんはかつて西荻北3丁目にある「有田焼すずき」のお隣に住んでいた。すずきの2階に住んでいたという説もあるが、すずきのおばちゃんに聞いたので間違いない。蘭さんは私の高校・大学の大先輩でもある。全盛期には、通学の際ファンが待ち伏せしていてたいへんだったらしい。ファンが待ちかまえていた一角には当時廃屋になった大きなお屋敷があり、よく入りこんで遊んだものだ。さながら『ホーンテッドマンション』のようだったが、あのころはまださまざまな廃屋が街なかに残っていた。いまではそうした空き家は見かけないが、古民家を再生利用したカフェや雑貨店などは増えた。

夢飯にはギャラリーが併設されており、何度か個展を開かせていただいた（現在ギャラリーは終了）。妻と交際していた時期、彼女に向けた内容のイラストレーションと文を「ラブレター」と題し展示したこともある。

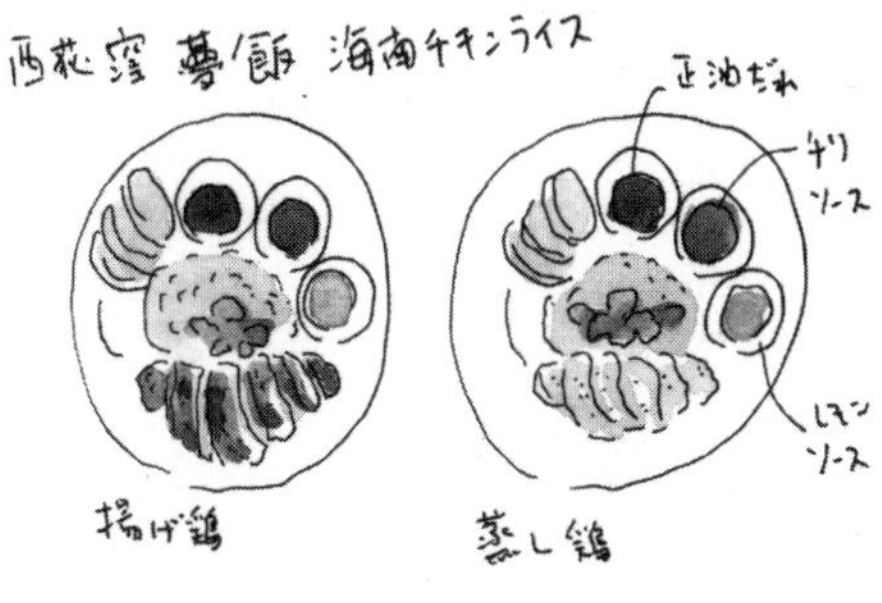

いま思えば、恋愛がひとつの強烈な創作意欲につながり、平時に眺めればなかなかに気恥ずかしいような内容であっても、人は突っ走っていけるのだ、ということを学ばせてもらった。

夢飯の斜《はす》向かいにはかつて「茶舗あすか」のご親戚が営むおもちゃ屋「えびすや」があり、その奥が「三典」という市場のようなマーケットになっていた。味噌屋の樽が積み上げられて並び、活気ある鮮魚店にはしゃがれ声の「らっしゃいらっしゃい！」の掛け声が絶えず、赤や青に輝く大きな魚が丸のまま並び、頼むとさっと捌《さば》いてくれた。足を踏み入れるたびに館内の喧騒に圧倒されたものだ。まさに昭和の景気の良さをあらわす光景で、ちいさなアメ横みたいな感じだった。ひじきの煮つけなんかがおいしい〝おばちゃんのところ〟と

西荻窪 有田焼「すずき」
で買ったコーヒーカップ
ざくろの絵柄です

西荻窪 有田焼「すずき」

呼んでいた家族経営の惣菜屋の味も、いまだに舌の上に残っている。匂いとか味は、街の景色といっしょに心に刻まれるものだ。長い月日が経っても変わらない人や匂い、景色があるとほっとする。

　夢飯から小高商店に抜けるこの路地にもう市場やおもちゃ屋はないけれど、まだまだその風情は生きている。名づけるならば〝暖かな風の吹く路地〟というのはどうだろうか。

"食の砦"と界隈のにぎわい

（小高商店周辺）

小高商店は、西荻窪北口エリア最大の〝食の砦《とりで》〟だ。以前店の野菜にいちゃもんをつけた客に大将が「なに言ってんだ、うちは夢飯にも萬福飯店にだって卸しているんだ！」と啖呵《たんか》をきっていたのが小気味よかった。ここがなくなればみんなかなり困るだろう。お客に声をかける威勢のいい声色が響き、野菜の使い方なんかも何でも教えてくれる。行列ができてもすぐに順番が回ってくる迅速なレジ捌きは爽快だ。よくあれだけの数の野菜の金額を覚えられるなと感服する。が、ごくまれにレジで（その野菜の値札が）いくらだったか聞かれるのはご愛嬌だ。

どんなに忙しくてもとても親切。車両の通行もほとんどないから縁日のようににぎわい、行き合う住民同士の語らいの場となっている。これぞ西荻窪裏道文化の醍醐味。あまりの人出に自転車もおいそれとは通り抜けられない。

小高商店の両隣には姉妹店「サレカマネ」と「サレサイドサカエ」がある。酒落た立ち飲み屋ができたなあと思っていたら、どちらもたちまち人気店となり、カウンターは早い時間から埋まってしまう。酒肴はめずらしいパステウ（揚げたミートパイ）というブラジル料理から刺身、自家製ポテトサラダ、カニ味噌グラタンなど和洋さまざまだ。煮込み料理、揚げ物なんかもすべてにひと工夫がある。私はたまに買い物ついでにサレサイドサカエで甘くておいしい泥生姜サワーをいただく。立ち飲み特有の雑然とした感じがなく、お客さんも含めた店内の雰囲気がそこはかとなく上品なのは西荻らしいと言えなくもない。「1軒目だけどフィニ

ポテサラ
牛テールシチュー
2020 MASAYA
「西荻窪サレカマナト」

西荻窪
「サルサイド
サカエ」
2020
MASAYA
泥生姜サワー

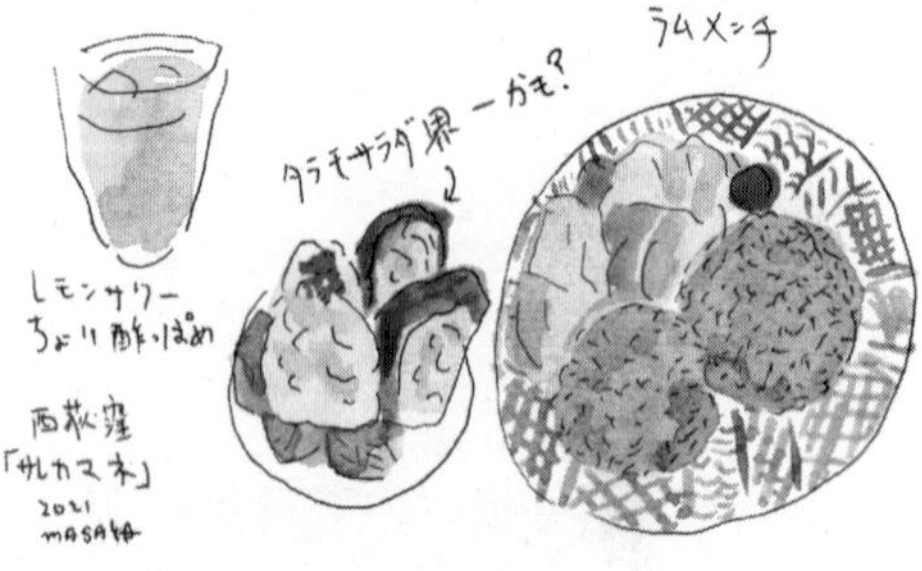

ッシュまで仕上がってしまいそうな立ち飲み屋」なのである。
サレサイドサカエの隣には自家製麺パスタの「西荻RISE《ライズ》」がある。はじめは大人気のスペインバルだったが、コロナ禍のあおりを受けて現在の〃パスタ推し〃に転身した。コロナ禍でのたくさんのお店の健闘ぶりには本当に頭が下がる。パスタは量やトッピングが選べ、大きな皿に盛りつけられる。自家製の生麺はくせになるおいしさだ。スペインバルの名残もあってかワインバーとしても使える。店主は桃三小野球部のチームメイトだ。当時彼の家に行っては、ファミコンの「キン肉マン マッスルタッグマッチ」で遊ばせてもらった。「ブロッケンJr.」は火炎殺法が異常に強く、対戦モードでは使用禁止としたものだった。
彼ははじめ、同所で「太陽食堂」という中華料理店を開業した。その後スペインバルRISEを経て、現在のパスタ専門店に。オリジナルのメニューはすべて自分で考案しているというから、経営者としてのみならず料理人としても多才だ。

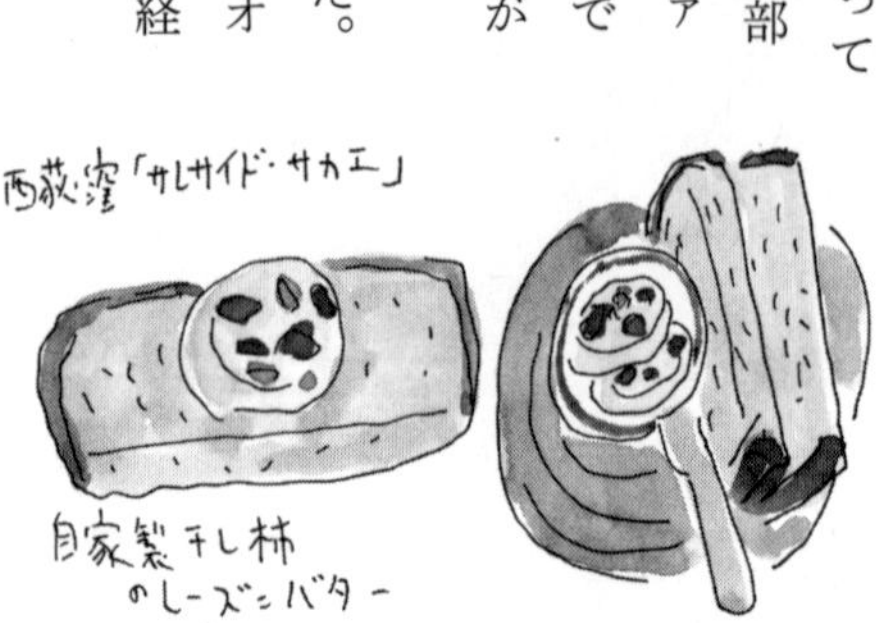

美人の店主
み
ポテトフライが美味しい！
揚げものが美味しい店は信頼できます
西荻窪
「サムサイドサカエ」
おつまみ盛り合わせ

※こちらの店主さんはいまはいません

かつて彼の父親が営んでいたお好み焼きの「弥生」も、界隈で知らない者はない人気店だった。鉄板焼きのサイコロステーキやコーンチーズ入りのお好み焼きが私の好物で、外食となると「弥生に行きたい」とせがんだ。先日食べにいったテイクアウトもやっていたと思う。先日食べにいったイタリア料理店「ポモドーロ」のマスターから聞いた思い出話がおもしろい。「弥生の店員さんがフラメンコギターをやっていて、うちで演奏会をやったりね。音が響いていいって褒《ほ》められてさ。ダンサーもそこで踊っていたよ」と店内を指さした。「弥生のアルバイトで藤圭子によく似た素敵な子がいてね。友だちが通いつめるのに付き合わされたなあ」とも。こういうことは自分にも身に覚えがあり、いつの時代も同じなのだなあと思う。

小高商店の前には、昔のよろず屋の進化形「カ

ルディ」が運営するカフェレストラン「HAGARE」や、居酒屋「やきとり戎《えびす》」が新たに出した落ちついた雰囲気の和食屋「海のぼん」があり、小道が華やぐようなおしゃれ感が醸し出されている。最近の西荻は、昔からある商店街や通勤路の横に延びたさりげない脇道に思わぬ新店が出現していて驚かされることが多い。そこにまた連鎖的に別の店が生まれ、ちいさな飲食街が形成されていく。

　網の目のような小道沿いに建てられた小型マンション、あるいは古くからある建物などもうまく利用して、若い知恵がさまざまなアイデアと息吹を注ぎこんでいるのだ。

駄菓子屋の思い出

（駅通り）

西荻窪駅北口の正面にちいさく口を開けた路地に入り、ＲＩＳＥ、小高商店を越えて善福寺川に行きあたるまでまっすぐに進むと駅通橋にさしかかる。この道を仮に「駅通り」としようか。

駅通りの入口角にあるビルの1階は、昔は花屋さんだった。上の階には「三十鈴学苑」（現・みすず学苑）という進学塾があり、いまでは日本神話をモチーフにしたややくせの強い車内広告やＣＭで見かけることもある。だが雰囲気や授業内容は当時からいたってまっとうな塾だ。小学生のころ2年間ほど通って、スキー教室や自主学習では大学生のアシスタントさんたちに遊んでもらったりもしながら、当時はまだ少数派だった〝お受験〟を経験した。ちなみに花屋の娘さんも小学校の同級生で、気だてのいい子だったなあ。元気かな。

そこから通りに入ると、すぐ左手に熊本ラーメン「ひごもんず」と回転寿司の「天下寿司」がある。駅近の一等地にもかかわらず、1980年代の九州博多ラーメン店（たしか「きんしゃい」という店名）からはじまり、「おいしいけど量が多すぎる」と言われた煮干し醤油スープ「勝楽」、中華食堂の「寿楽」など、ラーメン系の店が現れては去っていく入れ替わりの早いエリアだ。天下寿司はもうけっこう長いけど。

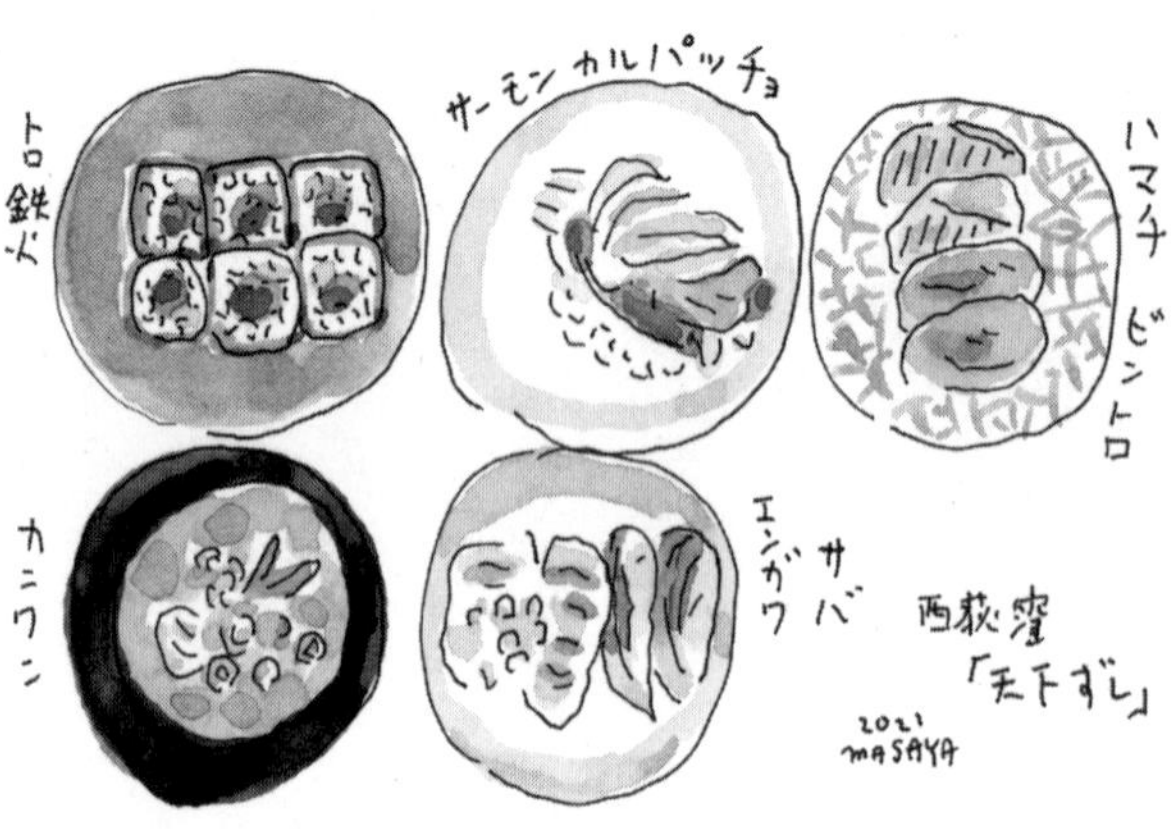

南口店にくらべてカジュアルな雰囲気の「やきとり戎 西荻北口店」もその並びに控える。南口店は1973年創業で、北口へは1985年に出店。ここに戎ができたばかりのころはよく母とやきとりをテイクアウトした。それまでつくり置きのやきとりしか食べたことがなかったので、焼きたてのうまさは衝撃的だった。

戎の向かいにはその昔、貸本屋（ほとんど漫画だったかな）とホルモン焼き屋があって、戎の入ったビルの2階にはローストビーフが有名な「真砂《まさご》」があった。真砂はビストロのような居酒屋のようなふしぎなお店で、わりといい値段だった記憶がある。東海林さだおさんのエッセイによく登場し、雑誌やテレビでもしばしば取りあげられていた。

小高商店からさらに進んで喫茶店どんぐり舎を過ぎ、イタリアンレストラン「チェルキオ」のあたりまでは、かつて西荻北3丁目の〝一大繁華街〟（実際の繁華街とはちがいます）だった。富士山の絵が素敵な銭湯「玉の湯」、「やきとり雅」、桃三小野球部監督にして料理名人小西監督（愛称ゆきちゃん）の「美華」、〝たまりや〟と呼ばれ愛された昭和の駄菓子屋「田丸屋」、画材屋、八百屋、自転車屋、サン

西荻窪北口にあった
「玉の湯」
2020 MASAYA
実際には
道幅から
このアングルからは
写真とりにくいので、イラストレーション
の良さ

西荻窪「玉ノ湯」内部
子供の頃の
記憶のみで
描いています
富士山の
印象が
強いような…
私
2020 MASAYA

クス。これらのお店はすべて現在もう存在していない。

やきとり雅は日本酒の神様のような、酒焼けしたがらがら声の店主と名人級の板前さんのコンビによる最高峰の日本酒酒場だった。1990年代にはバラエティ番組『DAISUKI』が〝酒特集回〟をやるたびに、しょっちゅう雅に撮影が入っていて、テレビ用の大きな照明が煌々と店内を照らしていた。いまは荻窪に移転したようだ。

美華の小西監督は、いつもアロハシャツにハットのいでたち。千鳥足で若い女性に介抱されながら歩く姿をよく見かける界隈では有名な飲ん兵衛だが、料理の腕はすばらしく、とくに水餃子や支那そばは一級品。2008年ごろに60歳そこそこで天国へ旅立たれてしまったが、たぶん飲みすぎが原因だと思う。

野球が下手だった私は部活の練習で叱られた記憶しかないから、成人した後も美華には怖くてなかなか入れなかった。だが、監督の生前に一度だけ本田とふたりでおじゃましたことがある。特大テーブルに通されると常連さんに勧められるまま、ビールや紹興酒などを冷蔵庫から勝手に取り出して飲み放題。料理も勝手に出てきて、初対面のお客さん同士でわいわい語らう。気がついたら監督も加わって、最後に「はい、ちょうど2000円」とやっておられて、経営も身体も心配だったが楽しい思い出だ。存命なら70ウン歳だろう。おそらく同年代のポモドーロ、「欧風料理 華」、酒房高井のご主人がた諸氏はいまもご健在で、萬福飯店やイルカに乗った少年の主《あるじ》ふたりもおそらく同じくらいだったが、旅立たれてしまった。

駄菓子屋たまりやには、子どものころ本当によく通った。2015年ごろまではあったただろうか。当たり付きのガムや毒々しい色のソーダ水、チョコパイプ、パチンコ(柄にゴムがついていて物を飛ばす)、銀玉鉄砲といった昭和の駄菓子屋のすべてが詰まった宝の島だった。

お腹がすくと、ポケットの200円をいかに有効に使うか思案した。50円のカップラーメンにお湯を入れてもらい、70円でジュース、あとは袋入りコーンスナック50円と、残り30円は当たり付きガムか飴《あめ》だ。子どもが最初に金銭感覚を学ぶ場であり、大人たちもそれを理解したうえで小遣いをあたえる。だから誰にも介入されない治外法権のような場所だった。親たちもみなそこを通過してきたわけだ。ベーゴマもあり、〝王〟（王貞治を指す）や〝貴ノ花〟（先代）と書いてあったが、1987年ごろにしてはやや古い人名だった。当時は、ジャイアンツなら桑田、原、クロマティ、相撲は千代の富士や小錦の時代だ。店の奥には大きな毒蜘蛛や蛇のゴム人形がくじ引きの景品として掲げられ、生々しいつくりで気色悪かったなあ。店の脇には数台の据え置きゲーム機が並んだスペースもあったが、ファミコン全盛期を迎えてやや翳《かげ》りをみせていた。私よりちょっと上の世代の子たちは悪かったのか、〝荻中の生徒はお断り〟などと張り紙がされているのを見て、何が起きたのかとちょっと怖かった。いまのように煌々と明るい、華やかなお菓子屋さんとはちがう闇市感があって、それが子どもたちの冒険心をくすぐっていた。

ある日、たまりやで1万円札を出したら、

「子どもがそんな大金持っちゃだめ、受けとれないよ！」

とおばちゃんに叱られたことがある。小学1年生のとき、ある友人がなにを思ったか1万円札を数枚家から持ってきて、友だち数人に1枚ずつ配ったのだ。目の前の大金にうろたえたのか、ひとりの子は受け取らずに帰ったが、私は受け取

ガチャガチャはこの奥にある
ありし日の西荻の駄菓子屋「田丸屋」(たまりや)
中学生がたまっている
2020 MASAYA

るやいなやすぐに買い物をした。たまりやで断られたあとは、おもちゃ屋のえびすやで１０００円くらい使って万札をくずし、その足でたまりやにもどって千円札でしこたま駄菓子を買って帰った。千円札なら、おばちゃんから叱られない。

　家で駄菓子の山を見とがめられ、悪びれずに顛末を話すと、母親は血相を変えて友だちの家に電話をかけたあと、出かけていった。結局、黙っていた他の子どもたちは親に叱られたが、正直に話した私は褒められた。当然ながらもらったお金は回収のうえ全額返金されたが、すでに購入した戦利品にくわえて追加の小遣いまでもらえた。幼い私はそのとき、嘘をつかないといいことがあるんだと知っ

た。本当のことを言って難を逃れたうえに、得をしたからだ。

閉店してしまう少し前、たまりやの近くを通ったので懐かしんで入ると当時のおばちゃんが白髪のおばあさんになっていた。「あのときは叱ってくれてありがとうございます」と事情を伝えると「そんなことあったっけ?」。おばちゃんには日常茶飯事のことだったのだろう。当時は家や学校以外にも、叱ってくれる大人や社会人先生がいて、学びの多い世の中だったように思う。自分自身が体験した教訓は一生心に残り、我が身を守ってくれる。だからいまでも、私にとって駅通りは昭和の匂いがする道なのだ。

東京に"酒房高井"あり

（酒房高井）

西荻には古くからいぶし銀のような名店が多数点在してきた。流行りすたりとは無縁な口コミで培《つちか》われてきたその文化が、昨今メディアやSNSを通じて〝隠れた名店の宝庫〟と言われるようになった西荻窪の土台となっている。新旧の入れ替わりはゆるやかでありながらも円滑で、新たな店は街の人びとと触れ合いながら、少しずつ根を張っていく。

酒房高井もそんなふうにして西荻に根づいてきた居酒屋だ。前身はかつて西荻窪駅南口にあった「はるばる亭」。そのご常連がお店を引き継いだ後、酒房高井として北口で独立を果たした。

線画で描いたように優しく湾曲した一枚板のカウンター。その向こう側に立つ、親父とおかみさん。棚には客から送られた絵や花瓶が置かれ、積みかさねてきた年月が伝わる。カウンターにはさまざまな形と柄のかわいいお猪口《ちょこ》がいくつもあって、客は思い思いに好きなものを選んで酒が飲める。海賊の地図みたいに使いこまれたしみだらけのメニューを開けば、手ごろで気の利いた選酒、家庭的な酒肴をはじめ、その日の品々が味わい深い手書きでつづられている。獲れたての海の幸だとか、郷土料理だとか、そういう絞りこんだ派手さはない。それがいい。

　常連客は地元民が多く、ひと蘊蓄《うんちく》もふた蘊蓄もありそうな居酒屋熟練度の高い老紳士たちが粛々と杯をかたむけている。したり顔で若者にからむなどということもない。会社帰りの若いサラリーマン、店を閉めてきた商店街の店主もいれば、逆に店を開ける前の着物姿のマダムが一杯引っかけては早々に席を立つ。幅広い客層が肩を並べるカウンターは、不思議と秩序が保たれている。店に置かれたラジカセで客が勝手に曲をかけることもあれば、水を打ったように静まり返っていることもある。知人と議論になる夜もあれば、カウンターの下で想う人の手にそっと触れる夜もある。私は安西水丸先生から「相手の肩に手をかけてぐっと硬くなるようならもうだめだよ」と教わった。実際にはどう

もとこさん
酒房高井の豚ばらじゃがいも煮
底に魚の絵。泳いでいるみたい。
2020 MASAYA

か。肩に手をかけてぐっと硬くなっても大丈夫なことも、力を抜いて身を預けてくれてもだめだったこともある。人生は実践である。何をもってだめなのか大丈夫なのかは天の配剤だ。

　店主の高井夫妻はごく普通の素材を工夫してはっとするような酒肴へ変える名人だ。とくにシラスと細かく刻んだ大葉、ネギ、ミョウガを和えた小皿は、胡麻の風味が邪魔をしない白胡麻油を使うことで、こくだけを引き出しているところがにくい。イカワタ焼きもいい。上品な脂肪分のうま味がほのかな塩気といっしょに口じゅうに広がる最強の肴だ。高井名物、豚バラとジャガイモの煮つけはいうまでもなく最高で、飴色に照り輝く分厚

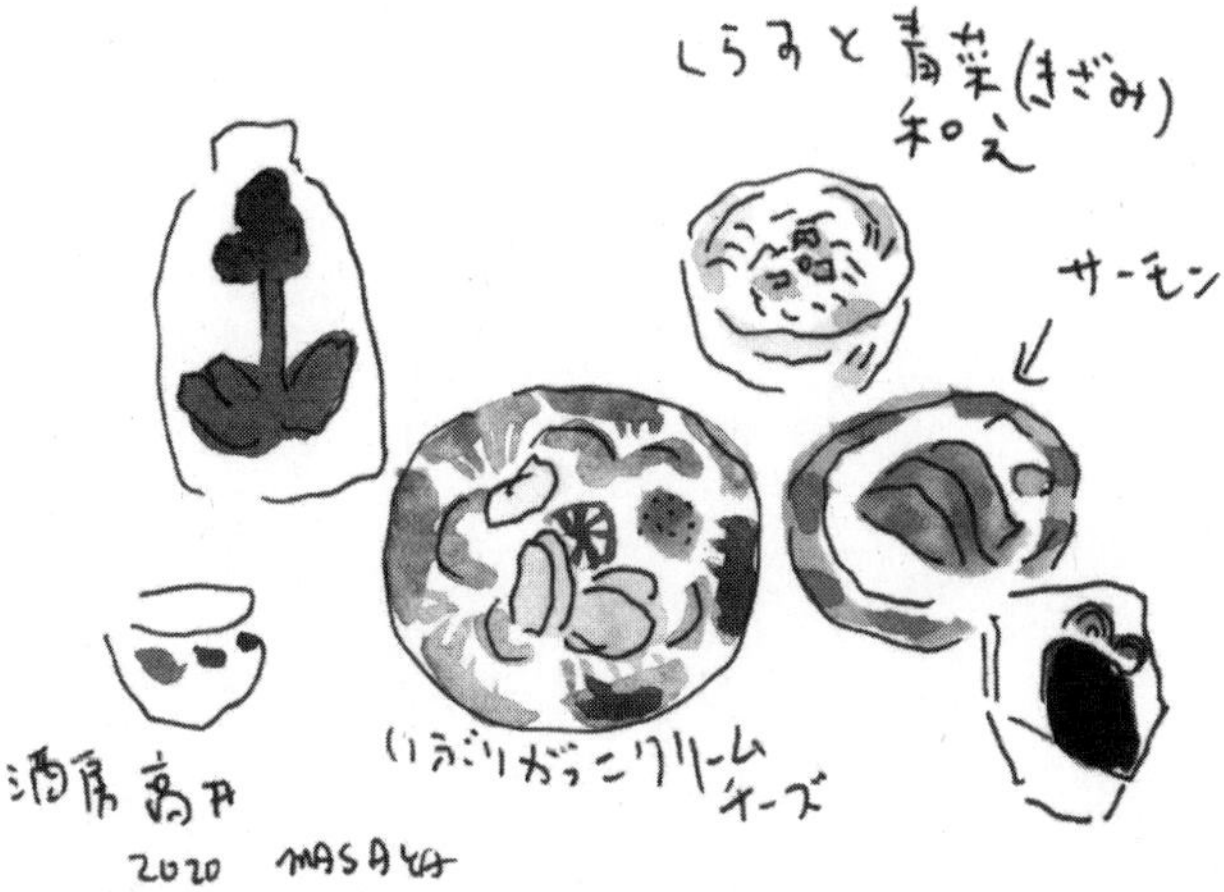

い豚バラと、味の染みこんだジャガイモがなんとも。それから焼きに20分かかるリンゴのキッシュ。リンゴの甘みと酸味、卵の柔らかさ、あふれ出るバターの風味に加え、ソーセージの刻んだのがちょいと忍ばせてあって酒肴らしい塩気が効いている。料理に使う豆腐はおもに西荻の名店「寿《ことぶき》屋《や》豆腐店」のもの。たまに別の店の豆腐を使うこともあるそうだが、そこは西荻クオリティ、どこの品もひと味ちがうのだ。

　酒房高井では、何も注文しなくてもお通しが3〜4品出されるのだが、さきほどのシラス和えや魚の切り身、昆布締め、鯵の開きなど、突き出しというよりは「晩酌セット」と言える充実感で、誰もが心をつかまれてしまう。さりげなく供される食器はさまざまで、なかには味わい深い民芸品のようなものもあれば、スーパーや雑貨屋で買ったものや、もらいものなんかもあるそうだ。どれもお店の雰囲気に合っているから見分けがつかない。

いつだったか出してくれた徳利はとても素敵だった。ひびのような模様の上に見事な筆さばきで馬が描かれている。これをイラストレーションに描いてみたら、おかみさんのもとこさんが気に入ってくれた。この徳利は大堀相馬焼といい、福島県浪江町に窯元があったのだけれど原発事故以降は県内の別の場所に引っ越し、現在も製作・販売していると教えてくれた。

学生あがりの時分は懐具合が寂しく、高井では誰かにごちそうになることも多かった。はじめて訪れたときは、本田と彼の親戚氏に連れてきても

らった。高井の親父さんがカウンター越しに私の顔を何度も見るので、なにか粗相をしてしまったかとびくびくしていると、「いい顔しているなあ」とひと言。あのときはうれしかった。褒められたことがではなく、居酒屋の店主から声をかけてもらうなんてこと自体がまだ私には恐れ多いことだったからだ。

ちなみに、現在は基本的にもとこさんがお店をまわしている。親父さんは定年退職というところか。いや、仕込みはやっているそうなので現役か。月に一度くらい高井氏をカウンターに座らせておく日でもつくろうかなと、もとこさんはおっしゃっていた。もとこさんもまた、昔からの西荻にかなりくわしく、私の情報源のひとつでもある。もとこさんによると、先に触れたたかおのマスターも、やはり体調を崩されての引退だったそうで、彼のつくる魚の煮つけは最高だったとのこと。やはり腕が良かったのだなあ。私は好物の揚げ物のことしかよく覚えていない。同じ店でも人によって好みのメニューがちがうのはおもしろいものだ。

地元民が日常使いする商店街（北口バス通りー）

西荻北銀座商友会という商店街がある。北口住民にとってはおなじみの「バス通り」だ。

駅前交差点角にあった「喜久屋」はワインやおつまみをはじめ、海外の食材やお菓子などのラインナップも斬新な〝昭和のカルディ〟的な名物店だった（2018年閉店）。数十年前からすでにターミナル駅のデパートにも引けを取らないくらい洒落ていたし、実際に新宿における小田急百貨店や京王百貨店のような役割を担っていた。のちにすぐ隣にカルディができたことからも店主の目のつけどころ、先見の明のすごさがわかる。2017年には西荻窪駅の改札前に「デイリーテーブル 紀ノ国屋」が、2021年には南口徒歩2分のところにスーパー「サミット」などもオープンして便利にはなったが、喜久屋の閉店はやはりさみしい。店主の親父さんは親切で明るく、買い物に訪れると高い張りのある声で迎えてくれた。街のイベントにはかならずその姿があり、地域の顔役、西荻有名人のひとりでもあった。

喜久屋の店先には、荷台に木箱を括《くく》りつけた自転車でやってくるベースボールキャップに髭面《ひげづら》の〝しじみ売り〟のおじさんがいた。目利きだったらしく、母はしじみだけはかならず彼から買っていたが、平成初期には見かけなくなった。

鶏肉専門店「鳥一」は、どの街にも一軒はあるようないわゆる〝商店街のやきとり屋〟だ。やきとりはもちろん、鳥皮を細く刻んだのを酢醤油と唐辛子で和えた鳥皮おつまみが最高だったし、チキンカツやチキンロール、うずらフライもはずせない。骨付きのローストチキンもあった。西荻店は閉店したが、いまでもほぼ同様のものを成田東にある「鳥一」で買うことができる。ふたつのお店の関連性はわからないが、味が同じなので少なくとも以前は系列店だったはずだ。成田東の店はやきとりのラインナップがかなり多く、鴨《かも》やぼんじりまであり、土日には行列ができることも。私をふくむ多くの人があの甘いたれの焦げるにおいに魅了されている。

南口の「おもちゃのありあけ」と双璧で街の南北を守備したおもちゃ屋えびすやも忘れがたい。ライターから超合金ロボットに変身するゴールドライタンからはじまり、キン肉マン消しゴム、カードダスとなつかしい思い出ばかりだ。ショーウインドウに

はいつのものかわからないような古いおもちゃが飾られていて、脇の棚にはボードゲームが大量にかさねてあった。あの風景はいまでも忘れられない。最新の商品だけが整然と並ぶのではなくて、ウインドウや棚の奥に「あれはなんだろう？」というようなおもちゃがたくさん隠されている、そういう雑多な時代の息づかいを感じられるのが街のおもちゃ屋の良さだと思うが、いまや絶滅危惧種だ。三菱ＵＦＪ銀行の向かいにあったマーケット三典がなくなり建て替えられた後も、えびすやだけは存続していたのだが、２０１５年に閉店。南口のおもちゃのありあけはえびすやより早く閉店した気がする。他には、北口高架脇にある都ビルディングの１階に「ナカマ模型」というプラモデル屋があって、ガンダムやミニ四駆などの全盛期には毎日にぎわっていた。緻密に組みたて塗装された自動車や飛行機などの芸術的な模型も店内に多数展示されていて、ま

さに壮観。私も真似をしたくて塗装や改造にチャレンジしたが、たちまちガラクタの山となってしまう。西荻の子どもたちが目を輝かせたこれらのおもちゃ屋やプラモ屋は、少子化のいまとなっては一軒も残っていない。

話をバス通りにもどそう。小学校にも納品していたパンの「栄喜堂」は、南口に「リスドォル・ミツ」となって移転したが現在はない（地方で再開しているようだ）。フレンチビストロのはしり「木の器」も記憶に残る名店だった。格式ばったフランス料理ではなくて、店名からしてカジュアルで気軽に入りやすい雰囲気がただよっていた。器なんかも洒落ていて、料理も多彩で斬新。いまの青山あたりで出されてもまったく違和感のない料理の数々だった。特別な日には家族で行った記憶がある。ベテラン職人がつくるとんかつが絶品の「かつ春」は、カウンター席の向こうで3人の中年男性店員が黙々と仕事をする姿が職人然としていて格好よかった。町中華や大衆食堂のそれとは一線を画する本格的なとんかつ。肉厚で中までしっかり火が通り、衣は粗めのパン粉でザクザクと歯ごたえがある。噛み締めたとき口の中にあふれる肉汁と脂がたまらない。私は肉汁とともにチーズと酸味が溶け出してくる梅じそチーズかつが好物だった。机にある木の蓋《ふた》のついた壺から、小さな柄杓ですくってソースをかけるのだ。場所はいまの「ＣｏＣｏ壱番屋」あたりで、ファンも多かったと思う。他にも、店内に人工の川が流れる蕎麦屋「砂場」（現在は居抜きで別の蕎麦屋に）、新刊書店の「颯爽堂」など、みんななくなってしまったが記憶に残る良店がひしめいていた。

　現在バス通りに並んだお店は新旧ともにみんな盛況で、商店街の活気はむしろ増している。その筆頭格は昔から西荻の食文化を支えてきた「とらや牛肉店」だ。以前萬福飯店のおばちゃんに、「ここの水餃子はなんでこんなにおいしいんですか？」と聞いたとき、誇らしげに「とらやの肉を使っている」と教えてくれたのを覚えている。向かいの交差点角で揚げ物と惣菜をあつかう「とらや本店」もすばらしく、裏で一服する店主が「おれは酒好きだから、つまみになりそうなものばかりつくっちゃう」と話しているのを聞いたことがある。たしかにポテサラやかぼちゃの煮つけ、魚の南蛮漬けなんかは居酒屋顔負けにつぼを押さえた味わいだ。地元贔屓《びいき》ではなく、本当にここのコロッケとメンチを超えるものにはなかなか出会えない。ある種の発明だ。「玉ねぎをよーく炒めるのが秘訣」と言っていたかな。肉の質や量へのこだわりを売りにしている店は少なくないが、火の通し方や具材の配分がかなり大事

地元民が日常使いする商店街

神戸牛
但馬牛
(株)とらや牛肉店
隣はかつ丼の坂本屋
西荻窪「とらや牛肉店」
2020
MASAYA

神戸牛・松坂牛などがある
母が作る肉じゃがは最高でした

両方 玉ネギの甘みが効いている
肉汁の旨みが染みている
肉汁がすごい
2020 MASAYA
西荻窪「とらや」のコロッケとメンチは世界一。
衣はカリカリ
メンチは丸い
コロッケ
実はポテサラもかなり美味

西荻窪「とらや本店」
一服中の店主
私
とらや本店
2020
MASAYA

だと個人的には思う。酒ばかりではなく、もちろんごはんも進む。学校が午前中で終わる土曜日には、ここの揚げ物をおかずに〝自宅定食ランチ〟となることが多かった。

隣にはハムとソーセージの「ソーセージハウスもぐもぐ」がある。とらや同様に惣菜がおいしい「肉のニシジマ」も有名で、たまにテレビで取り上げられたりしているようだ。

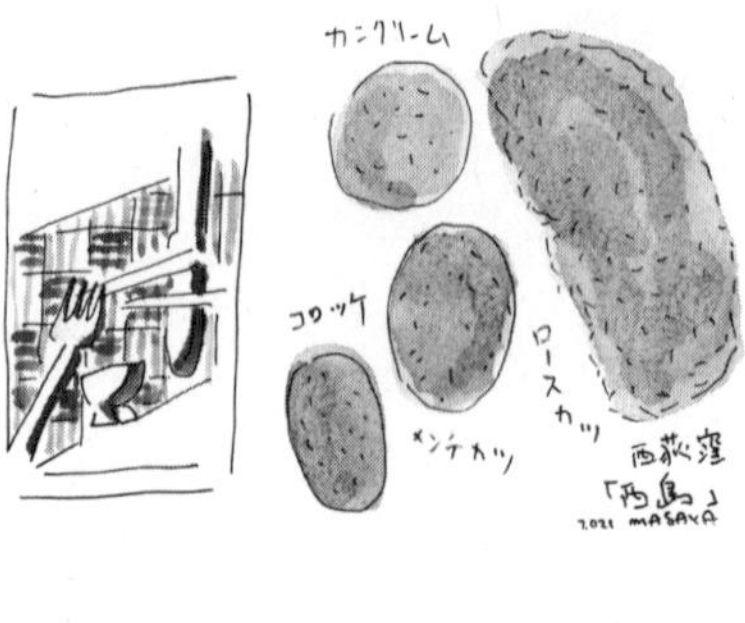

日本一のかつ丼、坂本屋

（北口バス通り Ⅱ）

「坂本屋」はもともとごく普通の大衆食堂みたいな町中華屋だった。あるとき西荻在住の料理評論家、山本益博氏のアドバイスで、かつ丼のかつを注文を受けてから揚げるようになった。揚げたてさくさくのかつに半熟卵がとろけ、その絶妙な味つけも評判を呼び、雑誌やテレビで取り上げられるようになり、ついには〝日本一のかつ丼〟と言われるほどの有名店になった。まさに西荻ドリーム。ひとつのドラマだ。

かつ丼が有名になりすぎたのとご亭主の事情などもあってか、現在はかつ丼のみの営業となっており、開店は週3回（火・木・土）午前11時半から午後3時のみ。列に並ぶのが苦手な私は、連日行列が絶えないここ数年、食べられていなくて残念だ。もともと出していたオムライスやカレーライスといったオーソドックスな料理も、捨てがたい名品ばかりだったし、ラーメン、タンメン、焼肉ラーメンなどもすばらしかった

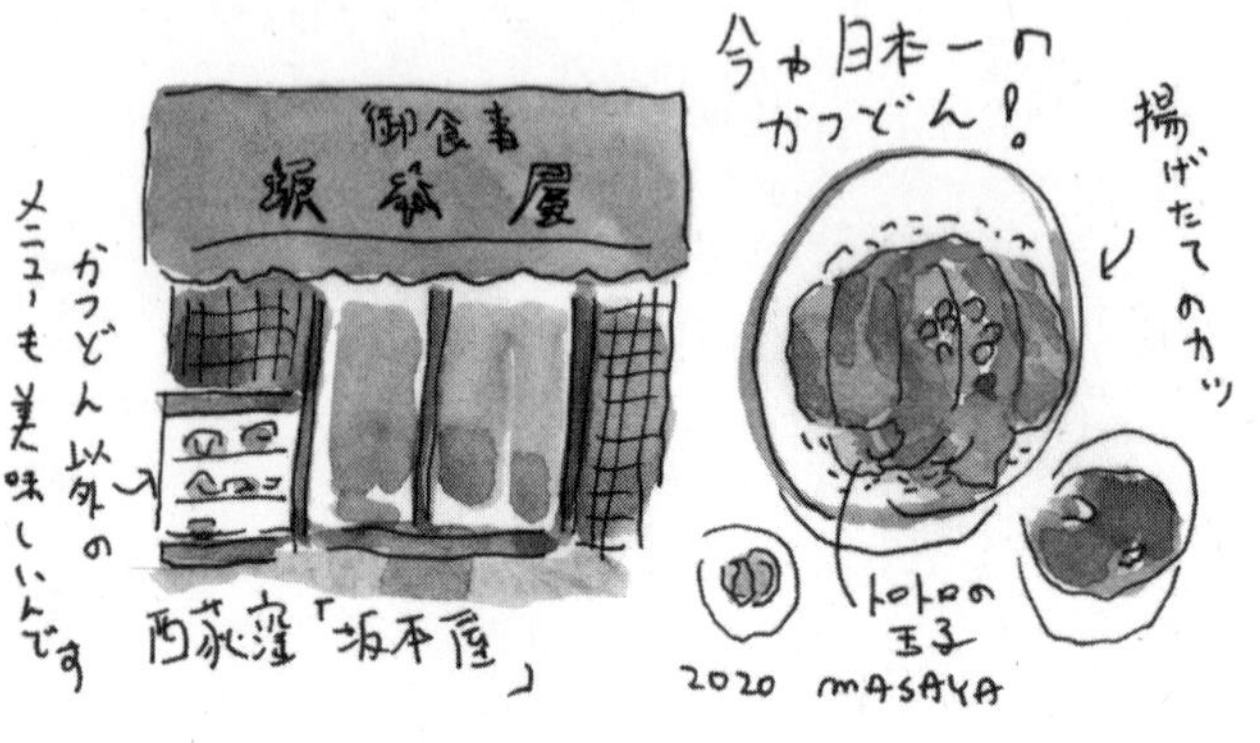
御食事
坂本屋
今や日本一のかつどん！
揚げたてのカツ
トロトロの玉子
かつどん以外のメニューも美味しいんです
西荻窪「坂本屋」
2020 MASAYA

なあ。焼肉ラーメンは豚焼肉の甘辛いたれがスープに溶けだして、夢中ですすったものだ。焼きそばもごくあたりまえのものだけれど、麺は柔らかすぎずしゃきっとしていて、ソースも酸味は弱めでこくがあって絶妙、かつ丼と同様、揚げたてのとんかつがのったかつカレーも好きだった。

　そして、ちょうどこの原稿を推敲中だった2023年4月末に、衝撃的な報せが耳に届いた。5月27日をもって坂本屋が閉店するというのだ。一時休業を経て週三日の営業に変わったころから、この日がいつか来るであろうことは心のどこかでわかっていた気がする。でも、いざ二度と会えないとなるとやっぱりさみしい。長年、大勢の人に安くておいしい料理を食べさせてくれたご亭主と奥さんふたりには、これからはぜひゆっくり過ごしてもらって、ずっとお元気でいてほしい。

北口界隈のすてきなお店

「どんぐり舎」→ P.19

珈琲店
どんぐり舎
西荻窪「どんぐり舎」
珈琲店
どんぐり舎

上「夢飯」→ P.46
下「村田商會」→ P.37

タマゴライス
このロゴはニワトリのとさかかな
カレー
チキンライス
フライドチキンライス
とりのおかゆ
西荻窪「夢飯（ムーハン）」
2020 MASAYA
ザーサイ入りタマゴ焼き
カレーとロティ
ピータンがゆ

ナポリタン
プリンアラモード
西荻窪
「村田商會」
閉店した喫茶店の家具を販売
現マスター 村田さん
POT
一人前は「POT」でした
前マスター
2020 MASAYA
珈琲 COFFEE
クリームソーダ

ューマイ
春巻
豚のにんにくソース
トンポーロー
牛肉のカシューナッツいため
営業中
ランチ
2020 MASAYA
五目やきそば
豚の細切いためそば
エビチャーハン
水ギョーザ
マーボードウフ
天津飯
鳥ソバ

「萬福飯店」→ P.28

スブタ
レモンゼリー
中国料理
萬福飯店
辣油
酢
醤油
ソフトシェルリブのチリソース
玉子と肉のいため
スーリンチー
豚の

やさいくだもの
西荻窪
「小高商店」
2020
MASAYA

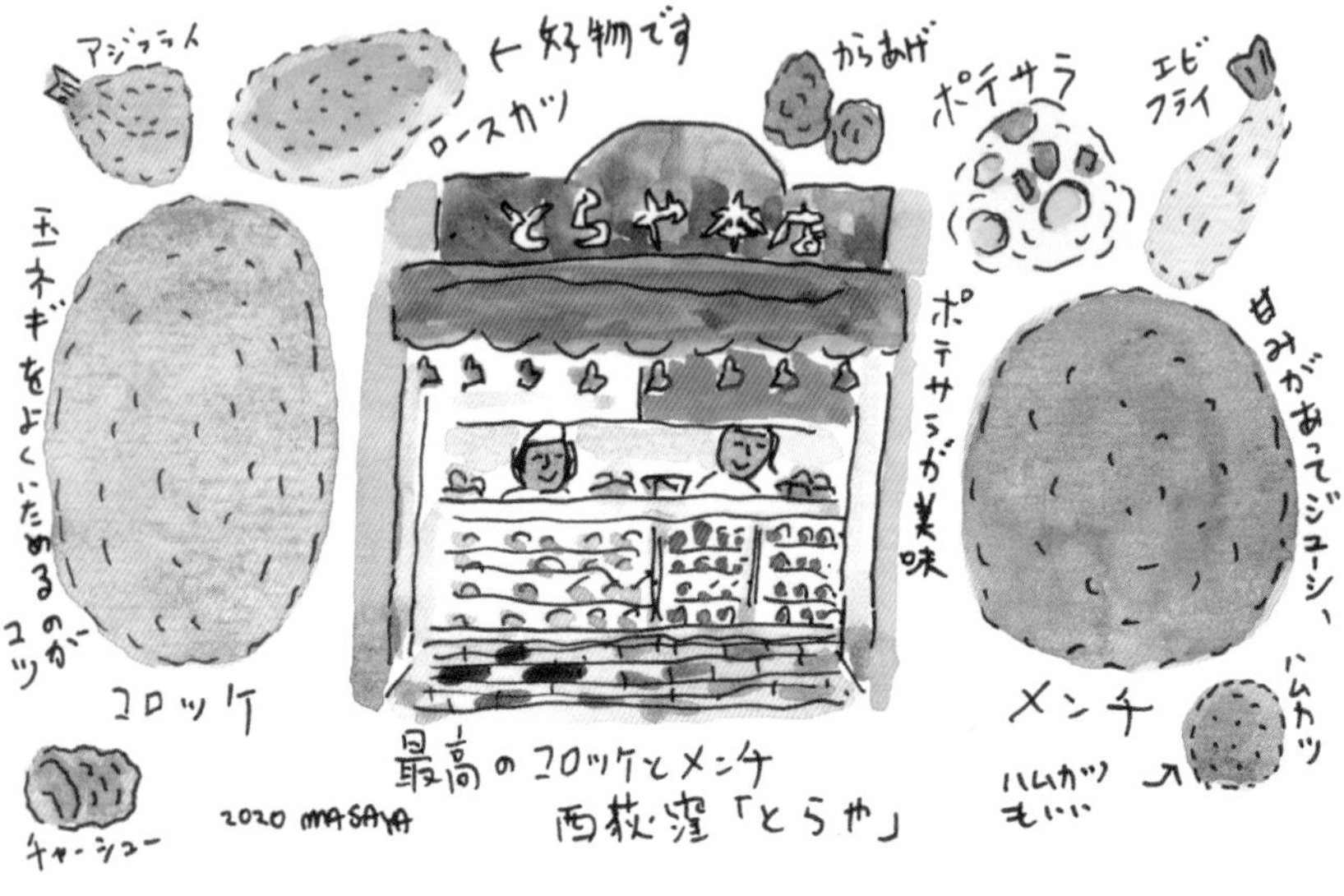
アジフライ
← 好物です
ロースカツ
からあげ
ポテサラ
エビフライ
とらや本店
玉ネギをよくいためるのがコツ
ポテサラが美味
甘みがあってジューシー
コロッケ
メンチ
ハムカツ
ハムカツもいい
チャーシュー
最高のコロッケとメンチ
西荻窪「とらや」
2020 MASAYA

上「小高商店」→ P.51
下「とらや本店」→ P.76

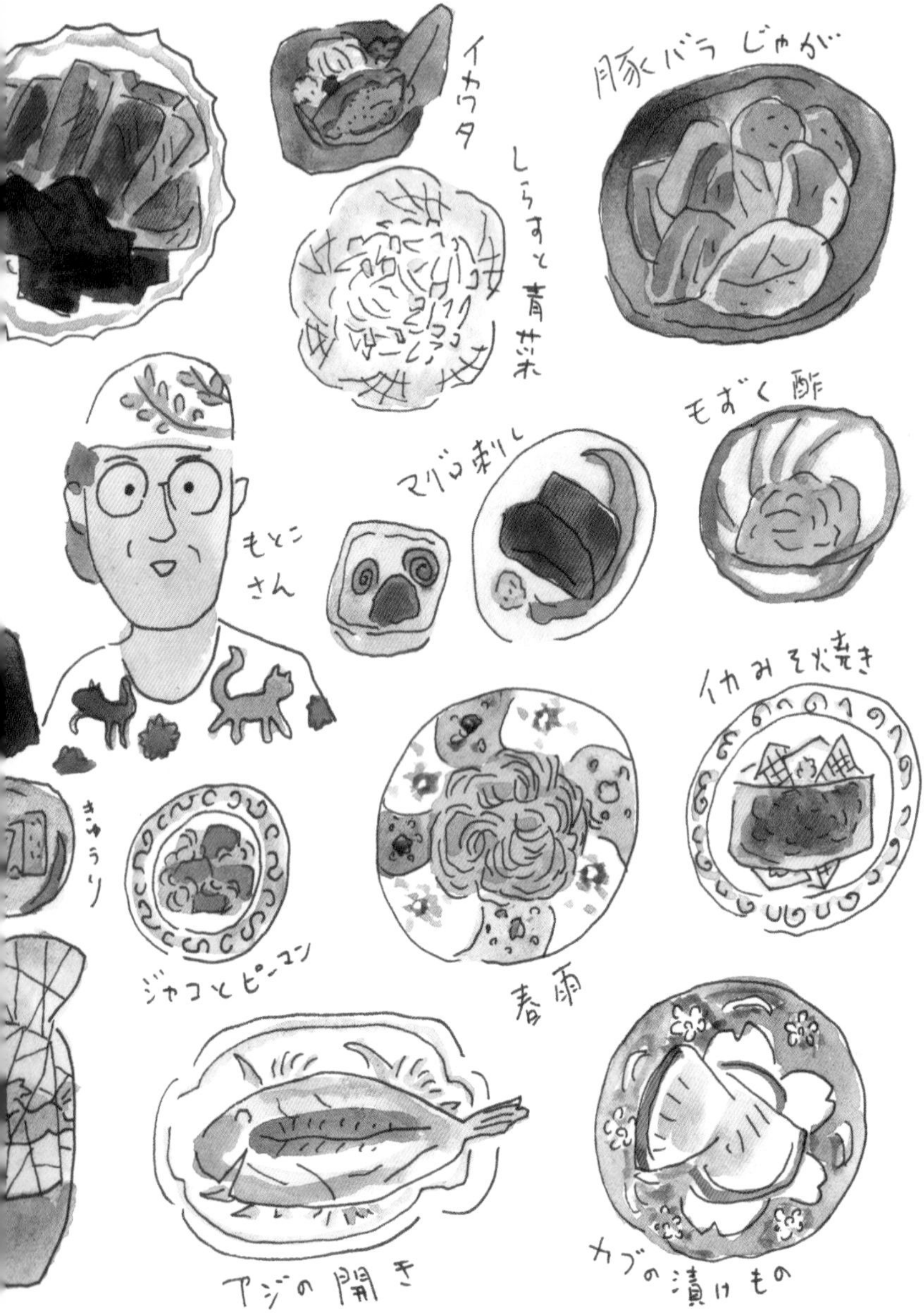
イカワタ
豚バラじゃが
しらすと青菜
もずく酢
マグロ刺し
もとこさん
イカみそ焼き
きゅうり
ジャコとピーマン
春雨
アジの開き
カブの漬けもの

「酒房高井」→ P.66

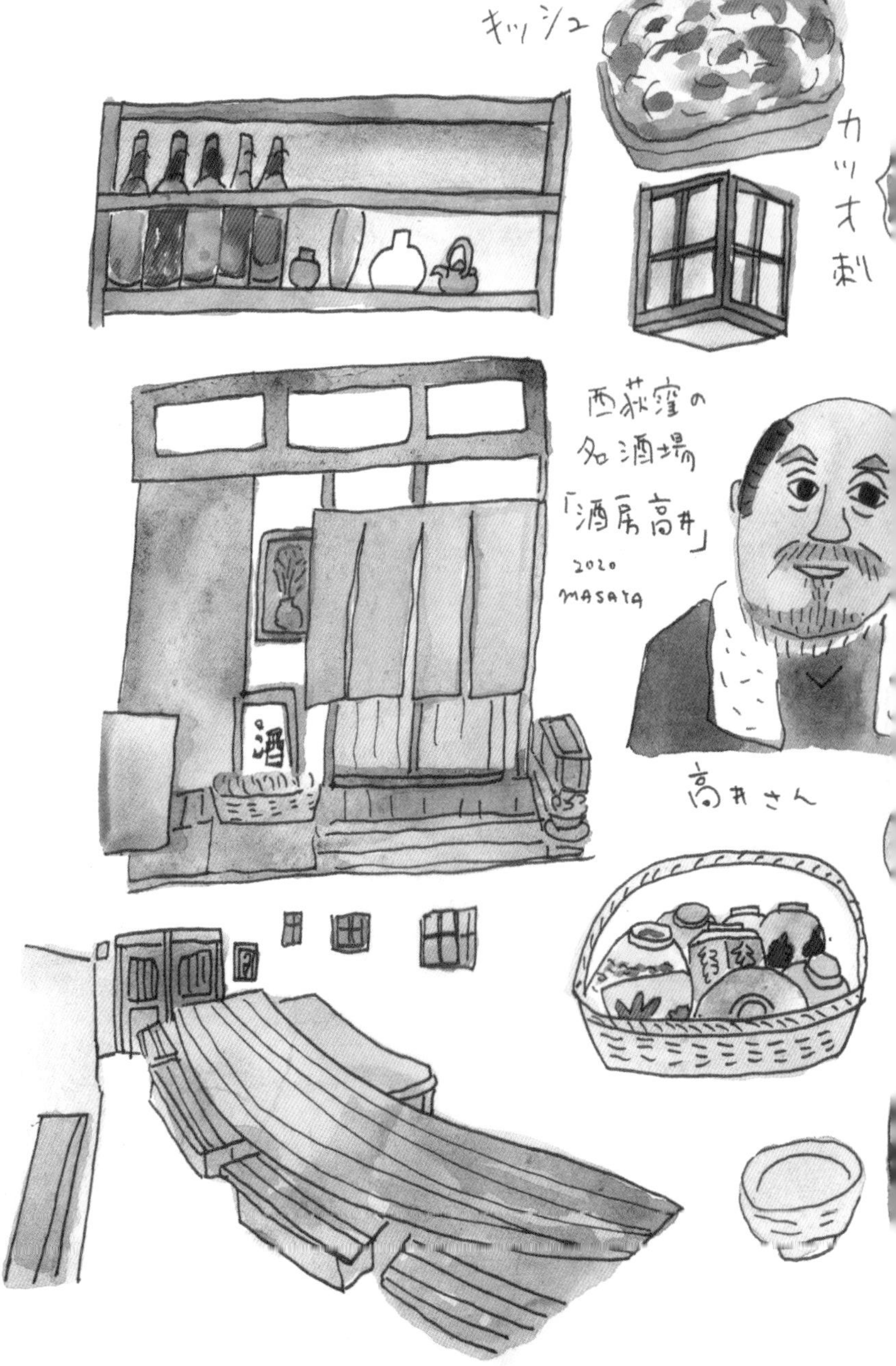
キッシュ
カツオ刺
西荻窪の
名酒場
「酒房高井」
2020
MASAYA
酒
高井さん

上「喜田屋」→ P.81
下「坂本屋」→ P.79

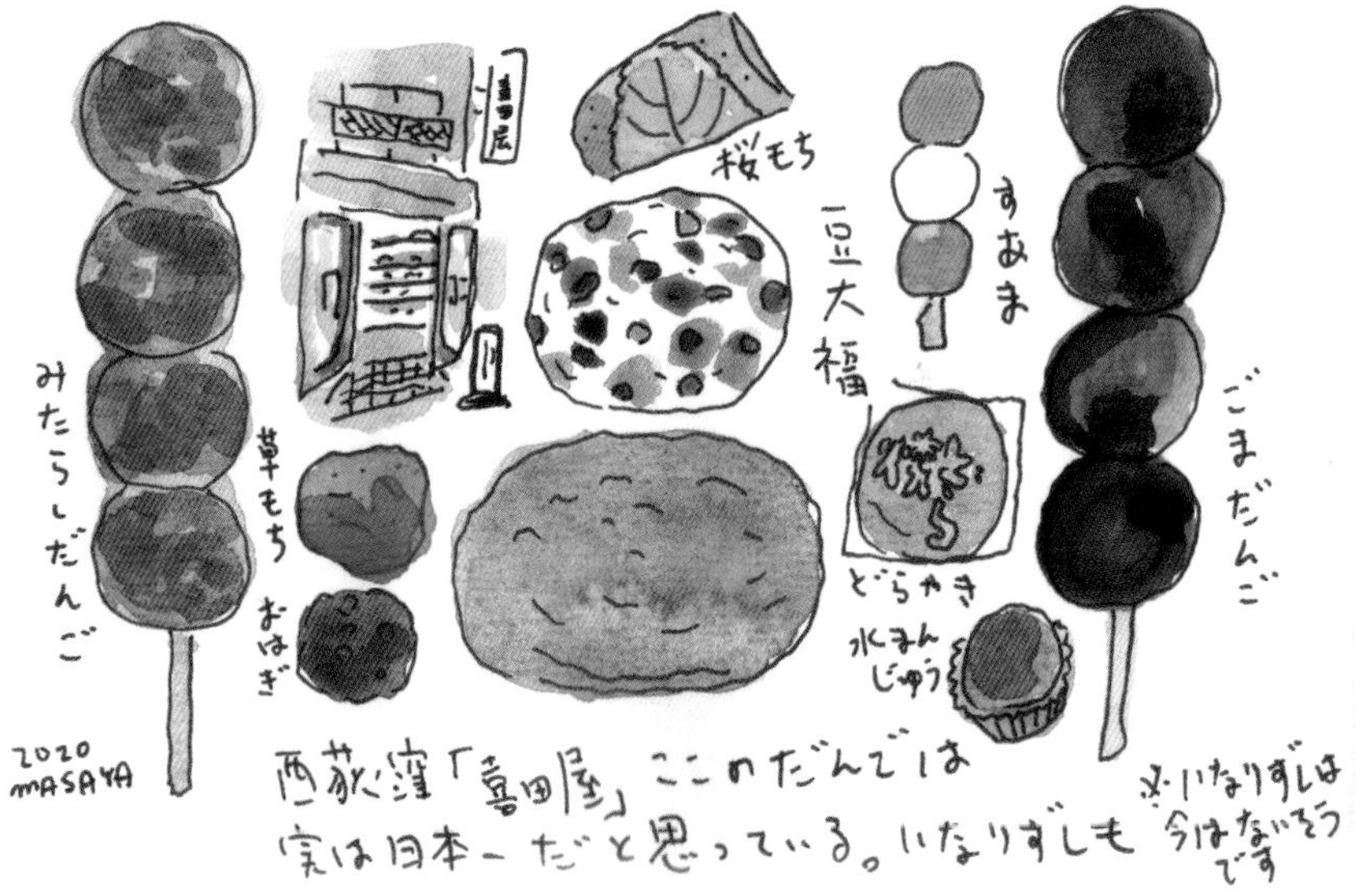
みたらしだんご
草もち
おはぎ
桜もち
豆大福
すあま
どらやき
水まんじゅう
ごまだんご
2020 MASAYA
西荻窪「喜田屋」ここのだんごは
実は日本一だと思っている。いなりずしも
※いなりずしは今はないそうです

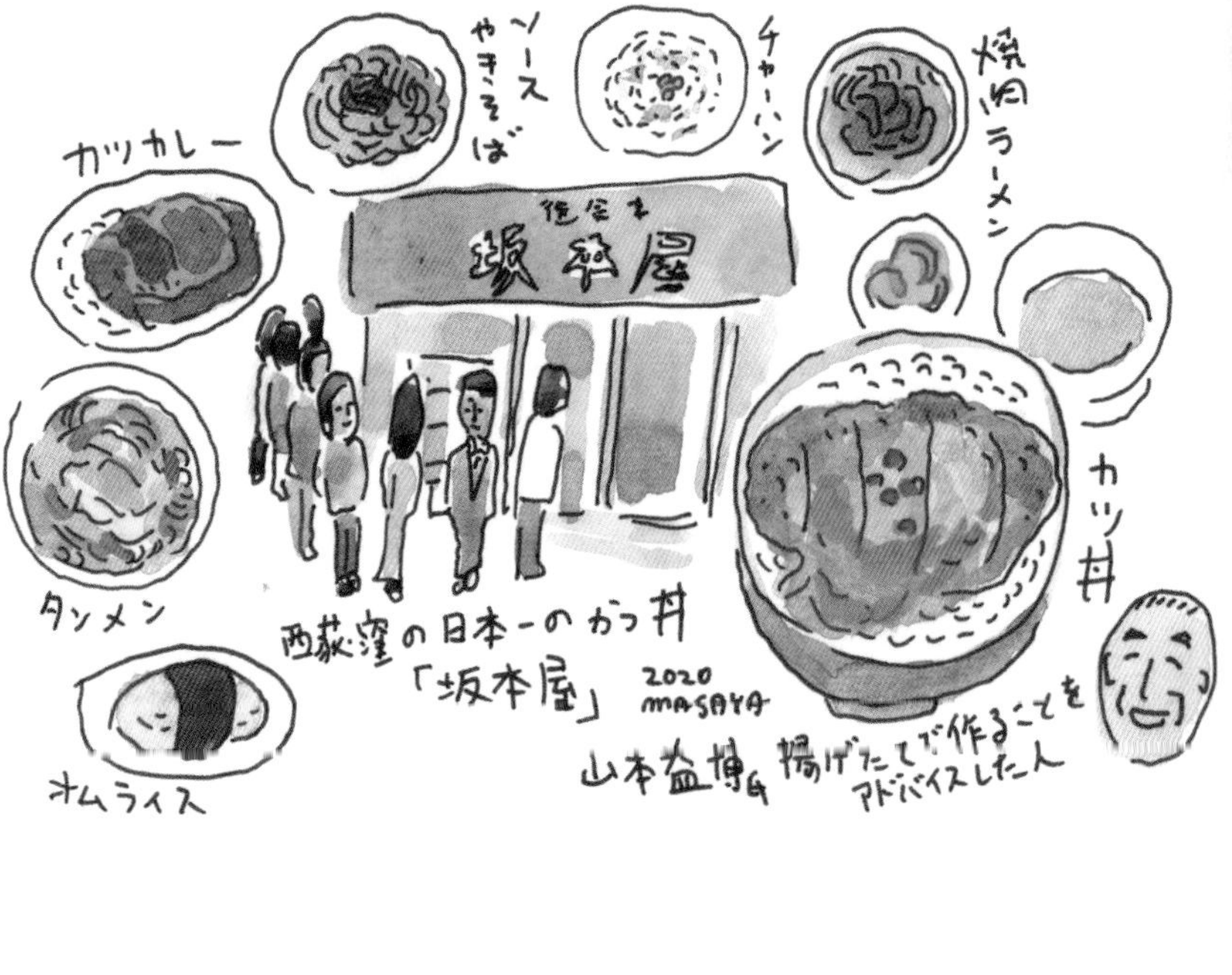
ソースやきそば
チャーハン
焼肉ラーメン
カツカレー
坂本屋
タンメン
カツ丼
西荻窪の日本一のかつ丼
「坂本屋」
2020 MASAYA
オムライス
山本益博氏 揚げたてで作ることをアドバイスした人

グレナデン
ソーダ

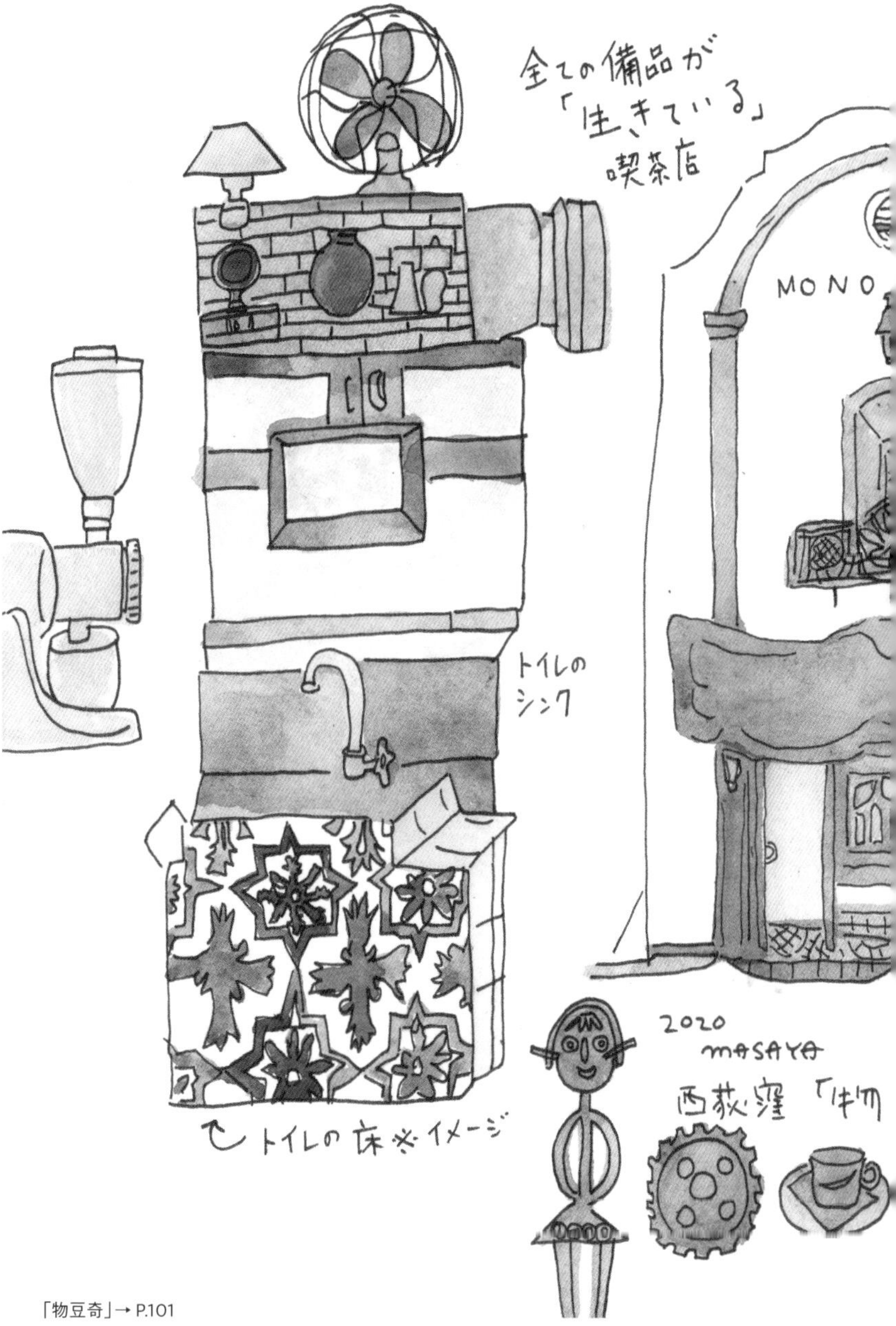
全ての備品が
「生きている」
喫茶店
MONO
トイレの
シンク
トイレの床※イメージ
2020
MASAYA
西荻窪「物

「物豆奇」→ P.101

物豆奇
それいゆ
どんぐり舎
アイスコーヒー比べ
2021 MASAYA

その坂本屋の数軒先にある「喜田屋」はいまや西荻を代表する和菓子屋だが、かつてはラーメン屋さんで、小学生の私はここの塩バターラーメンが大好物だった。坂本屋と似たような風情のお店だったと思う。カウンターのむこうで恰幅のよい親父さんが次々とラーメンをつくる様子をまだかまだかと眺めていたものだ。店先で稲荷寿司やみたらし団子、大福を売っていて、母は帰り際にかならず買っていた。あるときから和菓子専門店に姿を変え、子どもながらにあの塩バターラーメンが名残惜しくて仕方なかったのを覚えている。当時西荻に住んでいた子どもたちはみんな同じだったのではないだろうか。私にとっては弥生のコーンチーズのお好み焼きと並ぶ、もう一度食べてみたい失われた西荻ソウルフードだ。

喜田屋のみたらし団子は醤油の香ばしさがまず切りこんできて、あとから甘みがくる。これが江戸前ということだろうか。少し醤油の苦味が効いたのがたまらない。元祖と言われる京都・下鴨神社近くのみたらし団子も食べたことがあるが、団子がやや小ぶりで数がひとつ多く、甘さが勝っていた。みたらし団子にも関東と関西のちがい

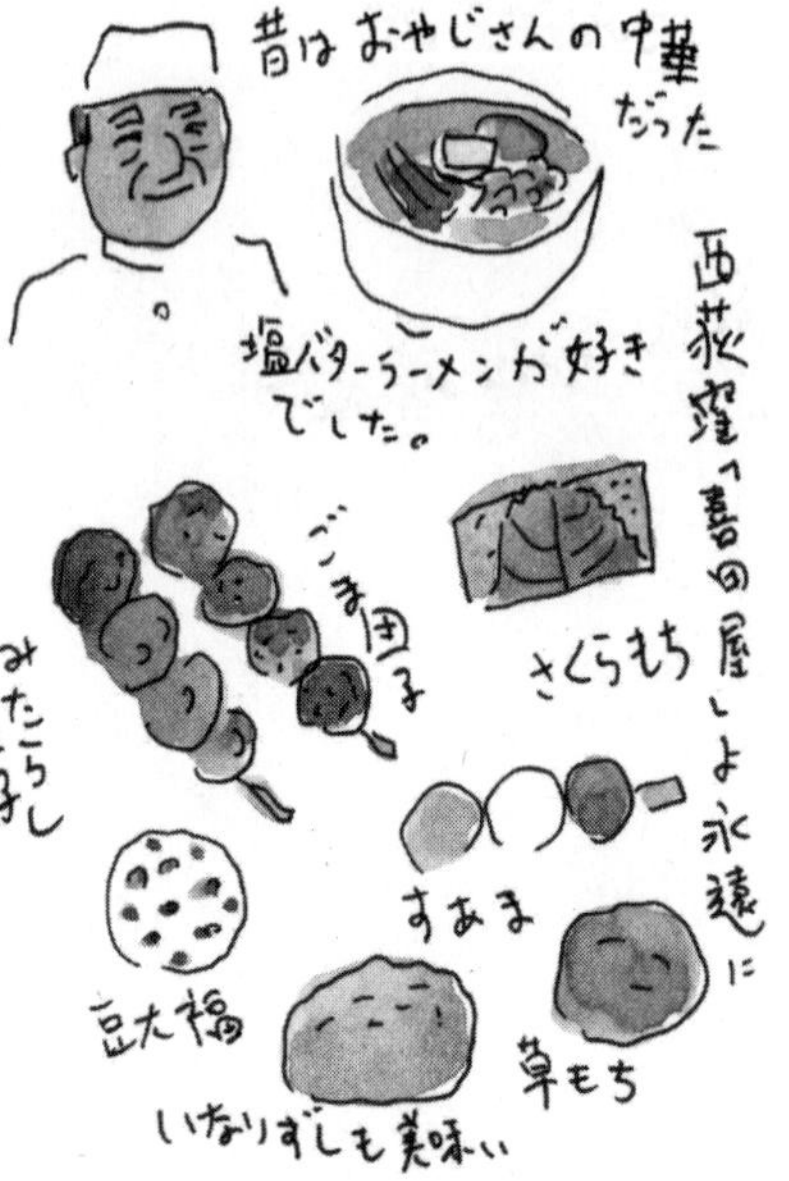
昔はおやじさんの中華だった
塩バターラーメンが好きでした。
西荻窪「喜田屋」よ永遠に
ごま団子
みたらし団子
さくらもち
すあま
豆大福
草もち
いなりずしも美味い

があるのだろう。胡麻団子も同様においしくて、私はみたらしよりこちらのほうが好きかもしれない。西荻窪を舞台に書いた絵本『あれたべたい』（あかね書房）を母子で気に入ってくださったモデルで女優、イラストレーションも描かれる菊池亜希子さんはここの豆大福がお気に入りだとか。たしかに、柏餅も豆大福も甘さや皮の加減がすばらしい。先日お店で聞いたら、稲荷寿司はおばあちゃん担当で、いまは体力がないからやっていないとのこと。うーん、それは残念。あの稲荷寿司が私にとっての稲荷寿司のベースの味になっているから、他の店のものだと甘すぎたり辛すぎたり、あるいは味が薄かったり、ごはんが柔らかすぎたり、微妙にちがうんだよなあ。

西荻カレー街道をゆく

（北口バス通りⅢ）

インドカレーの「シタル」は人気店で支店も多い。最近は混みあって店の外で待っている人を見かけることもある。チーズナンがかなり有名だ。分厚くふくらんだ円形のナンにかぶりつくとあふれ出てくるチーズはまさに禁断の味。テイクアウトも可能だ。これはヤバい。個人的には、シタルでは通常のナンに茄子とジャガイモのカレーを合わせるのが好きだ。水分が少ないドライでオイリーなカレーなのだけれど、とにかく濃厚で他ではなかなか出会えない逸品だ。ここのナンはとにかく大きい。かなりこしもあって一枚食べきるとあごが疲れる。しかもおかわりまでできるので、行けばかならずお腹いっぱいになる。肉汁がしたたる小籠包《ショーロンポー》に似たモモも最高だ。店名の由来は看板娘のシタルさん。２００８年の開店当初から流暢な日本語で、はじけるように朗らかな接客が印象的だった。その名前の意味は「涼しい」ということらしい。

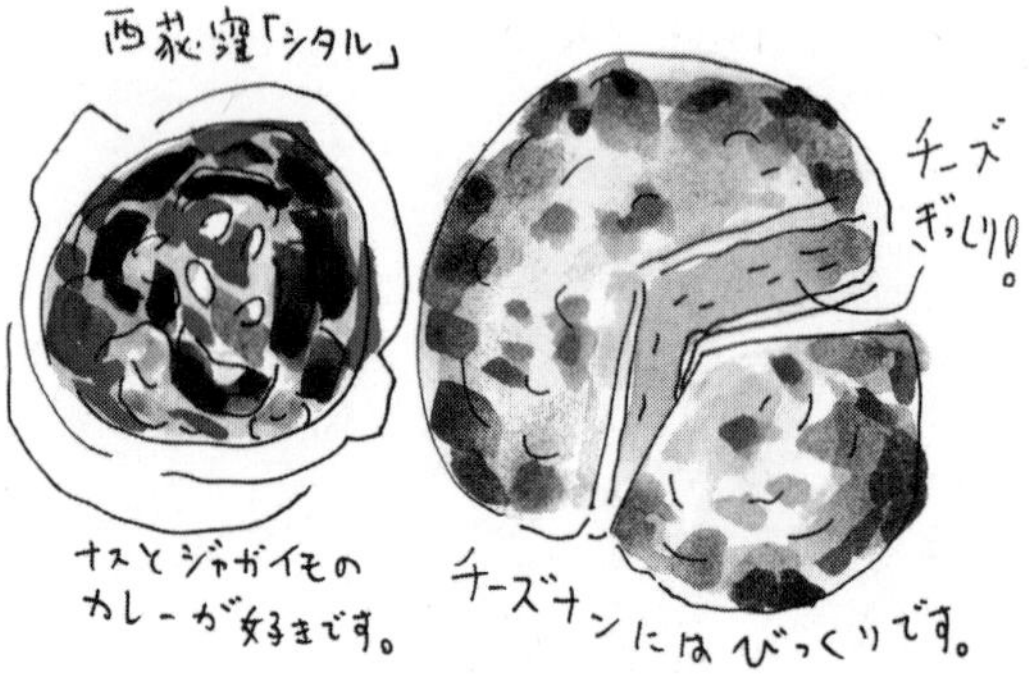
西荻窪「シタル」
チーズぎっしり!
ナスとジャガイモのカレーが好きです。
チーズナンにはびっくりです。

シタルは接客や雰囲気がすばらしいだけでなく、カレーやナン以外の料理も一つひとつが高級レストランのように丁寧につくりこまれている。この20年くらいでインド・ネパールカレーの店は日本の各地に広がって久しいが、私にとってはシタルの味がその基準になっているので、のちに都心の有名店で食べてもあまり驚かなかった。それだけ西荻のインドカレーのレベルが高いということかもしれない。

バス通りをさらに進めば、吉祥寺に本店があり軽井沢の星野リゾートにも出店するスタイリッシュなたたずまいが目をひく、マイルドな味わいの「サジロクローブ」、善福寺川関根橋を渡ってすぐのところにある、駅前のキッチンカーでも人気の本格インドカレー「ガネーシャガル」と、インド・ネパール系における気鋭のカレー店が続く。さらにその先の青梅街道とぶつかる交差点には現在「アジアンダイニング ヨロコビ」が営業している。

個性と実力が光るこうしたインドカレー店ばかりが、なぜこの道沿いに集中する

のか。これを名づけて〝西荻カレー街道〟とするなら、善福寺川はさしずめガンジス川だろう。

善福寺川を渡ると右手に見えてくるのは老舗洋食店の「みかさ」だ。私が小学生のころにはもうあった。創業1969年というから50年以上の老舗だ。オーソドックスな昔ながらの洋食で、エビフライ、カニクリームコロッケにハンバーグ、ステーキなどなどなんでもおいしい。とくに子どもは喜ぶ。ここさえあれば洋食の名店、浅草の「Y」や上野の「S」に行かずともじゅうぶん満足できる。母の話によると、森山良子さん、直太朗さんのご家族をこの店で見かけたことがあるという。森山直太朗さんは同世代の西荻出身のスターなので、同じ記憶を共有できているような気がしてなんだかうれしい。家族でみかさへ食事にいった帰りには向かいにあった「高橋ストア」で買い物をして帰るのがお決まりで、選びに選んだお菓子をかごに入れたも

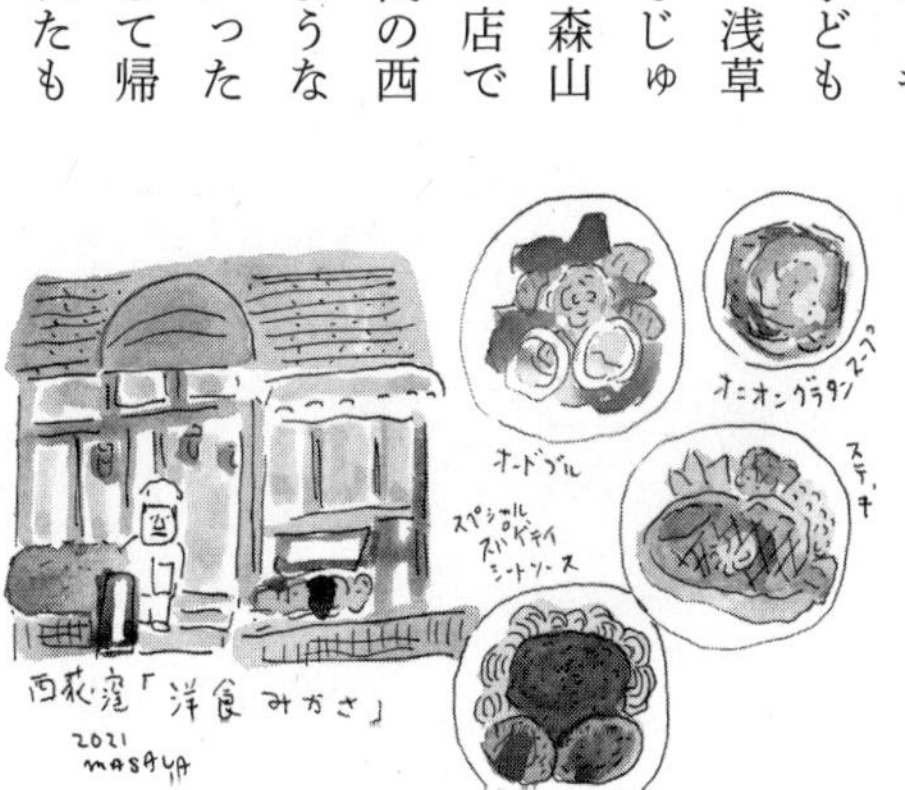

のだ。土曜日の夜なら、帰宅後9時から『ゴールデン洋画劇場』を観る。イラストレーターの和田誠さんが手がけるオープニングアニメーションが映し出されると興奮したものだ。

　高橋ストアはとうにないが、いまではみかさの隣にピンクとスカイブルーの外装がかわいいタルトの「アングレーズ」が西荻窪駅付近から移転してきていて、ランチをみかさで食べてからタルトを買って帰れば最高の昼下がりを満喫できる。そこから青梅街道に至る道沿いには、こちらも老舗の蕎麦屋「太文《たもん》」、和菓子「青柳」などが健在だ。

1〜2時間の散歩コース

（北口バス通りⅣ）

関根橋から善福寺川沿いを歩けば、青々とした水草が広がる川面、水鳥や鴨がたたずんでいる光景に癒される。下流に行けば関根公園があり、上流に進んでから急勾配の坂道を左へ上がって住宅街に出れば、「大けやき」や井荻公園などに原生林の名残を見ることができる。ゴールは川の最上流地点、ふたつの池を擁する善福寺公園だ。反対に下流の成田地域周辺まで行けば、広範囲に自然あふれる善福寺川緑地公園がある。

関根橋の北、太文を越えて東京女子大学につながる女子大通りに出ると、南に向かって延びるアンティー

クショップの連なる骨董通りが現れる。北口バス通り→女子大通り→骨董通り→伏見通り（西荻窪駅北口に行き着く商店街）と歩いていけば、西荻窪駅の北側一帯をぐるっとめぐる、ちょっとした散歩コースとなる。いろんな店を眺めながら約1時間、のんびり行って2時間弱くらいかな。

　北口バス通りの代わりに駅通りを通ってもおもしろいだろう。バス通りから西へ住宅街を一本入ったところに延びる駅通りは、その横道にもまた個性的な名店が光る。斬新な料理がおいしいダイニングバー「コノコネコノコ」、イギリス人マスターがつくる本場料理とビールの「THE HOLE IN THE WALL」、西荻の

ボブゴブリン
ロンドンプライド
鹿肉のパイ
西荻窪「THE HOLE IN THE WALL」
2021 MASAYA

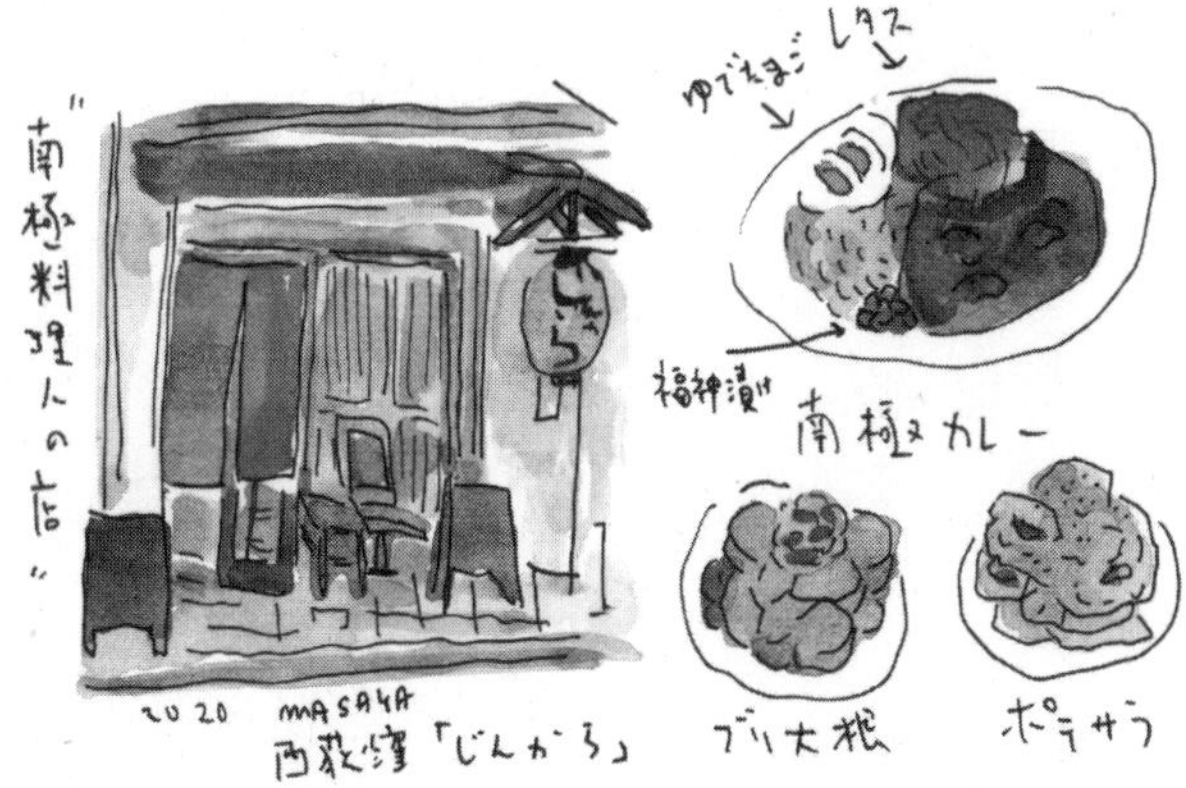
"南極料理人の店"
ゆでたまご
レタス
福神漬け
南極カレー
ブリ大根
ポテサラ
2020 MASAYA
西荻窪「じんから」

伝説的酒場「風神亭」の遺伝子を継ぐ現役南極料理人の店「じんから」、自家製生パスタが絶品のイタリアン「ゴロシタ」。いずれも駅周辺のお店が集中するエリアからは離れた穴場的な場所にあり、そういうお店を探すのも西荻散歩のたのしみのひとつだと思う。

このバス通りの果てはどうなっているのか？　西荻北銀座商友会を抜けたその先をずっと直進して、青梅街道も越えてそのまま行くと練馬区に入り、光が丘のあたりで他の道と交わるようだ。小中学生のころ、私はこの道を通って石神井《しゃくじい》公園までよく自転車で釣りをしにいっていた。

青梅街道などの幹線道路から西荻窪駅周辺に車でアクセスするには、このバス通りがいちばんだろう。とはいえ片側一車線の道幅はさほど広くなく、バスがすれちがうときはすれすれだし、車道を自転車が走れば、後続車は反対車線にはみ出さないと追い越せない。近隣の中央線沿線駅はたいていもっと大きな通りに面しているけれど、西荻だけは北側の青梅街道も南側の五日市街道も駅からかなり遠い。このアクセスの悪さが西荻の大規模な開発を阻《はば》みつづけてきた要因ともいえるだろう。

このところ、この道路の拡張工事をするかしないかで、行政と住民とのあいだに軋轢が生じている。青梅街道から西荻窪駅までを11メートル幅から16メートル幅に、駅から南側の神明通りまでを20メートル幅にするというものだ。そもそも1947年および1966年に立てられた計画だったが、2004年に都が優先的に整備すべき道路のひとつに選定したのを機に区も動きはじめた、ということのようだ。

なにしろ道がせまいので、緊急車両が通りにくいといった防災上のデメリットはたしかにあるかもしれない。一方で、交通量の少なさや川の存在といった〝ある種の不便さ〟が周囲に結界を張ることで、昔ながらの路地裏や細道が温存され、そのおかげで今日のように〝変幻自在な西荻文化が〟育まれてきた、という見方もできるだろう。西荻にかぎらずどんな地域でも、ひとつの街の成熟度を考えるとき、その地理や地形がおおいに人の流れや文化に影響をあたえているものだ。それによって街は独特な色や匂いを帯びていく。

西荻窪もこのようにして、荻窪と吉祥寺の間の〝エアポケット的パラダイス〟というめずらしくも貴重な立ち位置を獲得するに至ったわけだ。自然発生的に結実したこうした街のありようを、多様性の観点から尊重・保全するのも有意義なことではないだろうか。見ようによっては不便だったり、非合理的に映るようなあれこれが、じつは街にとっては大切なピースということもある。他のどの駅にも見られないこうした西荻の個性はいつまでも残っていってほしい。

２０２２年６月、杉並区長選挙で現職の田中良区長の４期目当選にストップがかかった（２００票未満の僅差で岸本さとこ氏が新区長に就任）。西荻窪の街が今後どうなっていくのか、住民たちの注目が集まっている。

西荻北「西荻台マンション付近の長い急な坂から見た景色」

鳥居の道のにぎわい
（伏見通り）

西荻窪駅北口から吉祥寺方面に延びていく商店街を伏見通りという。駅前を左に折れて直進し、ポモドーロがある角までの1キロメートルほどの距離だ。正式名称は西荻伏見通り商店街で、「八百松」の小道奥にある伏見稲荷がその名の由来であることは想像に難くない。通りに面した赤い鳥居は街の表情に彩りを加えている。鳥居をくぐった小道は車も入ってこないので、小学生のころは格好の遊び場だった。

　そこから伏見通りを少し先に進むとパン屋「バロン藤乃木」（現・藤の木）があり、この店の親戚だったあ

る友だちと行くとソフトクリームをタダでもらえる、ということに味をしめた私は、彼と遊ぶたびに嬉々として訪れ、せがんだものだ。恥ずかしい思い出である。恩返しも兼ねて記すと、藤の木には80年以上の歴史があり往時より塩パンが人気だが、最近では、新しい趣向を柔軟に取り入れる三代目店主のつくった「半熟卵がのった焼きチーズカレーパン」が、カレーパングランプリで4年連続金賞を受賞している。個人的にはクリームパンがかなりおいしいと昔から思っていて、気を抜いてかじっていると「え、ここはパリですか⁉」となってしまうほど上品なカスタードクリームがたっぷり詰まっている。小学生のころからの好物だ。多少のアレンジは経ているのかもしれないが、味わいの印象は先代からずっと変わらない。中華やイタリアン、かつ丼のみならずクリームパンに至

鳥居の道のにぎわい

るまでなんでもおいしい街、それが西荻窪なのだ。

伏見稲荷の鳥居小道は西友の入口につながっていて、その上は中央線の高架だ。小道の途中や突き当たりに飲食店が数軒あって、どこか隠れ家的風情がただよう。ダイニングバーの「ほうぼう屋」、お好み焼き「粉屋時次郎」、南口にできた支店「シュウマイルンバ」も人気の居酒屋「テンセイ」など。吉祥寺のハモニカ横丁でよく飲んでいた2008年当時、行きつけだった今は亡きバーのマスターから、「こんど西荻に友だちが店を出したから行ってみてよ」と言われたのがテンセイだったから、あれから十数年も経つのか。私の中ではいまでも〝マスターの

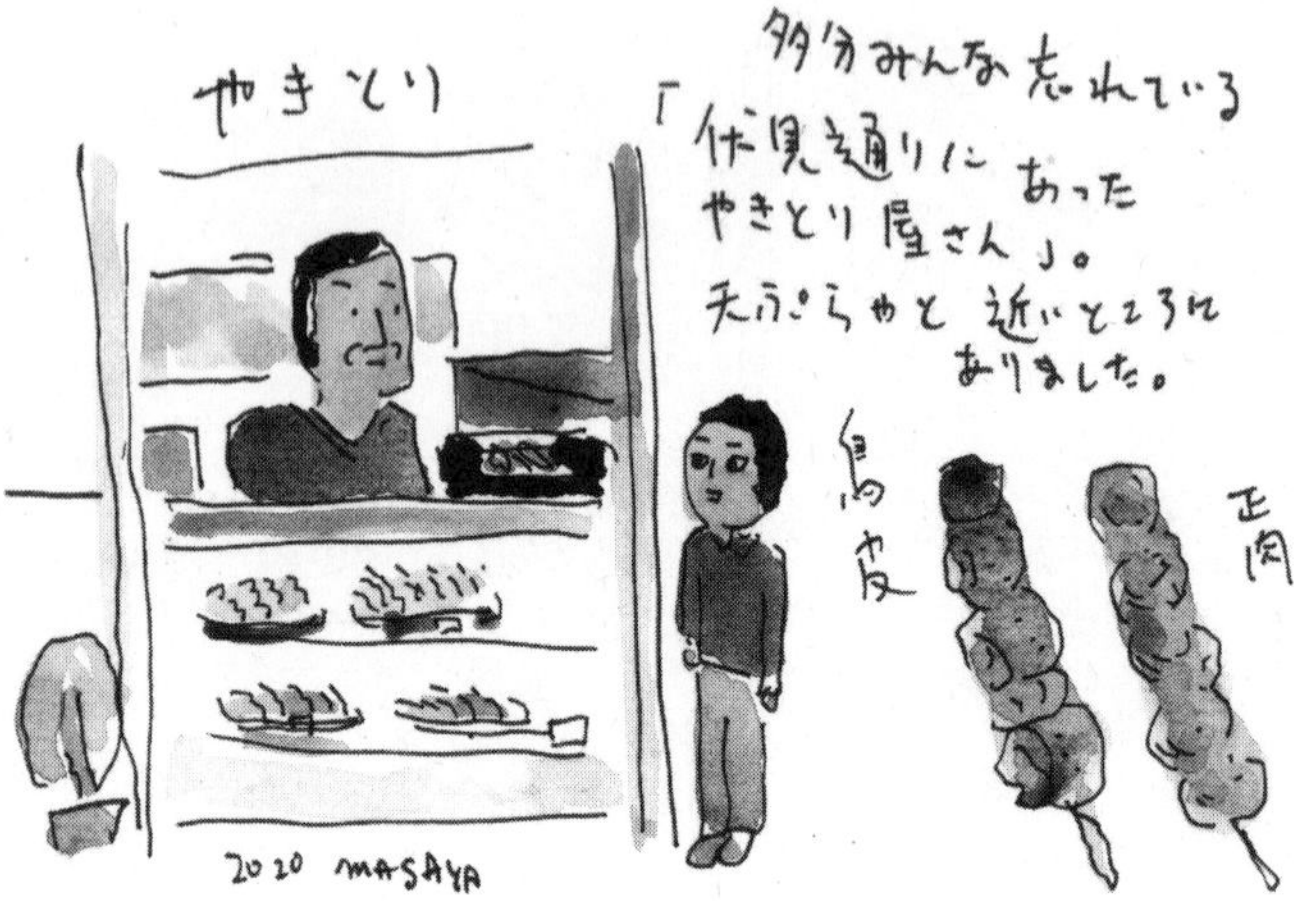
やきとり
多分みんな忘れている
「伏見通りにあった
やきとり屋さん」。
天ぷらやと近いところに
ありました。
鳥皮
正肉
2020 MASAYA

友だちが出した店〟のイメージのままだ。

伏見通りはいつも歩行者天国のような感じで、みんなが思い思いの方向に歩いている。八百屋の店先であれこれ野菜を選んだり、道を横切って餃子を買ってみたり……。左右にいくつも延びていく路地にもそれぞれお店があるから、道ゆく人々はふらふらと向きを変えたり、行きつもどりつして動きが読めない。車で通るにはそれなりのテクニックと注意が必要だ。

昔は通りの中ほどに、店名は忘れたが、おじいちゃんが焼いてくれるやきとり屋と、同じようにおじいちゃん店主の天ぷら屋があった。たしか2軒とも近くにあって、テイクアウト専門のちいさな店だ

多分みんな忘れている
昔の西荻
「伏見通り
おじいちゃんの天ぷら屋」
小さなお店で
販売のみでした
キス天
ちくわ
こんな
感じで
つつんで
くれました

ったけれど、おそらく兄弟ではなかったようだ。家で蕎麦《そば》を茹でるときはここへ天ぷらを買いに走ったが、つくり置きの、油がまわってしんなりしたかき揚げを蕎麦つゆに浸して食べるのが格別だった。ゆっくりとした動作で揚げていくおじいちゃんが緑色の紙に包んでくれる一連の所作、光景が忘れられない。やきとり屋のほうは、中学生のころ釣り仲間と吉祥寺の釣具屋「丸勝」に行った帰りによく買い食いをした。70円を払うと、つくり置きの鳥皮を甘いたれにくぐらせて炙《あぶ》ってくれる。

　同じころ「クレープショウ」というクレープ屋が伏見通りにあって、これもまた忘れられないおいしさだった。シャンティと名づけられたこくのある生クリームに、なにかのリキュールを混ぜたような深い香りが溶け合っていて、はじめて食べて以来、やみつきになってしまった。いつしか地元中学生のたまり場になってしまい、いろいろとトラブルも起きたようで気づいたら閉店していた。荻窪の日本大学第二中学校に通っていた私は、ここをたまり場にしていた同世代のやつらをうらめしく思ったものだ。あのまま続いていたなら間違いなくいまも行列店だっただろう。

　当時からあった吉祥寺のクレープ屋「サーカス」にもよく通っていたし、現在では二代目の男性が腕を振るい行列が絶えない。クレープ屋でいえば、夜にな

今までで一番
おいしいクレープだったなあ
ブツブツ読んで
モヤモヤしていた
中学生の私
(男子校)
生クリームが
本物だった!
○○くん
LOVE
昔あった
西荻窪
「クレープショウ」
伏見通り
沿いにありました
焼肉五鉄のあたり)
どこかの中学生女子が書いた
メッセージ

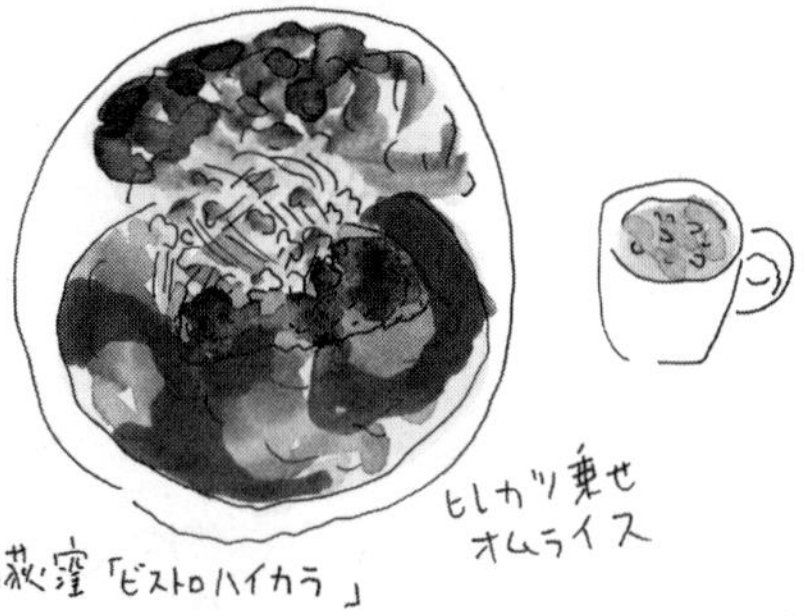

るとたまに西荻窪駅の南口に現れる「パパクレープ」も好きだったなあ。

この通りから毛細血管のように根を広げるちいさな路地にも、たくさんの名店が軒を連ねる。まずは、日本最古のビリヤード場とも言われる「ビリヤード山崎」。気鋭の洋食店「ビストロ ハイカラ」は2022年7月から「シュラスコレストラン ハイカラ」となり、西荻で唯一シュラスコを楽しめるお店が誕生した。一度訪ねて食べ放題コースを頼んだが大満足だった。また、豆腐自体の味をそのまま楽しめるおぼろ豆腐が人気の寿屋豆腐店。そして同じ路地の先には通称〝トトロの木〟と呼ばれる巨大な欅《けやき》が現れる。この大けやきを何度イラストレーションに描いたことか。住宅街のむこうに巨大なブロッコリーよろしくひょっこり頭を出している風景は絶好のモチーフだ。

同じくこのあたりの横道にたたずみ、西荻有数の老舗パン屋に数えられる「ANSEN」にも触れないわけにはいくまい。子どものころ、西荻北3丁目にあった「アンデルセン リトルマーメイド」とい

友達が教えてくれた
ANSEN
これ好キ。
コーヒー味のパン
(名前は失念)
これもコーヒー味のパイ
(デニッシュ？)
西荻窪「アンセン」MASAYA 2020

うパン屋が大好きだった私は、南口のほうに住む友だちが「アンセンがうまい」と言うのを聞いて、アンセン？　知らないなあ。アンデルセンの間違いだろ、と内心思っていた。しかし成人後、南口にあったお店を閉じ、いまの場所で再開したＡＮＳＥＮのパンをはじめて食べたとき、20年前に南口の友だちが言っていたことは正しかったんだ！　と知った。そんな話をツイートしたら、ＡＮＳＥＮの店主がたいそう喜ばれていたというお店の方からのコメントが入って感激した。

ちなみに私の好物は、創業当初から毎日焼いているというコーヒーサンド。サクサクした歯ごたえが特徴の甘いデニッシュだ。

古時計とランプの館

（物豆奇）

たくさんの古時計が店内の壁を埋めつくしている。柱にかけられた赤茶のものだけが稼働しているようで、こちこちと心地よいリズムで時を刻む。すべて異なる形をしたランプがあちこちに吊るされ、その半数ほどが灯り、暖かな光が幻想的だ。私は店内中央にある囲炉裏になっている席に好んで座る。その席の壁際にはいつからか金魚鉢が置かれ、なかよく泳いでいる2匹の金魚はときおりスカイブルーのガラス玉をじゃり！　と尾びれで蹴りあげる。レンガの台に鉄の止め具で荒々しく

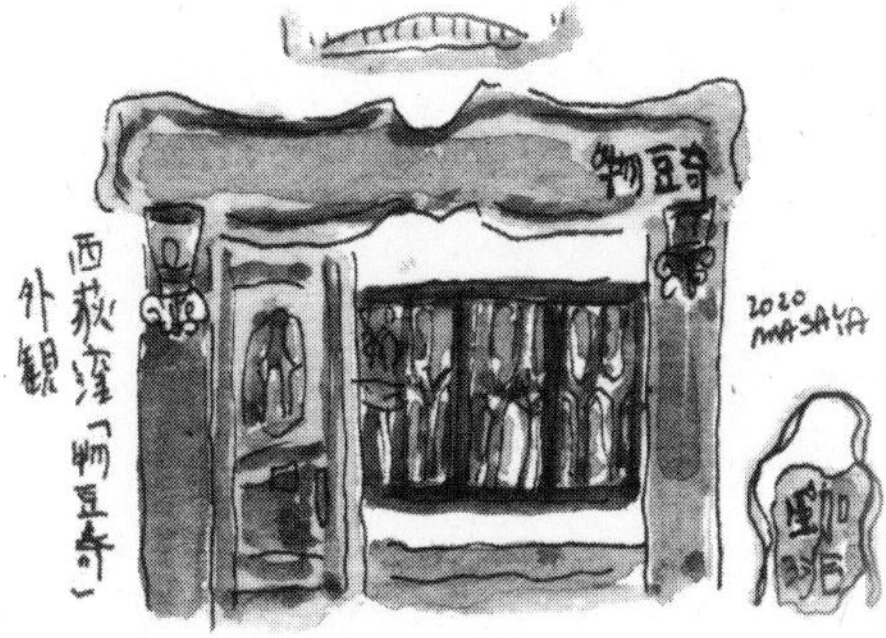

打ちつけられた堅固な木製テーブルはあちこちに段差や傾きがあり、安定しそうな場所を選んでソーダ水のグラスを落ちつけないと倒れてしまいそうだ。たくさんの人々が触り、置き、なじませてきた木肌は手の脂やコーヒーや、あるいはタバコのヤニがしみこんで赤黒い茶色になっており、私がよく知る歴史を刻んだ剣道場の床や壁を思わせるような厳《おごそ》かな気を発している。

内装のみならず建物そのものが芸術的な「物豆奇《ものずき》」は、1975年に山田マスターが先代から引き継いだ。とはいえ先代はわずか2年でお店を手放したそうで、生みの親は先代だが、育ての親は山田マスターと言っていい。

かつて山田マスターは、南口バス通りにあった「奇聞屋《きぶんや》」というライブハウスのオーナーも兼ねていて、そちらではたいへんお世話になった。あまり広くはない空間に5畳ほどのちいさなステージとピアノが置かれ、客席はめいっぱい詰めて30くらい。規模的にもライブハウスというよりは、お酒やコーヒーを飲みながら出し物を見る、いわばライブカフェバ

ーだった。新宿・歌舞伎町の「ロフトプラスワン」をひと回りちいさく、上品にした感じで、小綺麗な喫茶店のようでもあった。おつまみや食事は女性シェフの東さんがつくる。ときには東シェフ自慢のフレンチフルコースを食べながら演奏を聞くイベントや、クラシックやジャズのライブ、誰でも参加できる詩の朗読会もあった。

奇聞屋の店長はマスターの弟さんで、つまりこちらは山田店長だ。私は本田と2004年から約4年間、毎月ここで詩の朗読や紙芝居、歌などを披露するライブイベントを開催した。お客さんは5人から多くて20人も入れば大入りで、あるときはゼロということもあった。心が折れた私を尻目に、本田はウェイターも兼ねている山田店長ひとりを相手にちゃんと詩の朗読を披露していた。するとその数ヶ月後、こんどは全国的な詩の朗読大会で優勝してしまい、その様子はテレビでも放映された。人の才能というものはいつどこで開花するかわからないものだ。

奇聞屋でおこなわれるすべてのイベントのプロデューサーをされていた音楽家の吉川正夫先生にも、スケジュール調整やピアノの伴奏をしていただいたりとお世話になった。残念なことに、建築の老朽化により２０１８年12月、同ビル内にあった人気居酒屋、風神亭とともになくなってしまった。あの当時見にきてくださった方々、本当にありがとうございました。結局、奇聞屋にもお客さんにも、とうとうなんの恩返しもできずに終わってしまった。いずれにせよコロナ禍の渦に巻きこまれる運命ではあったが、小規模なトークショーをやるには打ってつけの場所だったから、この本の出版記念会でも奇聞屋でやりたかったなあ。

その後何年も経って、西荻で活動するイラストレーターた

ちが西荻にあるさまざまなお店の中から1店舗ずつ選んで描いた原画を、そのお店に展示するという企画に参加した。西荻案内所の奥秋《おくあき》さんの仲介で、私は希望した物豆奇にイラストレーションを展示させてもらった。それをきっかけに、名前は知っていたけれどそれまでお話しする機会のなかった山田マスターと知己を得ることができた。ここで自分の絵を飾ってもらえる日が来るなんて思いもしなかった。2019年に「西荻窪をおさんぽして描く」という個展のために描いた物豆奇の作品を購入してくださって、現在もお店の中に置かれている。

物豆奇はまずその外観に圧倒されるが、中に入るとそれが単なる〝ジャケ映え〟ではなかったことに気づく。古時計にランプ、スピーカー、暖炉、ひとつとして同じものがない木製テーブル、独特なショーウインドウ……。コーヒーカップからスプーンにいたるまで、すべてがつくりこまれたアトラクションのようだ。来店された際には、宮沢賢治の『銀河鉄道の夜』を彷彿とさせる、かわいい焼き物の砂糖壺にぜひ注目してほしい。客層は東女《とんじょ》の学生とおぼしきグループから、作家と編集者の打ち合わせ風、地域の方々などさまざまだが、外からは中の様子がわかりにくく、空いているときもあれば、開けてみたら大盛況でびっくりということもある。

私がお気に入りの大きな囲炉裏席ではいろいろなことがあった。マスターと話して

西荻窪
「物豆奇」の
入り口の
看板が
かわいい
物豆奇

西荻窪「物豆奇」
のコーヒー
2021

2021
西荻窪「物豆奇」
グレナデン
ソーダ
(ザクロ糖蜜)

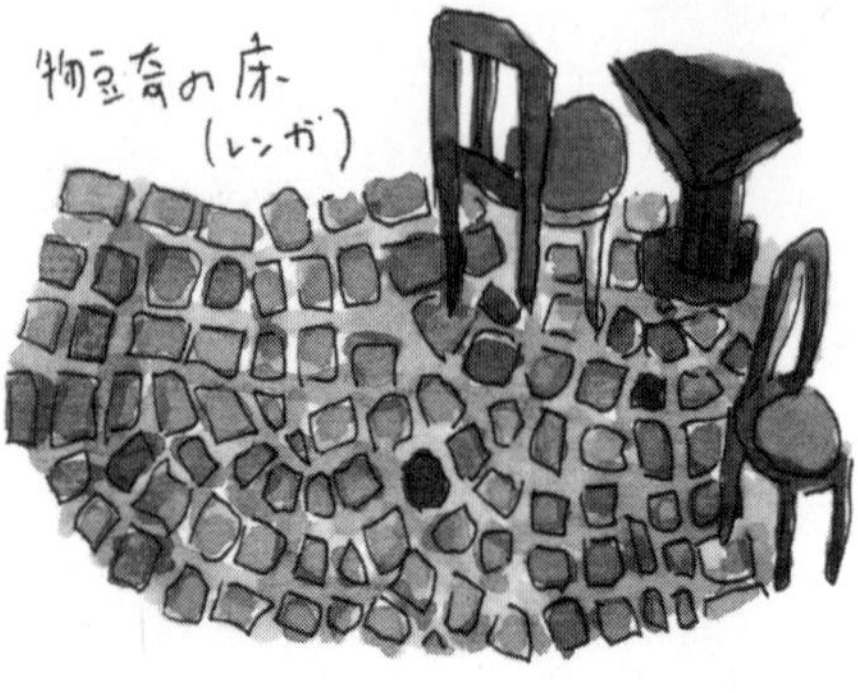
物豆奇の床
(レンガ)

左側
真ん中
右側
西荻窪「物豆奇」の奥の棚の中身
2021
MASAYA

物豆奇

コーヒーとレモンジュース
西荻窪
「物豆奇」
2010
MASAYA

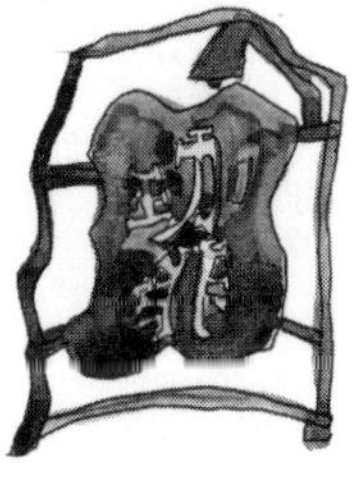

物豆奇のかんばん（鉄製）

いたら、目の前に座っている女性が、私のイラストレーションを買いたいと言ってくれ、ちょうどSNS上でやりとりをしていた方だとわかったり、今野《こんの》書店の先代夫人と遭遇し、今野書店が西荻に移ってくる前から現在までの貴重な話をうかがうこともあった。これはもう、大学の講義を聴くようなものだった。

なにかの拍子に山田マスターから、物豆奇周辺の50年近くにわたる歴史について聞くことができれば、それはかなりの幸運だ。いまの1棟建ての洒落た建築は、はじめは4棟が連なる長屋だったそうだ。受け継いだときはすでに2棟に分裂しており、（物豆奇の向かって）右側の花屋さんとは離れていて、左側にあった化粧品店とはまだつながっていた。1990年前後にそこも切り離されて現在に至る。建築物を羊羹《ようかん》のように切り分けているのがおもしろい。

外装を褒めてもマスターは「表面だけだからさ」と

いう。当初、内外装のすべては先代がつくりあげたものだったが、外装はその後、何度かリニューアルしている。山田マスターはもともと飲食関係の会社で働いていたが、28歳のときに喫茶店をはじめようと思いたった。物件を探していたところ、たまたま西荻で物豆奇の物件を紹介され、すぐに購入を決めた。その際に先代から「お店をそのまま使ってほしい」と託された。内外装だけでなく備品や雑貨、看板などほとんどのものがすでに揃っていたという。表にある〝珈琲〟の看板はかつて骨董通りにあった鍛冶屋「アトリエベガ」製かと思いこんでいたけれど、アトリエベガができる以前からあったとのことで、ちがうようだ。

つい最近（2022年）、先代の息子さんが物豆奇を突然訪ねてきたという。開店当時は小学生くらいの子どもだったが、苗字を聞いてすぐにわかるくらい、お店を譲り受けたときの先代と風貌がそっくりだったそうだ。息子さんによると先代は90歳近いがご健在で、このお店のことを気にかけているとのこと。なんと胸が熱くなるような話だろう。こんなドラマチックな物語を飄々《ひょうひょう》と披露してくれるマスターだが、どこか照れ隠しもあるのかもしれない。

〝本日骨休み中〟の看板が出ていなければ年中無休。ここのソーダ水は、真紅に輝くざくろ糖蜜ソーダだ。

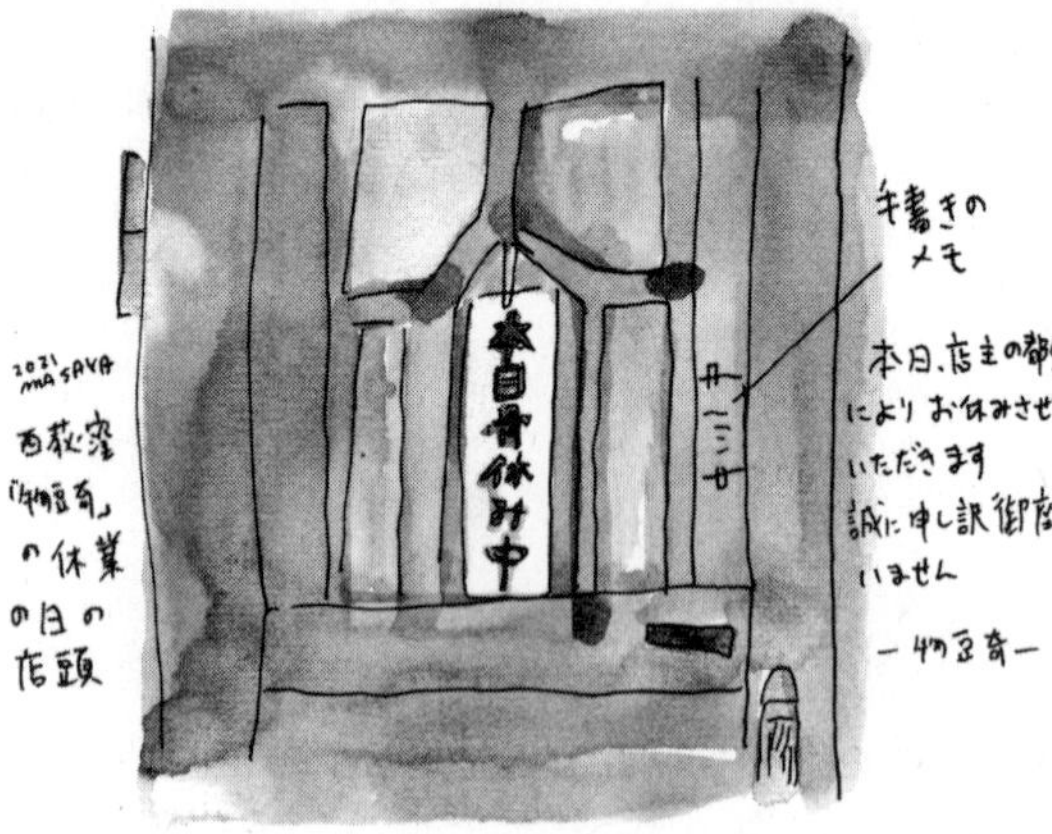
2021 MASAYA
西荻窪「物豆奇」の休業の日の店頭
本日骨休み中
手書きのメモ
本日、店主の都合によりお休みさせていただきます
誠に申し訳御座いません
ー物豆奇ー

第2章 わくわく南口

高架沿いの酒飲みケモノ道
（南口飲み屋街）

駅の南口改札を出た右手に密集する飲食店群は、戦後闇市のバラックの風情を残す西荻最大にして最高の繁華街だ。

たしか2007年ごろまでは、南口階段を降りたすぐ脇に「とみや」という古くからの町中華があった。ラーメン、チャーハン、炒め物となんでもおいしくて、ここで俳優の萩原流行《はぎわらながれ》氏に遭遇したこともある。とみやのご主人は、野球のユニフォーム姿で西荻の街を歩いていたり、またあるときは青梅街道沿いの「山ちゃん」（初代）を手伝っていた。

かつて西荻に10年間住んだ内田かずひろさんも、とみやが閉店したことを知ると残念がっていた。「カウンターに大きなかんかんの一味唐辛子が置いてあって、焼肉定食にも合うんだけど、味噌ラーメンにはとくにたくさんかけて食べるんです。いつものように一味たっぷりの味噌ラーメンを食べていると、食事休憩らしくおかみさんもカウンターに座って『やっぱり味噌ラーメンには一味唐辛子よね〜』と自分の味噌ラーメンにもばさばさふりかけて食べてました。七味ではなく、一味が好きになったのはとみやに置いてあったからなんですよね」

　とみやを西荻駅前のシンボルのように感じていた人は多いと思う。いまでは

「小鳥遊《たかなし》」という立ち飲み屋となり、若者でにぎわっている。この場所はとみやの閉店以来、数年おきに店が入れ替わってきた。建物をよく見ると「とみやビル」とある。とみやのご主人は昔からこのビルの所有者なのかもしれない。

私はこのエリアを「南口飲み屋街」と呼んでいるが、ここで飲み歩くならば、まずは小鳥遊からはじまる高架沿いの直線コースを狙うのが正攻法だ。立ち飲み屋、立ち食い寿司、台湾料理、隠れ家風酒場、ウズベキスタンワインバーと色とりどりだが、やきとり戎 西荻南口店、丸福、珍味亭のたたずまいが昔から変わらないので、小道の風情は昭和そのままといっていい。飲み屋街の入口にある立

ち飲み屋の「煮こみや富士山」は以前、隣にある系列店「浜魚」の場所で「西荻串かつセンター 穴熊」というお店だった。温和で明るいが、じつは空手家でもあるマスター加賀美誠さんの揚げた、コーンスターチ配合のさくさくでリーズナブルな串かつが好きだった。現在手がけている煮こみや富士山もかなりの人気で早い時間から客足が絶えない。いつも何事かと目を引くほどの人だかりで、飲み屋街の門番のような存在だ。

　長いあいだ西荻ラーメンの一翼を担ってきた中華そばの丸福は、もやしと挽肉をのせた醤油ラーメンや、てるてる坊主のようなかわいい形をしたワンタンがおいしい。味噌ラーメンのファンも多い。

2階のテーブル席なら家族連れでもだいじょうぶ。私の父は日曜の昼になると〝ひとり丸福デー〟よろしく食べにいっていたし、土曜の昼には私も小学校の同級生に誘われて、彼のおとうさんからご馳走になったりすることもあった。西荻住民の多くは丸福での思い出があるはずだ。

昔は親方ともうひとりのベテラン職人が店に立っていたけれど、やがて親方ひとりだけになり、その後はしばらく親方の姿も見なくなった。いまでは若手の職人とおかみさんが引き継いでいる様子で、味もこれまでと変わらない。世代交代成功かと思っていたら、気がつくと親方が復帰していた。これはこれでうれしい！

ここに来たら、白身にたっぷり味の染みた味玉が必須だ。向かいには立ち食いの「笠置そば」。暖簾に書かれた〝味のつわもの〟の言葉どおり安くておいしくて、西荻民の絶大な支持を得ている。セットメニューも多彩で、私は目玉焼きがのってネギたっぷりの「ネギそば」

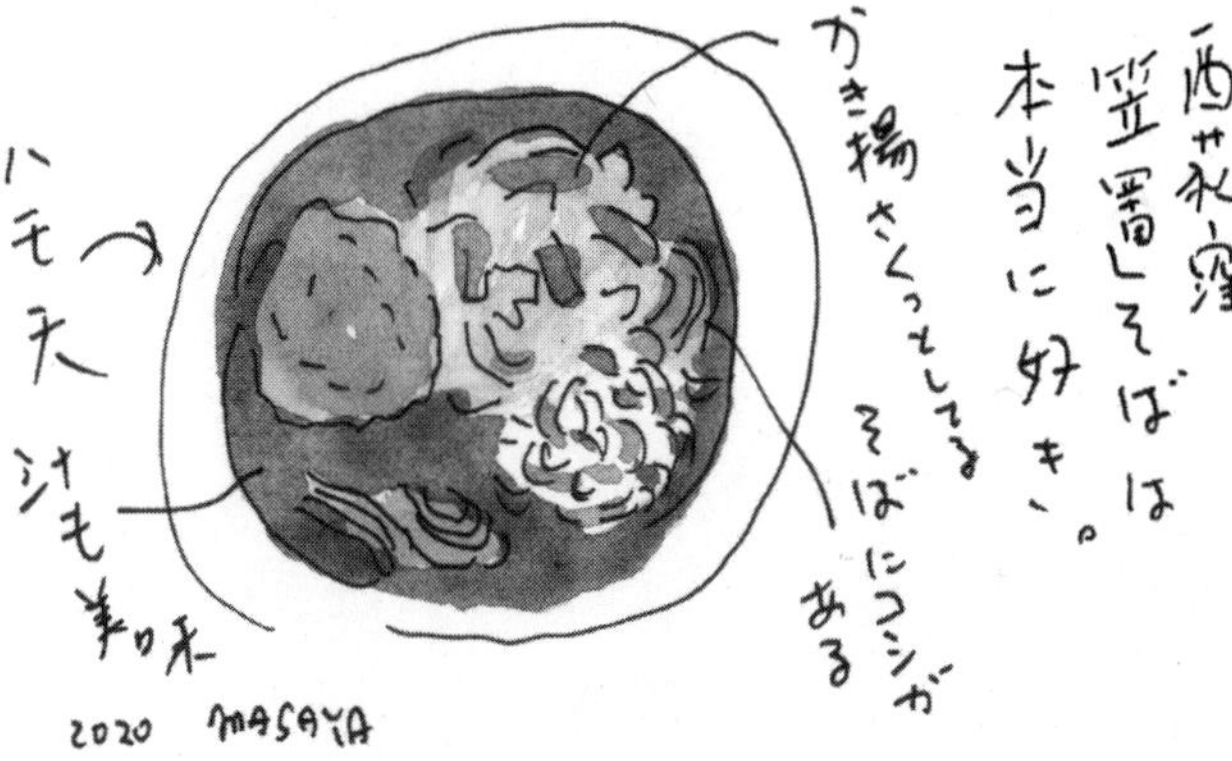
西荻窪
笠置そばは
本当に好き。
かき揚さくっとしてる
そばにコシがある
ハモ天
汁も美味
2020 MASAYA

に、かき揚げと穴子天をトッピングするのが好きだ。蕎麦の持ち帰りもできて、家で茹でてみたら私よりずっと蕎麦にうるさい妻が「おいしい！」とえらく感心し、これ立ち食い蕎麦だよ、と言うと驚いていた。

　やる気にあふれた店主は、客が店に入るやいなや「蕎麦？」と尋ねてくるのだけれど、私はひと呼吸おいて、いま自分が食べたいのはうどんじゃないよな、と一度確認する。

　笠置そばで特筆すべきは天ぷらで、季節に合わせて稚鮎、鱧《はも》なんかも登場する。かりっと揚がった明日葉《あしたば》天もいいし、かき揚げ、春菊、穴子、ちくわが常時あるのもとてもうれしい。

西荻窪のそば「鞍馬」
細長い
2020 MASAYA

キャラバン
CARAVAN
なんと
松永真氏
デザイン!
2020 MASAYA
西荻窪「CARAVAN」
キャラバン

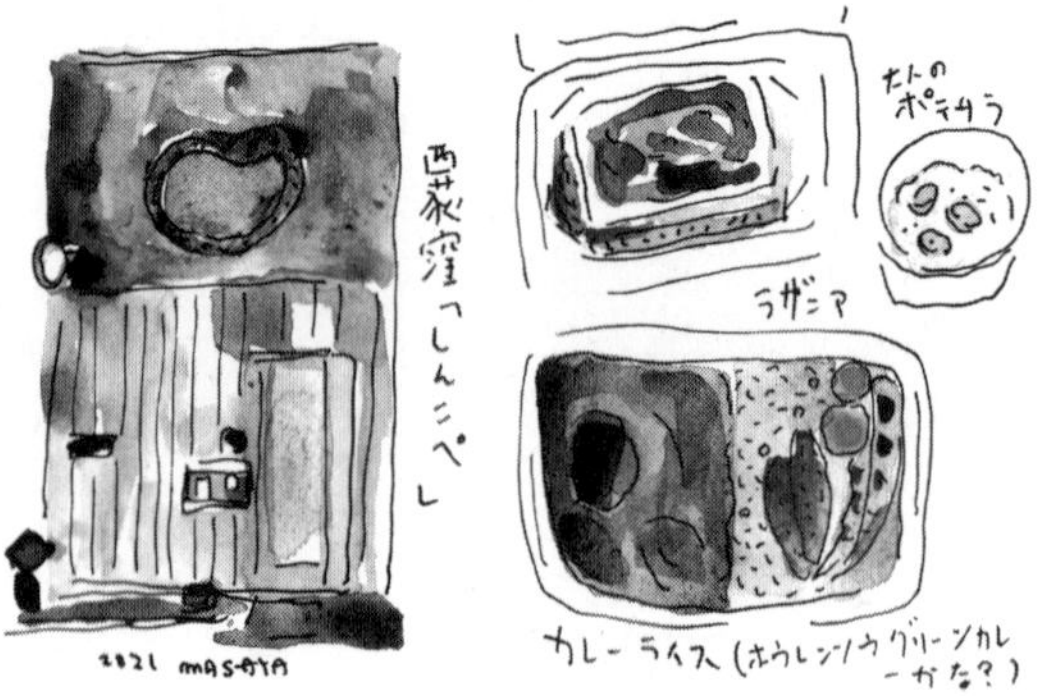
西荻窪「しんこぺ」
ただのポテサラ
ラザニア
カレーライス(ホウレンソウグリーンカレーかな?)
2021 MASAYA

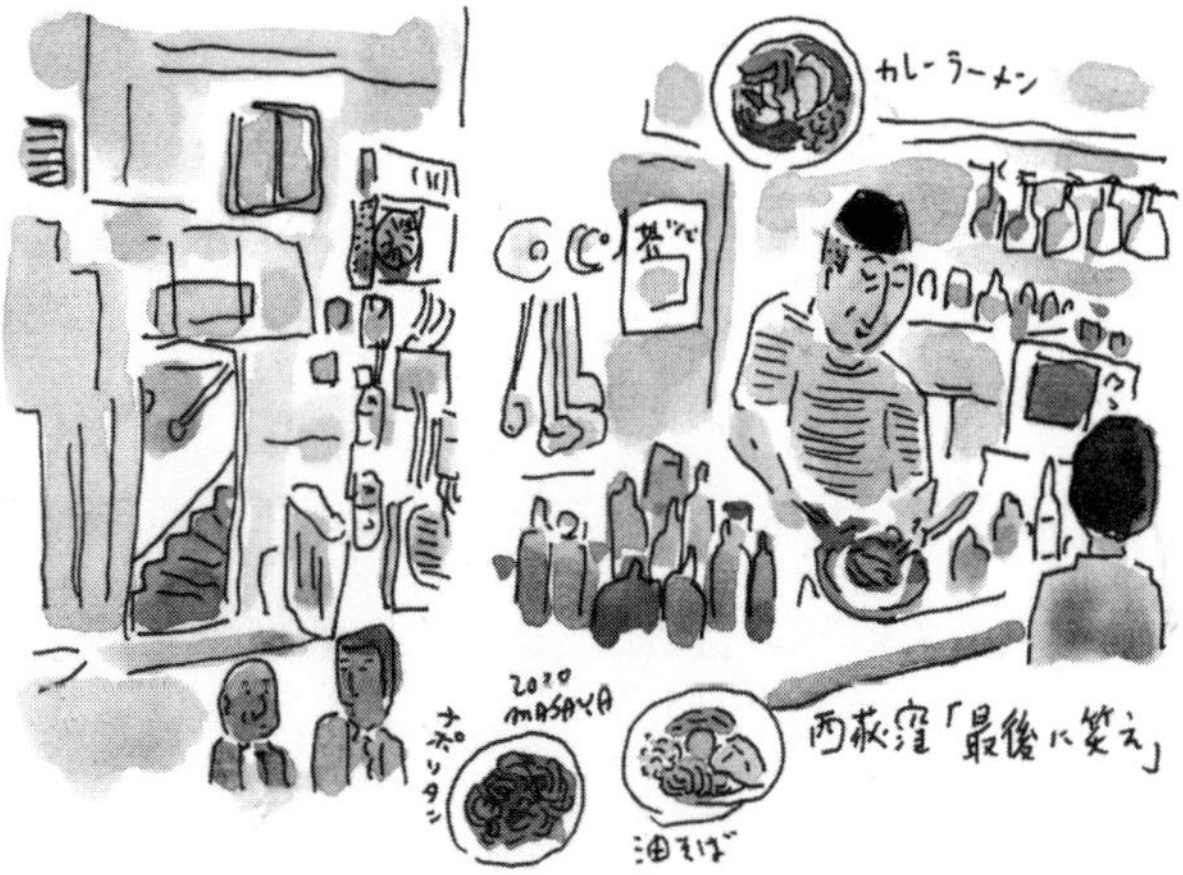
カレーラーメン
ナポリタン
2020 MASAYA
油そば
西荻窪「最後に笑え」

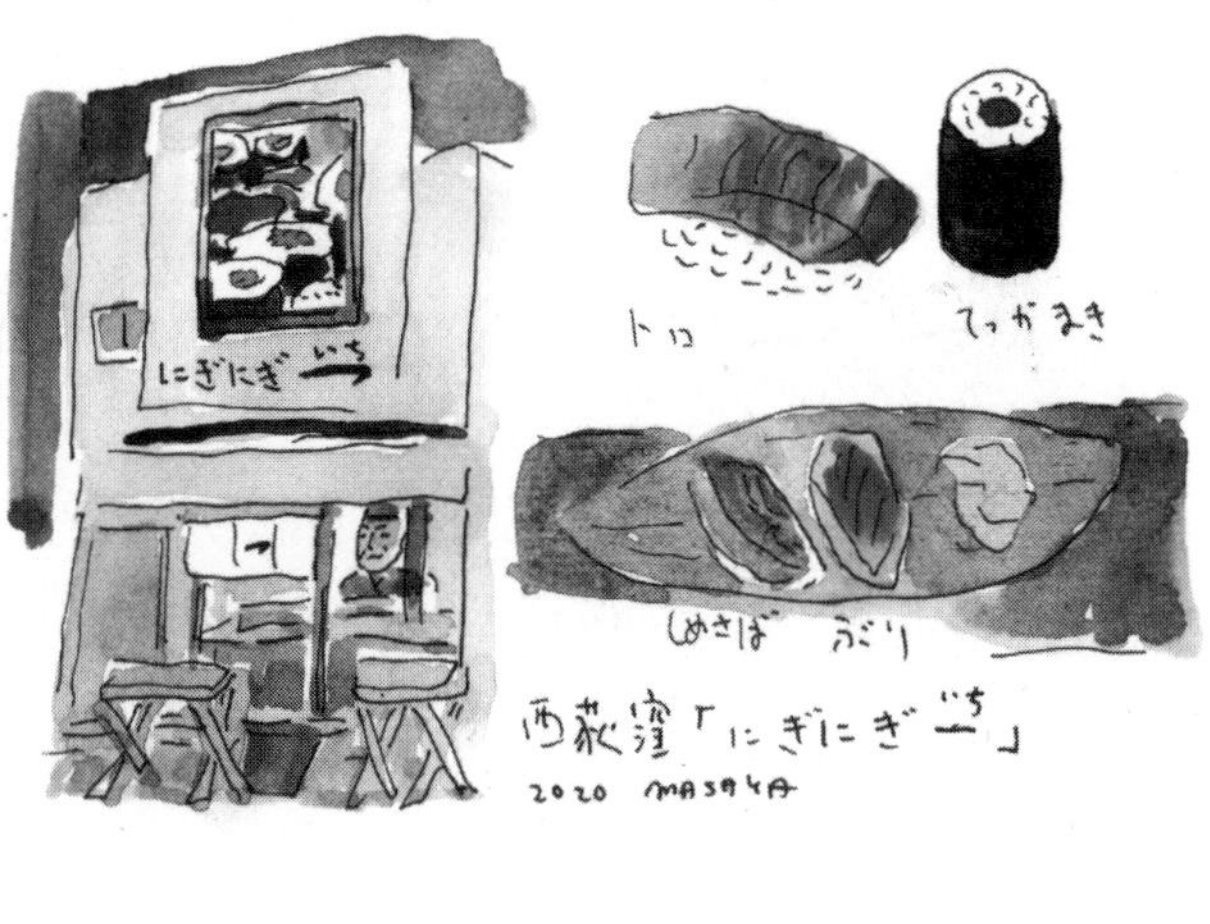
にぎにぎ いち
トロ
てっかまき
しめさば ぶり
西荻窪「にぎにぎ一《いち》」
2020 MASAYA

ここで飲まねばはじまらぬ

（やきとり戎 西荻南口店）

南口飲み屋街の象徴はもちろん戎だ。一軒目に戎を選ぶのが南口飲み屋街を攻略する際の定石だ。創業（1973年）当時は女人禁制、がちがちの大衆酒場だった。飲みなれない青年がうっかり敷居をまたごうものなら、「なにしにきた」とばかりに睨まれ、思わず逃げ出していくような雰囲気だった（のではないかと勝手に推測）。牛めしの松屋の左角を折れた柳小路界隈は、古くは青線（非合法売春地帯）で、その後、暗がりにネオンの灯るスナック街に姿を変えたが、なんとなく不気味で子どものころは近寄れなかった。これは憶測にすぎないけれど、戎の女人禁制は酔客とのトラブルから女性を守る意味もあったのかもしれない。一度足を踏み入れたらただでは出てこられないのではないか、と思わせる恐ろしげな雰囲気があった。

他にも戎には「3杯ルール」というものがあったりする（″焼酎系は3杯まで、日本酒・

梅酒は5杯まで〟とメニューには書かれている)。実際にはほぼ機能していないようだけど。これも同じく悪酔いした無頼漢対策だろう。昔は、夕方になると店員に食ってかかる酔客をよく見かけた。もちろん腕組みして睨みつける店員のほうが上手《うわて》。いまでは昼間から買い物帰りの主婦や女子大生まで気楽に一杯やっていて、さながらスペインバルやパリのカフェのようでもある。春先なんかに、トレンチコートを羽織った仕事帰りの女性がやきとり片手にビールをあおる姿を見かけるのはすがすがしい。そうかと思いきや、私と入れちがいに出てきた物知り顔の酔ったおじさんが、「ここはやめたほうがいいよ」とのたまわれたことも。私が「なん

で？　どうしましたか、何かあったの？」と畳みかけると退散していった。昼間から飲むこともしばしばで、幾度となくこの名店を描いてきた戎フリークの私に向かって文句とは。その理由も言えないとは情けないことだ。入店後店長さんに聞いたら「ああ、はじめっからそんな感じだったけど、気にしていないよ」。熟練の店員さんの洞察力を舐《な》めてはいけない。

天気のいい日中にここを通ると、ほぼかならずと言っていいくらい北口のバー、イルカに乗った少年のマスターと酒房高井の高井氏が昼酒をしている姿を見ることができた。それは、今日は佳き日、つまり外飲み日和であることを示す風物詩だった。2020年ごろからはともに体調を崩されたが、コロナ禍の最中にもイルカのマスターが車椅子で立ち寄っている姿をたびたび見かけた。イルカの常連さんによると、筋トレをしながら復帰をめざしていたそうだが、残念ながら翌年に他界された。元気なころは海外への旅を何ヶ月間も続けるような行動派で、その間お店を守り支えつづけたマダムを称して酒房高井のもとこさんは「イルカのママは妻の鑑《かがみ》」とおっしゃっていた。常連さんグループの依頼で私が描いたお店の絵は、いまも店内にある。

2007年当時、私はイルカでよく飲んでいた。近所にある東京女子大学の学生が入れ替わりでアルバイトに入っていて、夜11時ごろに仕事を上がるとカウンターに来て一杯引っかけていく子も多かった。その時刻が近づくと、自分の隣に来てくれないかと皆がそわそわしだす。なかでも常連おじさん連中のアイドル的存在だった東北出身のNちゃんは、長身で色白、清楚な雰囲気ながらお酒には滅法強かった。あるとき、私は運よく抜け駆けに成功して彼女といっしょに深夜の西荻を飲み歩いた。あれから10年ほど経ったころ、ふいにメールがきて、私のイラストレーションをSNSで見ていたという。こういうときに、絵を描けるっていいなと思う。

そのあとで酒房高井のもとこさんからも要望があり、これまでに描いた酒房高井の絵を5点ほど納めた。一ファンとして好きに描いていたイラストレーションを「イルカ」と「高井」に届けられるなど夢のまた夢のような話だけれど、とうとう実現してしまった。

西荻の二大マスターが肩寄せ合って飲みにくる戎はすごい、という話なのだが、ふたりが揃うことはもうない。西陽を浴びてゆったり語らいながらジョッキをかたむける両巨頭のそばを、下校する女子学生たちが通りすぎていく。そんなあたりまえのようだった景色も、当然のことながら永遠ではないのだ。

戎で飲むとき、私は1リットルのメガハイボール（推定重量2キロ超）を筋トレのように持ち上げながら、社長自慢のイベリコ豚の焼き物やデンマークソーセージの揚げ

たやつをかじるのが好きだ。毎回、普通のジョッキを持つ程度の力で手に取ると、（そうか、これはメガだった）と思い出して力を入れなおすのが通例となっている。ワインも安くておいしいから、ボトルを頼んでわいわいやるのもいい。また、寒い時期に焼酎お湯割りを注文すると、これもジョッキで出てくるのがおもしろい。

名物イワシコロッケは、イワシが丸のまま入ったポテトコロッケにタルタルソースがたっぷりとかかる。牛もつの脂が乳化するほどとろとろになった煮込みに関しては、私がこれまで食べた数ある煮込み料理の中でも最上級のうまさだ。欧風料理 華のアイスバイン（塩漬け豚の煮込み）、「ラヒ パンジャービー・キッチン」のマトンパヤ（羊のスネ肉のスープカレー）と並んで〝西荻窪三大煮込み〟だと思っている。刺身や漬け物、おひたし、えいひれ、もろきゅうなどのちょっとした酒肴も小皿で出てくるからひとりでもあれこれ楽しめる。唐揚げ、〆さば、ポテサラという通常のオーソドックスな居酒屋メ

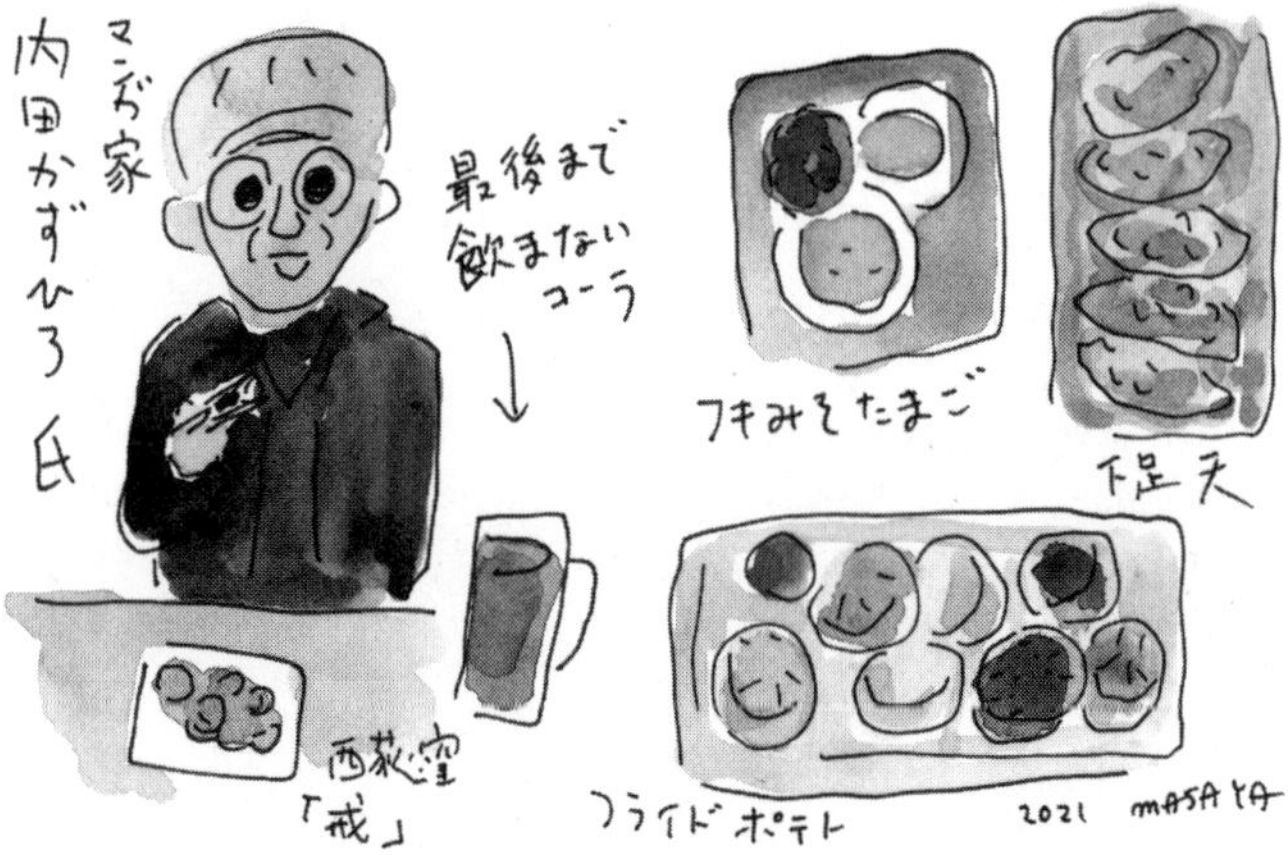

ニューに加えて、あんかけ焼きそば、イベリコベジョータロースカツ、ゴーヤチャンプル、タイ式グリーンカレー、ポークピカタなどなど、日替わりのジャンルに縛られないメニューを眺めていると、宝探しをしているような気分になってくる。

情熱のやきとり屋

（焼とり よね田）

酒場での飲み歩きを覚えはじめた20代後半、駆け出し飲ん兵衛だった私が出会ったそのやきとり屋もまた駆け出しだった。２００７年創業「焼とり よね田《だ》」。当初は自分と同じ年ごろの若造が焼いている店なんて、とたかを括っていた。「やきとり屋は年季の入ったおじいちゃんが焼き場にいないと雰囲気が出ない。50歳くらいでもまだ若い」くらいに思っていたのだ。だから、若い店員たちがにぎにぎしく立ちまわる様子を横目に見ながらも、なかなか足を踏み入れることはなかった。

きっかけは奇聞屋ライブに来てくれた博識な女性舞踏家Lさんだった。「私の友だちがやっているあそこのやきとり屋、本当においしいらしいから、こんど行こうよ」と誘ってくれたのだ。彼女いわく、店主の米田氏も西荻生まれの西荻育ちで、イタリア料理の修業をしてから、やきとり屋として独立したとのこと。

店内に入りはじめて彼と対面すると、若くしてまとっているその貫禄に驚いた。（この男、できる！）煙まみれになりながら、指示を出しつつ必死に串を焼く米田氏と、動きにむだのない若手店員たち。さらに、多彩かつ魅力的なメニューを見てたちまちファンになった。もちろん味もで、虜《とりこ》になったと言っていい。以来今日に至るまで通いつめることに。2000円もあれば食欲も充分に満たされて、ほどよい酔いを得られる。なおかつ米田氏の人もいい。

やきとりはもちろんのこと、マグロの中落ち、牛焼き肉、牛すじ塩煮込みなど一つひとつがいちいちすばらしく、行くたびに新たなメニューが次々と登場し、勧められるがまま注文したものだ。当時はまだ試行錯誤の時代で、どういうふうに仕入れ、どこに注力したのかという彼の解説を聞きながら食べては飲み、感想を

伝えた。とにかくこの仕事を心から楽しんでいるという感じが全身からにじみ出ていた。

とくに巨大なつくねは肉汁したたる名物で、見るたびにサイズアップしていった。あまりに大きいため1本の串では支えきれず5本の串が打たれている。つまみというよりはハンバーグのような主菜に近く、あれをひとりで食べてしまうと他のものが入らなくなるから敬遠するという人もいるほどだ。「こんど軟骨を入れて食感を出してみようと思って」などと、つねに工夫を重ねている。他のやきとりも1本のボリュームがすごい。塩煮込みはかならず大サイズを勧められたが、これだけで腹一杯になる。何を食べても満たされた気持ちになった。

いまや安定した人気店となり、入りたくても満席ということが多いが、昔はいつ訪れても空いている席があって、店主がひねり出すコスト度外視のメニューをのんびり飲み食いできた。駆け出しの〝未来の人気店〟に出会い、その成長過程に立ち合えたのは幸運だったと思っている。そのようなお店はいまの西荻でも、ひそかに生まれつづけているのにちがいない。

米田氏は仕事に集中するあまり、店員やマナーの悪い客にときおり厳しい表情を見せることもあった。ただ、その眼差しは非常に的を射たものだったから、これは私に

情熱のやきとり屋

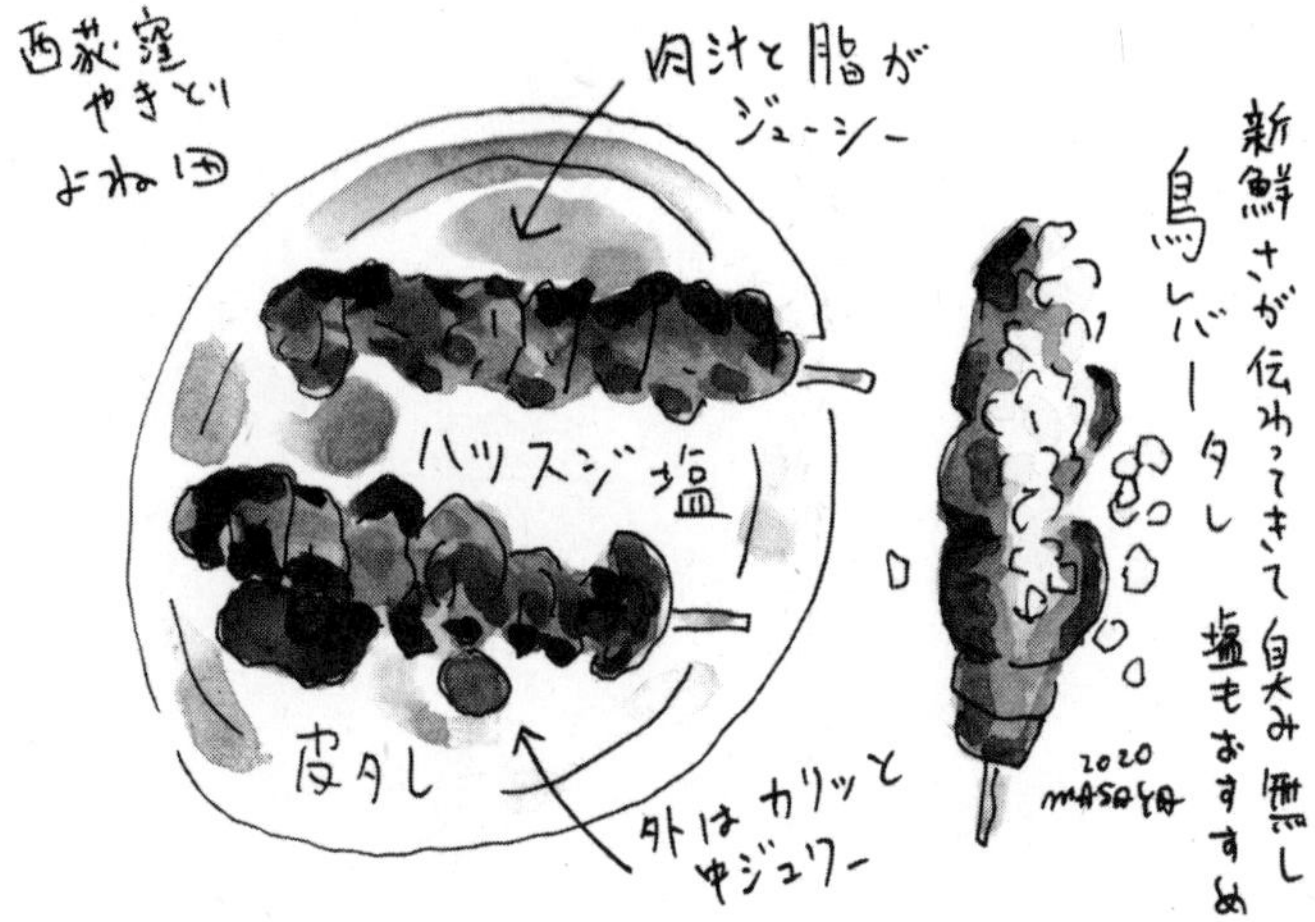

とっては予期せぬショータイムのようなもので痛快だった。暇なときにはおたがいの身の上話もした。当時は焼酎を甕《かめ》から柄杓《ひしゃく》ですくって入れており、ホッピーを頼むと中《なか》（焼酎）がジョッキに半分以上もそそがれ、さらに追加で注文するとひょいひょいとすくってジョッキを8分目まで中が満たした。よって、かならず2杯でへべれけとなる。商売的にはだめなやつだろう。現在ではまあまあの適正量になっているからご安心を。それでも町場では抜群に酒の盛りがいいほうだと思う。サービス精神旺盛で気前がいいのだ。西荻の飲み屋はよね田にかぎらず、どの店にも独自のサービス精神がある。これをあたりまえに感じてくると、生半

可な飲み屋街では物足りなくなってしまう。名の知れた人気の酒場でも、西荻クオリティに比べれば「こんなもんか」ということがよくある。

やがて中野に2号店、西荻窪駅北口正面に「焼肉よね田」を出店し、よね田のメニューも少し変化を見せている。いまでは、米田氏は裏方にまわっているようだ。飲ん兵衛の中には、創業者が焼き場に立っていないと、たちまち「さぼっている」とか「いまじゃ左うちわ」などと言いだす人がいる。私は創業当初のクオリティを維持しながら末永くお店を存続させる見えない努力こそ、評価されるべきだと思う。創業者みずからが店頭に立つことにこだわりのある店もいいが、体調を崩したり、歳をとれば長く続かないことだって起こる。そんななか何十年も陣頭指揮をとりつづけるレジェンドがいまも西荻に存在しているのは本当にすごい話で、まさに尋常ならざることなのだ。

飲み手にとっての酒場での思い出もまた、日々更新されてゆく。何十年も変わらずに通う飲ん兵衛もいれば、わけあって足が遠のいていく人もいる。私自身、何かの拍子にふと過去の記憶がよみがえることがある。東日本大震災の直後に飲んでいたときのこと。震災の話をしていたら隣で泥酔した飲ん兵衛がからんできた。のちに知った話では、その飲ん兵衛氏が親しかった某バーのママさんが震災で亡くなっていたらしく、自暴自棄になっていたようだ。当時連れの方に諫《いさ》められて飲ん兵衛氏は「悪かったよ」と謝ったが、事情を知らない私は思わず睨みつけてしまった。十年以上の長い年月が経ち、同じ西荻の別の飲ん兵衛から事の次

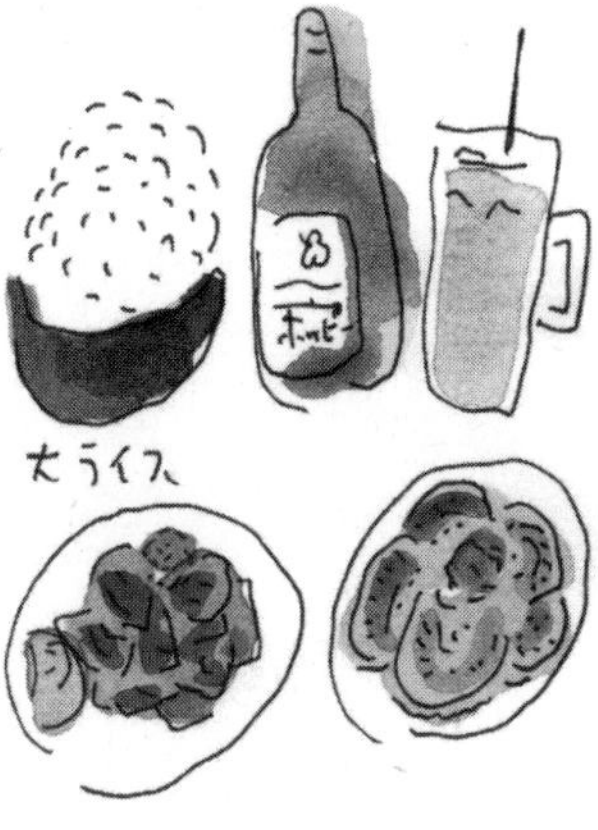

第を聞かされた。そんなわけがあったのか……。ああ、酒場には良い思い出と隣り合わせに、恥ずかしさや悲しみがあふれている。

ちいさな"ゴールデン街"は玉手箱（柳小路）

昭和のころ（1980年代）は駅のホームから「キャバレーロンドン」のネオンきらめく看板が見えて、子どもだった私には、駅南口周辺は近寄りがたい大人の街だった。その南口界隈でもひときわディープなオーラを放つ柳小路は、戦後の青線の名残をとどめる新宿ゴールデン街の西荻版といったエリア。いかにも場末のスナック街というたたずまいで、小学生にとっては、行ってはいけない場所、想像のつかない怖い場所だった。

路地に入ってすぐのところで、ドラマ『太陽に

かっこいい！
私が中学生くらいの頃（高？）バンダナ姿で買いものをされていました
ジャック・ダニエルをよく飲みます
又野誠治氏（ブルース刑事）
西荻窪で「Aサイン」
2020 MASAYA

ほえろ』のブルース刑事こと又野誠治さんが「Aサイン」というバーを営まれていて（〝ブルース刑事の店〟と看板に書かれていた）、昼間自転車のかごに野菜を入れてさっそうと買い物をしている姿をよく見かけた。髭面のワイルドな美男子で、ひと目でそれとわかるほど役者然としていた。若くして亡くなってしまったことは残念だが、又野さんからビートルズの譜面を都合してもらうなどしていた本田は、たびたびAサインに通っていたそうだ。私は又野さんが立たれているカウンターで飲んだ記憶はない。一度行っておけばよかった。

　小路の真ん中あたりには「赤い鼻」というカウンターの居酒屋があり、文字どおり赤い鼻をした、俳優の斎藤洋介さん似のマスターがつくる沖縄料理がおいしかった。メニューは多彩でソーキそばやゴーヤチャンプル、海ぶどう、小魚の塩漬けがのったスク豆腐まで揃い、お酒も安くて良心的だった。マスター亡きあともお店は引き継がれ、ご常連はいまだ健在、若い客の姿も増えて盛況だ。韓国料理「トヤジ」、バングラデシュ料理「ミルチ」、オーセンティックバー「タウザー」などもいまや老舗と言っていいだろう。ジャンルにこだわらないさまざまなお店が柳小路の多様性を守

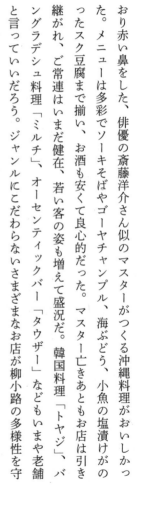

っている。

現在の柳小路の活況を語るうえで外せないのは「ハンサム食堂」だ。ジャングルのログハウスにいるかのような涼やかな建築と、タイ現地式の極彩色の灯りは、昭和以来の場末感を一変させ、若者が行き交う中央線有数の飲み屋街の象徴となった。

春から夏にかけては、半野外の2階席に腰を据えて眼下の通行人を眺めながらメコンウイスキーやタイビールをあおる。道ゆく人々はどこかみな楽しそうだ。どの店に入ろうかと女性のふたり組がきょろきょろしていたり、お目当ての店に向かって脇目もふらずに進む中年男性、手をつないで歩くカップルと見ていて飽きない。ハンサム食堂こそ、柳小路のみならず西荻南口飲み屋街発展の立役者と言えるだろう。

コロナ禍にはテイクアウト専門店として、カオマンガイやグリーンカレーなど本場顔負けのタイ料理が家で楽しめるということで人気を博し、夕方にはほとんど売り切れていた。タイのカオマンガイは、横山座小路の「ぷあん」とも海南チキンライスの

ビニール袋に入っているタレが最高!
バスマティライスが味わい深い
カオマンガイ
生春巻
西荻窪「ハンサム食堂」のテイクアウト
2021 MASAYA

夢飯ともまた少しちがう趣向だが、ここのがいちばんという好事家も多い。

柳小路には、出版関係やクリエイティブ系の人も多数出入りしている。駆け出しのころ、バーで隣り合わせた50歳くらいの男性に、うっかりイラストレーターであることを話してしまった。というのも、このあたりではこだわりの強い業界の御仁が少なくないから、その手の話題は良し悪《あ》しなのだ。むしろ悪しに近いから、やめたほうがいい。案の定、トロンと出来上がった男性の目つきが、急に嫌な鋭さを帯びてきた。

「それじゃあ聞くが、イラストレーターとして金を稼ぐにはどうする?」

いきなり生々しい話を振ってくるあたりが非常に厄介だ。仕方なくとっさに「描きたくない絵を描くことです」と適当に答えると、「おお！　そうなんだよなあ！　若いのによくわかってらあ」。大正解だったらしく満面の笑顔で握手を求められ、水割りを一杯ご馳走になる。事なきを得ると、彼は自分の話をはじめた。こういう場合（つまり酔っ払い氏から気に入られた場合）には、おとなしく聞いておくほうが安全だ。

酔っ払い氏はどうも有名なアニメーターだったようで、たまたま持っていた作品を見せてもらうと、それはすごい内容だった。苦労もあったのだろう。こういうときは間違っても「いつかきっと自分の描きたい絵を描いて、稼いでみせます！」なんていう本音、というかきらきらした夢をぶつけてはいけない。たちまちその苦難と試練の道のりを自伝風に説いて聞かされる羽目になり、運が悪ければ「おまえの作品を見せてみろ」と言われ、延々と欲しくもない講評にさらされる地獄もありうる。だから、悪い流れにならないよう相手が望む方向に水を向け、聞き役に徹する。少なくとも酔った相手には。あるいは早々にシャッターを閉めてしまう。この二択しかない。

そして自分がべろべろになってしまったときには、ママの弥生さんが温かく迎えてくれる「タルタルーガ」という引きとり先のようなバーに向かう。弥生さんは界隈のお袋さん的な存在で、みんなから慕われていた。お茶割りやコーヒー酎をちびちび飲みながら西荻の世間話をしたり、近所の飲食店の店員が弥生さんに人生相談をする光景もめずらしくなく、そうこうしているうちに酔いも少しだけ薄らいできて、安心して帰宅の途につける。例に漏れず、何を飲んでも食べても安い。西荻の4軒目、5軒目使いの店として、いわば終着駅として肩ひじ張らずに過ごせるすばらしいバーだった（弥生さんは残念ながら2019年ごろに他界された）。さっと出してくれる手料理もおいしくて、辛みとニンニクの効いた「灼熱のパスタ」が好きだった。いつ行ってもサザンオールスターズの曲がかかっているのもよかったなあ。いまも同店舗のまま、若手マスターたちによって、その優しい雰囲気と精神は受け継がれている。

品とかわいさの溶け合う通り

（乙女ロード）

駅南口の正面から見える西荻名物〝ピンクの象〟が宙に浮かぶアーケード（西荻南口仲通街）を通りぬけると、その先に西荻窪南通り会、通称「乙女ロード」と呼ばれる商店街（旧府道）が現れる。商店街はまっすぐ南に抜けて五日市街道にぶつかり、そこを越えてさらに進むと井の頭通りへつながる。

まずはピンクの象について。もう人々の記憶にも残っていないであろう初代（1977年ごろに登場。筆者とほぼ同い年）は、全身を黄色く塗られ眼鏡をかけていた。何年かでピンク色に塗り替えられ、その色のかわいさも相まって西荻のシンボル的存在となった。普段はアーケードの天井から吊られているが、お祭りのときは降ろされて子どもたちの引く山車《だし》に乗せられた。初代が古くなり新たに作成された二代目（1980年代後半以降）は途中で目の位置が変わったりもしたが、その人気はちょっと

品とかわいさの溶け合う通り

二代目
西荻窪
ピンクの象
に歴史
あり
骨組みは
一緒で
目の位置
を変えた
らしい
2020
MASAKO
「ピンク」に
なったのは二代目から
三代目

した伝説となっている。現役引退後は新潟・佐渡へ渡ったそうだ。そして賛否両論（私はかわいいと思っている）の三代目（2017年以降）と続いて現在に至る。ただし、地元民は象の変遷をたいして気にとめていない人が多い気もする。

　さて、乙女ロードだ。最近の盛況ぶりはとにかくすごい。雑貨店、服飾店、家具屋、ビストロ、和菓子屋、町中華と何でもあり、さほど道幅のないこの通りを平日でも多くの人々が行き交う。土日や祝日は原宿にあった歩行者天国のようだ（といって、わかる人がどれくらいいるかな）。2010年ごろ、この通称が口の端にのぼるようになったとき、私は正直いって違和感をおぼえた。現在のようにいかにもフェミニンなお店ばかりが軒を連ねていたわけでもなく、まだ夜の飲み屋街の印象が強かったからだ。その後、年々にぎわい若い女性の姿があきらかに増えてきたころから、私の中の認識もしぜんと乙女ロードで定着した。

欧風料理 華の花田マスターが言うには、1990年代、この通りにお店を出すための工事中、通りすがりの近所のおばさんが大工さんに「このあたりはなんの店を出してもすぐに潰れるからねえ」と話しかけてきたそうだ。大工さんは「だめだよ、いまこの人のお店をつくってるんだから」と隣の花田さんにあごを向けて見せ、おばさんをたしなめつつも、マスターに「で、なんでここなの?」と尋ねてきたそうだ。そう考えると、本当によかったよかった。

人気のお店は数あるけれど、まずは和菓子の「越後餅屋」、パンチのあるがっつり町中華「八龍」、チャーハンに定評のある「ちんとう」、「ビストロさて」と古くからの重鎮がどっしりと構えている。ヒッピーカルチャーを感じさせる「呑み亭」(1982

年頃～2017年頃）もあった。個人的には、サイケでクレイジーなサブカルバー「ZEN PUSSY（ゼンプッシー）」が思い出深い。芸大出身の女性バーテンダーが結婚した際に閉店したが、それまではよく通わせてもらった。いまでは居抜きで「KICK-ASS（キックアス）」というバーになっているが、ピンクと紫の極彩色のデザインは健在だ。他にも個性的なバーは何軒かある。昼間は〝乙女〟だが、夜はディープなホットスポットの顔を見せる通りなのだ。どのお店も比較的安く飲ませてくれて、一見さんにもきわめて親切。これは西荻全般に言えることではあるけれど。

「CAFE オーケストラ」はカウンターが素敵な喫茶店。カレーが有名だ。その味は喫茶店によくあるカレーともちがうし、タイ風、欧風ともちがう。インド・ネパール系に近いがややスパイシーな味わいは西インドカレーなのだそうだ。「フレンチカレー SPOON」は、上品で繊細なルーにとろとろの牛肉の赤ワイン煮がトッピングされた、ごちそう欧風カレー。絶えない行列は人気の証だ。また、店

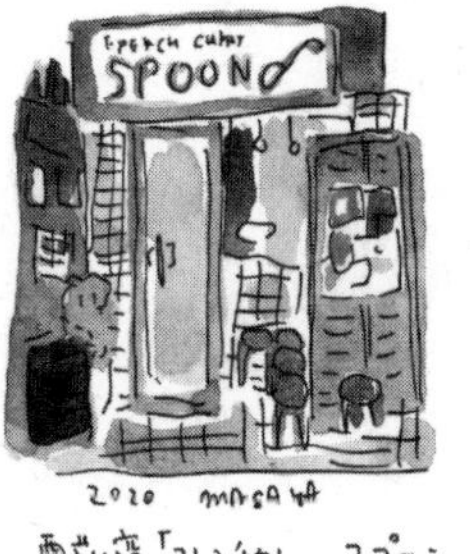

西荻窪「フレンチカレー スプーン」

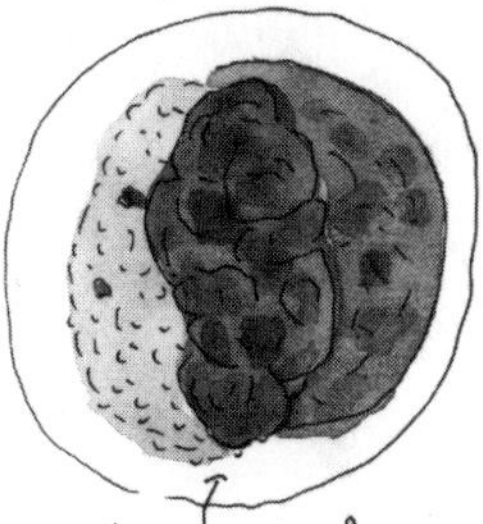
トロ肉がいい!

宇治白玉
金時
いちご
2020
MASAYA
豆かん
西荻窪
「甘いっ子」

西荻窪「CICLO（チクロ）」
→立ち飲みスペース
お水はなぜか
ビーカー
おつまみを購入します
サクサクチップス状の
パンとクルミ無料
ラザニアが絶品でした!
2020
MASAYA

内のゆったりした雰囲気が独特で、時間をかけておいしいコーヒーを淹《い》れてくれる「珈琲 驢馬《ろば》とオレンジ」もいい。西荻民に長く愛されているかき氷とあんみつが名物の甘味処「甘いっ子」（1965年創業）は、春になると向かいの屋敷に咲く桜がとてもうつくしい。予約必須のイタリア料理と、気軽にコーヒーやワインを楽しめる立ち飲みスペースがうれしい「CICLO（チクロ）」。脇道を西に入った先にある古民家を改装したカフェ「松庵文庫」は、本屋Titleが選書した本が並ぶ和ごはんもおいしいお店。

マカロンとチョコレートの店「MACARON ET CHOCOLAT（マカロンエショコラ）」には、あまりのかわいさに食べるのが惜しくなるカラフルなマカロンがずらり。これぞ乙女ロードの真打といったところか。豆の風味を最大限に引き出した個性的な豆腐屋「まめなとうふ店」、鮮やかなビジュアルと

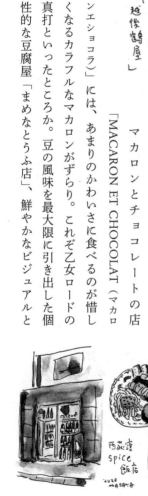

コーヒーが
とても
美味でした
西荻窪「驢馬とオレンジ」
2020
MASAYA

西荻窪「海猫家」
2021
MASAYA

季節感あふれるケーキが素敵な「パティスリーロータス」も唯一無二の味わいだ。

こうして並べてみると、どのお店もそこはかとない品の良さとかわいさがただよい、乙女ロードの名がふさわしく思えてくる。数多い西荻の商店街のなかでも、とりわけ華やかで〝いま〟を感じさせてくれるいい散歩道だ。

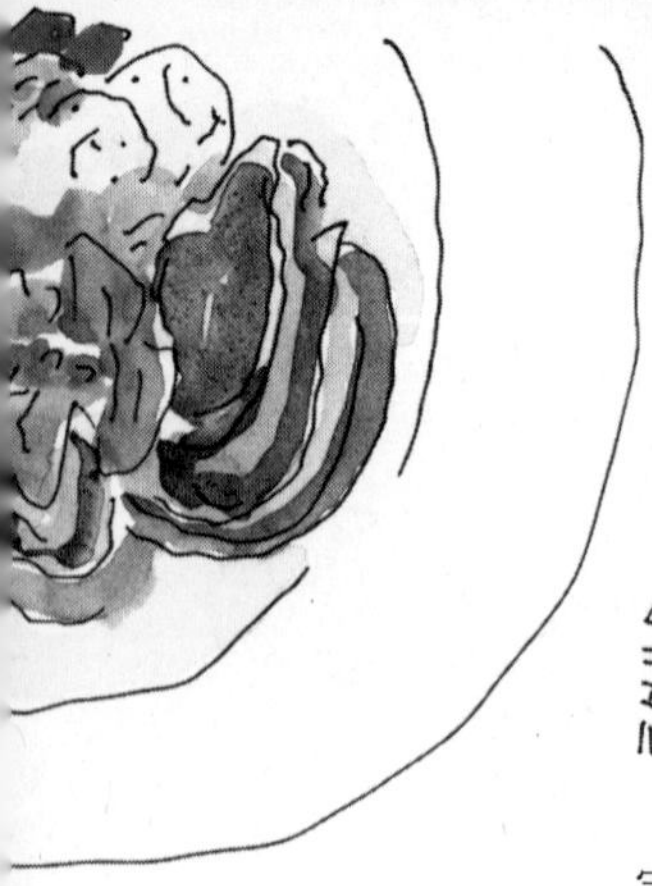

西荻窪
欧風料理華のカキのムニエル

西荻の〝鉄人〟夫婦

（欧風料理 華）

乙女ロード中ほどにある欧風料理 華は、何を食べてもすばらしい。ドイツ、スペイン、フランス料理を中心に古典的な調理法で供される品々。古典的といっても堅苦しく感じる必要はない。気軽に子連れで入れる街の小さなレストランだ。

ビール、ワイン、マダム自家製のサングリアを楽しむバーとしても重宝する。

欧風料理というと、ヨーロッパを意識しつつも本場とはかけ離れた独自の家庭料理を出す、ありがちな「〇〇風」を思い浮かべてしまう人もいるかもしれない。しかし、オーナーシェフの花田さんがつくる料理はそれぞれの料理を長年修業したうえでアレンジを施した本物だ。また、その弟子

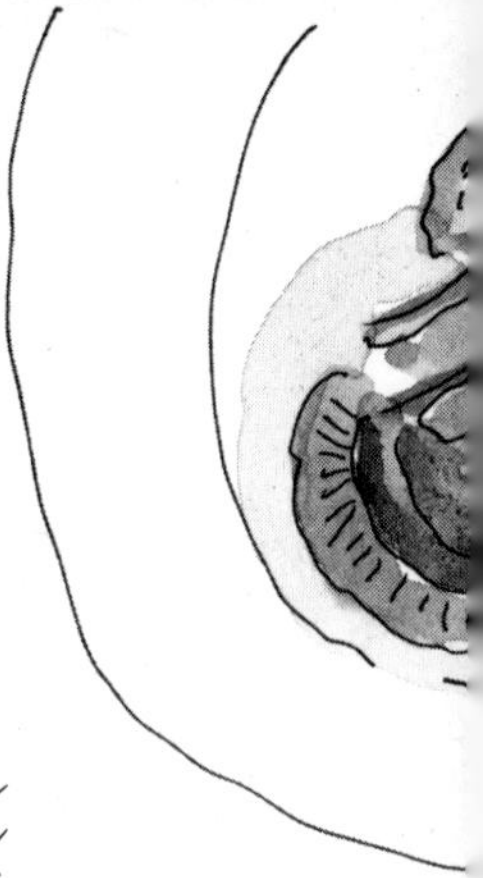

として腕を磨いたマダムの存在も大きい。師匠をして「私よりセンスがいい」と言わしめる才能の持ち主なのだ。

ある日、マダムが主に担当するムニエルや牡蠣のソテーなどのフレンチがあまりにもすばらしいので、華以外で修業した経験もあるんですか、と尋ねた。するとお店で修業したことはないが、個人的にフレンチを習ったことはあって、その先生はかつて人気番組『料理の鉄人』で鉄人に勝利した有名なフレンチシェフなのだそうだ。マダムはその経験を活かして、独自のフレンチメニュー開発に余念がない。加えてデザートもマダムの担当で、ババロアやムース、ケーキ、焼き菓子などは一級品。自家製スイーツづくりの達人である義母（妻の母）が、マダムのつくったパウンドケーキを口にして、「一生で食べてきたパウンドケーキの中でいちばんおいしい」と感動したほどだ。私もこれまで、「お菓子専門店を開いたらどう

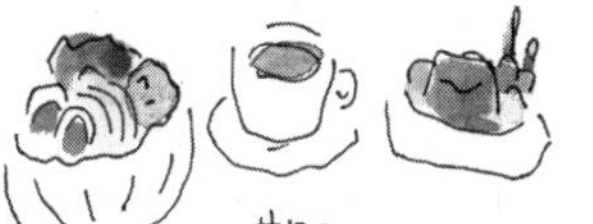

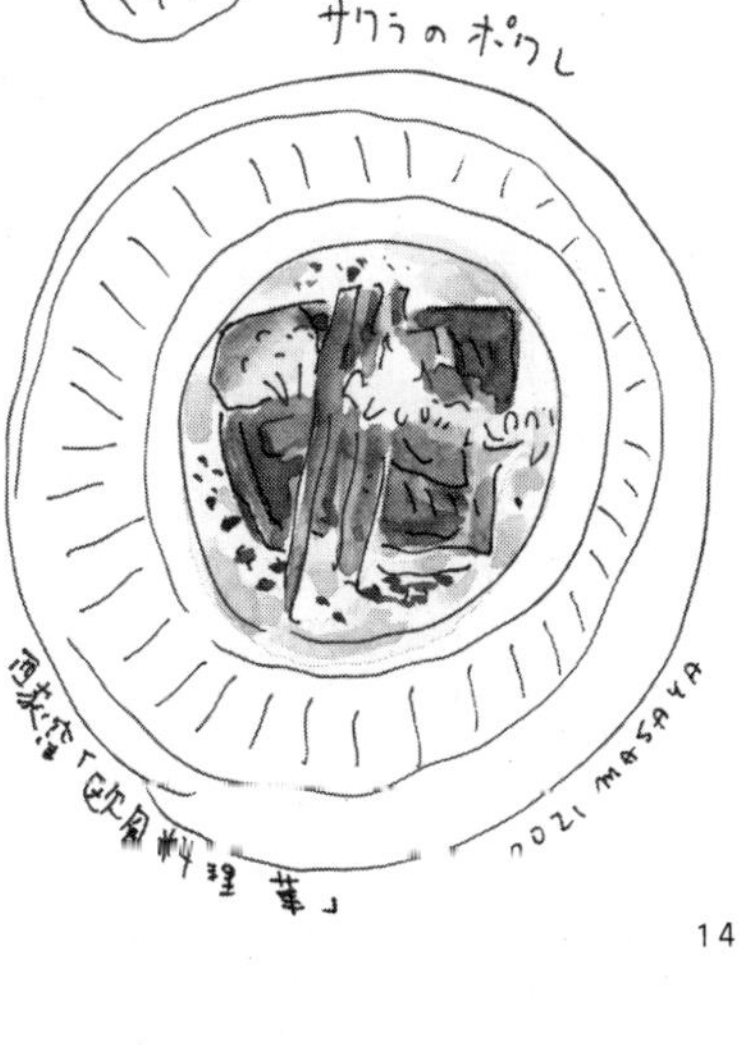

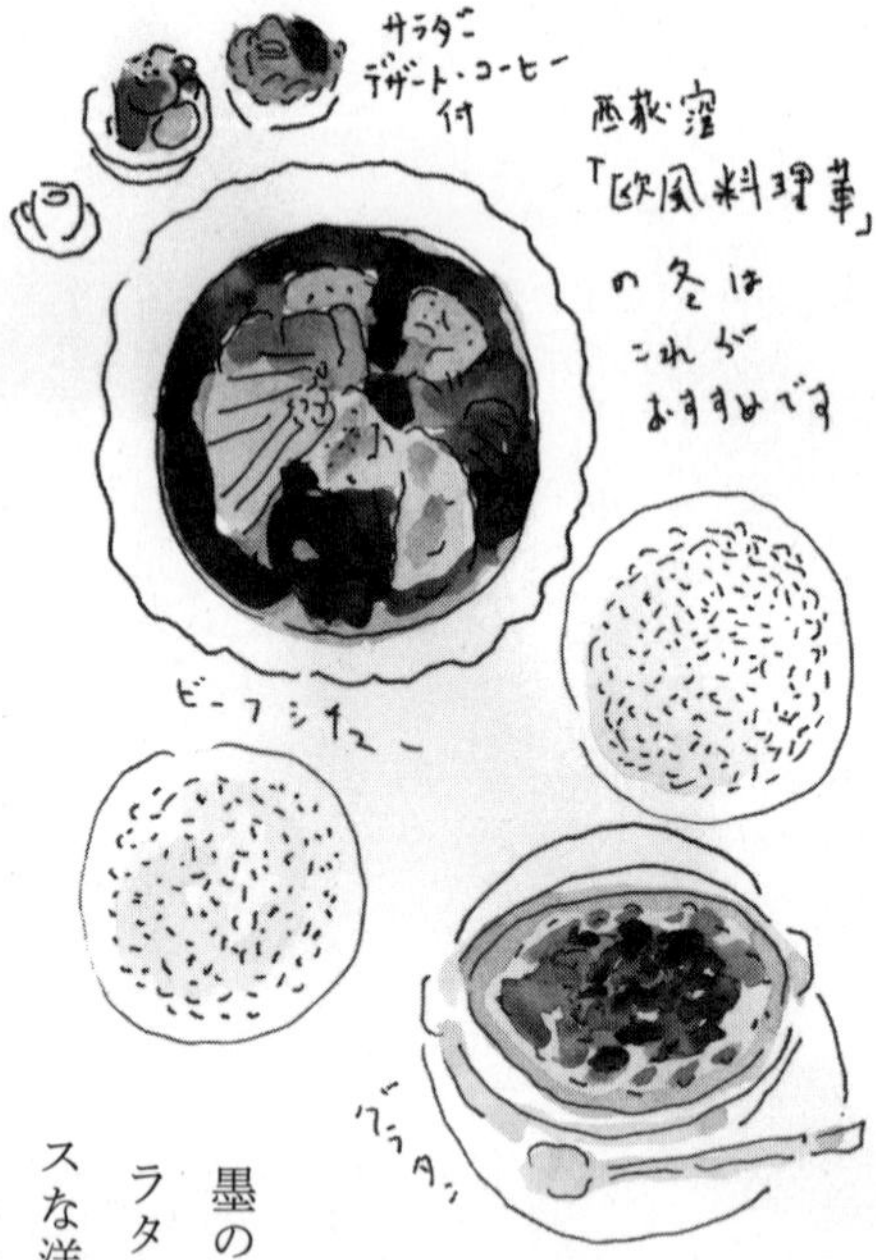

ですか？」とマダムに何度勧めたことか。

マスターの得意料理といえば、ドイツ料理のアイスバインやコスティージャ（仔牛のカツレツ）、またスペイン料理店で料理長を務めていたころから腕をふるったというパエリアやイカ墨のスパゲッティなどがまず思い浮かぶ。グラタンやビーフシチューなどのオーソドックスな洋食メニューも最高だ。つまり、何でもうまいからお好きなものをどうぞ、ということになるのだけれど、本場仕込みの独特かつ伝統的な技術にもとづきながらも、くせの強すぎる料理などは、果物や野菜の甘みを加えるなど工夫を凝らしているからこその賜物なのだ。

ドイツ式鳥料理もいろいろ学んだそうだが、メニューを見てもそれらしきものはオードブルの鶏のガランチンやレバーラグーくらいしか見つからない。膨大なレシピの蓄積から厳選したごく一部の料理だけを提供しているということだ。ちなみに、レバーラグーとはデミグラスソースで煮込まれた鶏レバーシチューのようなもので、ライスにぶっかけて食べると、少しあっさりしたハヤシライスのようになりうまい。お上品ではないが、華ではこういう食べ方をしてもまったく問題ない。まかないオムレツというメニューがあるくらいなので、さっと食べる食堂のつもりで訪れてもだいじょうぶだ。また、前もってリクエストすれば、メニューにない料理でも食べたいものを用意してくれたり、お任せコースにこちらの好みを反映してくれる場合もある。

花田夫妻とのお付き合いは、私が指導していた中学校の剣道部との合同チームに息子さんがいたことにはじまる。保護者として試合会場にやってきた男性を見て（あ、乙女ロードで見かけるシェフ！）とすぐに気づいた。しかし当時はまだ、華に入店したことがなかった。マスターのいかにも大料理長っぽい雰囲気に気圧《けお》され、敷居が高い店なんじゃないかと二の足を踏んでいたのだ。ともあれ、息子さんの剣道を通したつながりから、おそれ多くも私はご夫婦から「先生」と呼ばれている。おふたりもまた剣道を嗜《たしな》み、マスターは居合《いあい》も稽古されている。

一流レストランの総料理長と言われても誰も疑わないであろう気品と風格を備えた

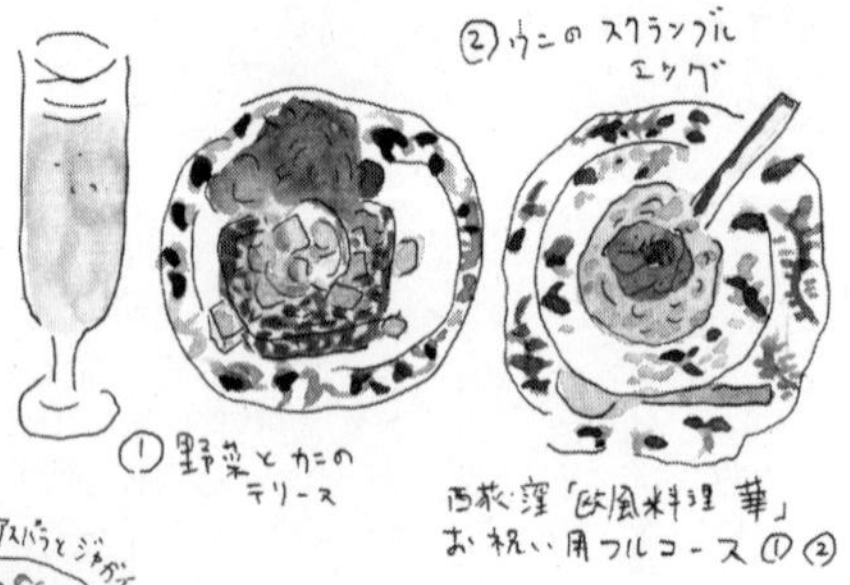

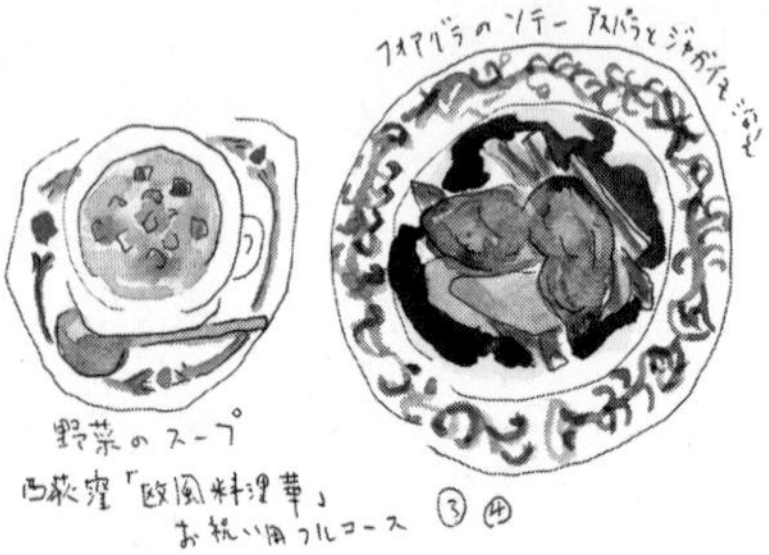

マスターは、映画俳優にも引けをとらないカッコよさで、とても70代とは思えない。寡黙ながらも俊敏な動作でてきぱきと仕事を進め、どの料理もとにかく迅速。シャイなのでマスターのほうからお客さんにあれこれ語りかけることはないが、ひとたびなじめば、惜しげもなく料理人としての武勇伝を聞かせてくれる。バーテン、パティシエ、ファーストクラスの機内食、製パン、ドイツ料理、スペイン料理など、さまざまなジャンルで国内外を渡り歩いた修業時代、どの親方もあれこれ教えてはくれず、自主的に学び体得しなければならなかった。そのうえミスには非常に厳しかった。味を盗もうと隙を見てはソースを味見した。「わからないままでいるよりは、一度くらい殴られたって知らないよりずっといい」というこの気迫。

日本の有名なドイツ料理店で会得したアイスバインのエピソードが興味深い。

「たいていの料理は、そばで見てれば一度でコピーできるんだけど、肝心なところをわからないように料理するものだから、アイスバインのつくり方を習得するのはかなり時間がかかった」もっとも大切な塩加減を見極めるのに1年かかったそうだ。「大きな寸胴鍋に塩を3粒落とすだけで味を左右するから、怖くて落とせない」というレベルの話だが、その店の料理長はいちばんの要である塩を入れる量を数回に分けたり、誰もいないときにこっそり加えるのだという。手を尽くして、ついにその秘訣を見切ったところで店を辞めようと「故郷に帰る」と言ったが、誰にも信じてもらえず、料理長からは意外にも「花田君には盗まれたな」と卒業祝いの包丁を贈られたそうだ。ひそかに技を盗んだマスターもすごいが料理長の慧眼もすごい。「ぼくがレシピを盗みにきていたこと、バレちゃってたんだよね」しかし、結果的にはどの親方にもかわいがられて、「大変なミスをしても不思議とたいして叱られなかったなあ」という。

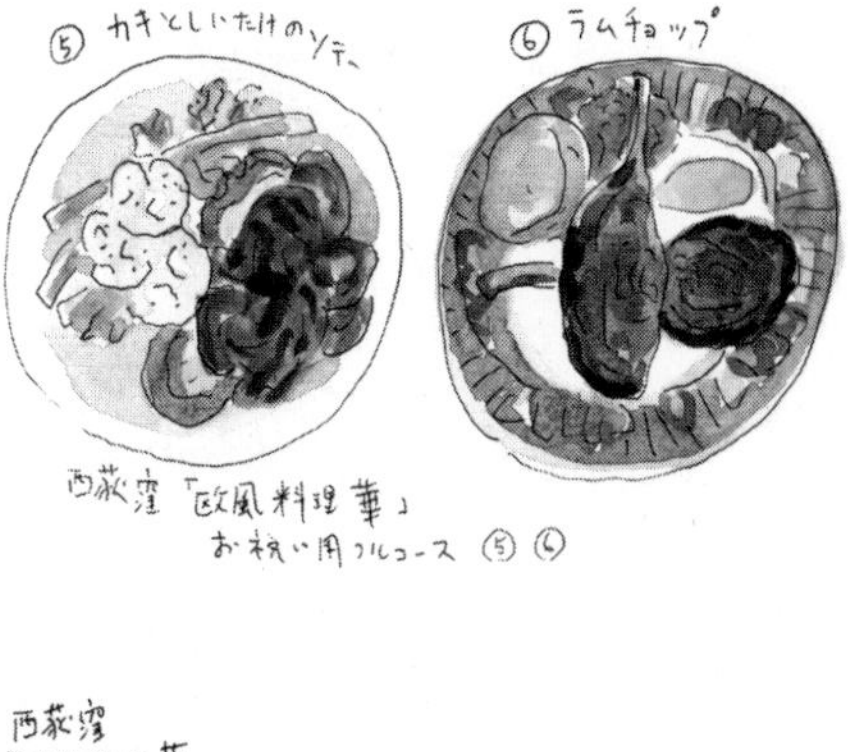

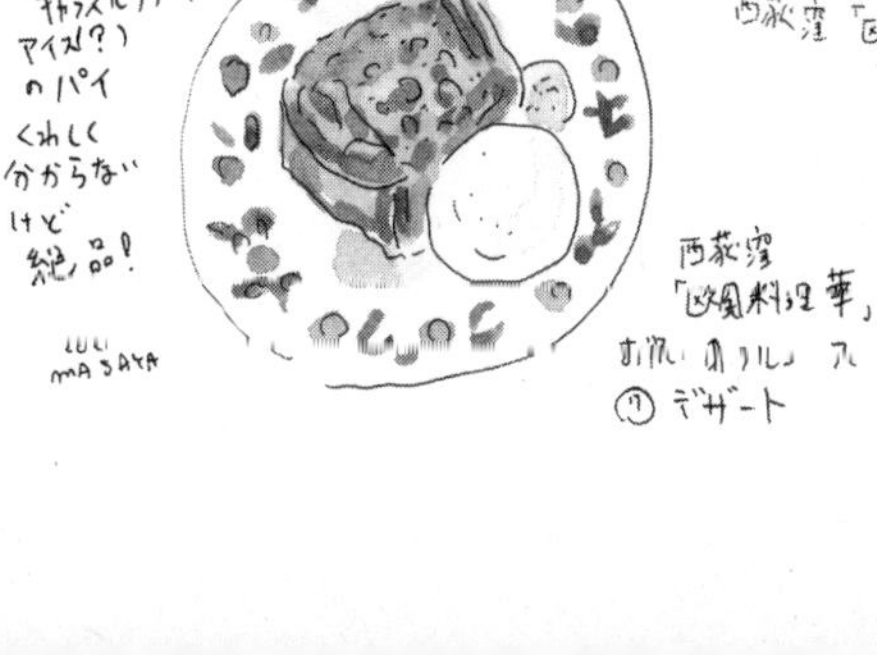

「たったひとつの技術を体得したときの喜びったらないよね」

「なのに、ひとつ覚えてしまうとすぐ次のことに興味が出てきて際限がないんだ」

名人の口から語られる実践の積み重ねには、ただただ感心するしかない。

マスターの話は、「まずは良師を求めることが重要で、次には基本を徹底的に学び、のちに自分の道を求める」という剣道の学び方と一致する。簡単に教えてもらったことはすぐに忘れ、みずからの体で覚えたものはけっして忘れない。「身につく」というのはこういうことを言うのだろう。また「塩を3粒落とすのを迷う」という話は、静寂の中にも無形の攻め合いが続き、簡単に打ちこめない達人の立ち合いを思わせる。

ある日マスターに「これまでのレシピを書き記した秘伝の巻物みたいなものはあったりしますか」となにげなく聞いた。すると「ある。すべて書き残しています」と返ってきて驚いた。しかし、そこでマダムから「マスターは大さじのサイズを間違えていると思う」と指摘が入り、レシピどおりにつくったら塩辛くなるのではないかと議論になった。ただし、仲のいいふたりは議論になってもおだやかだ。

「基本的に塩加減は細かいことは言えない。適量としか言えない」とマスター。素材や気候にも影響されるから毎回自分の舌で判断するしかないそうだ。だから料理人にいちばん大事なものは舌、つまり味覚なのだという。

お店を出したばかりのころは客足を安定させるのに苦心した。そんな試行錯誤のなか、銀座「トニーズバー」（閉店）のイギリス人バーテンダー・トニー氏をはじめとする常連客が、日々アドバイスをして鍛えてくれた。ちなみにマダムは当時の常連のひとりで、マスターよりかなりお若い。これは私の憶測だが、本場仕込みから日本人向けにアレンジした過渡期の時代とは、おそらくこのころだったのではないだろうか。"花田式料理"としてのスタイルを確立するのに数年かかったそうだ。当時50歳にさしかかり技を極めた熟練のシェフでさえ、自分の店を軌道に乗せるのは楽なことではないのだ。

2020年夏、コロナウイルス感染拡大による緊急事態宣言が発出されたときに、はじめてテイクアウトに挑戦した。すると、出せば出しただけ飛ぶように売れたそうだ。道を極めた達人は、けっして誇ることもこだわりを押

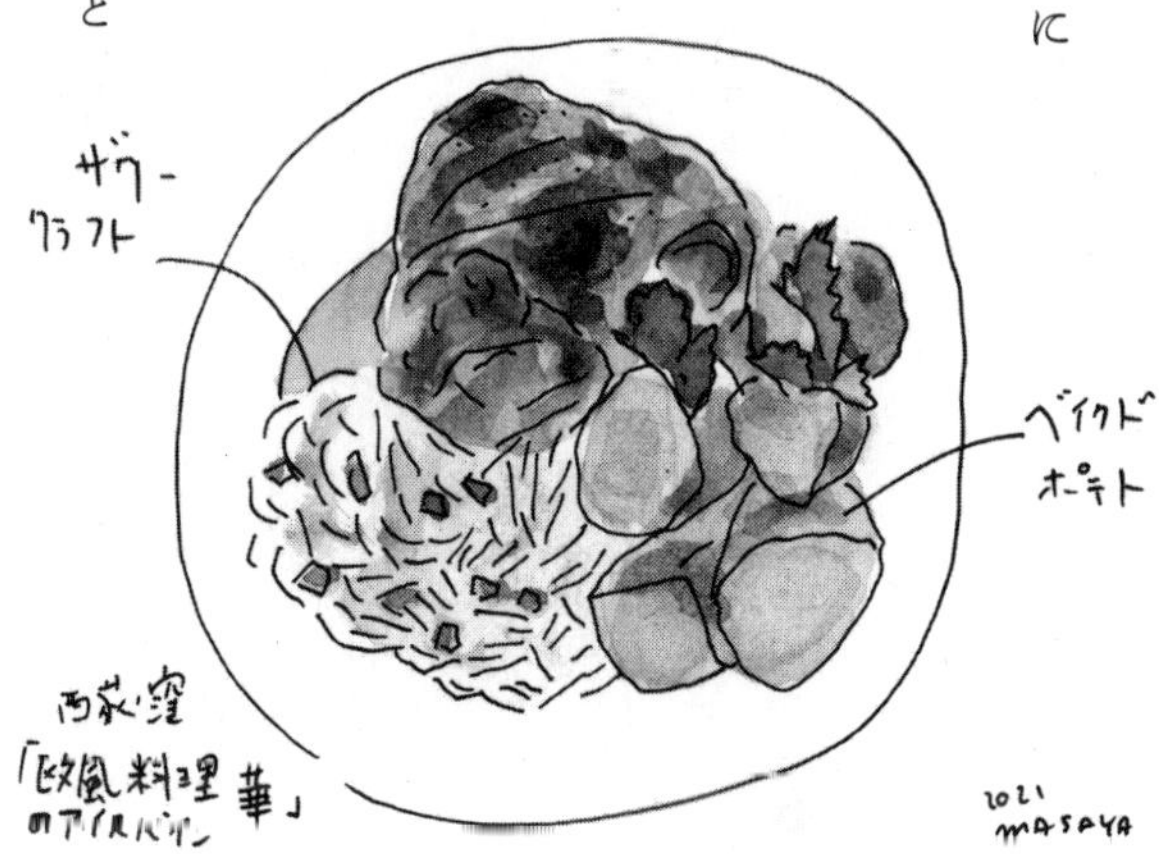

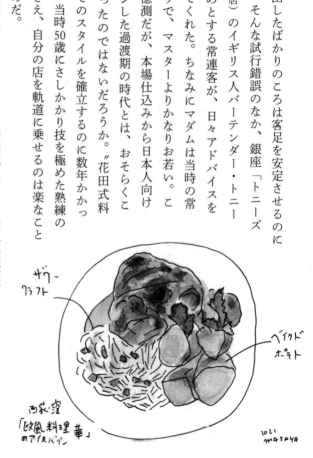

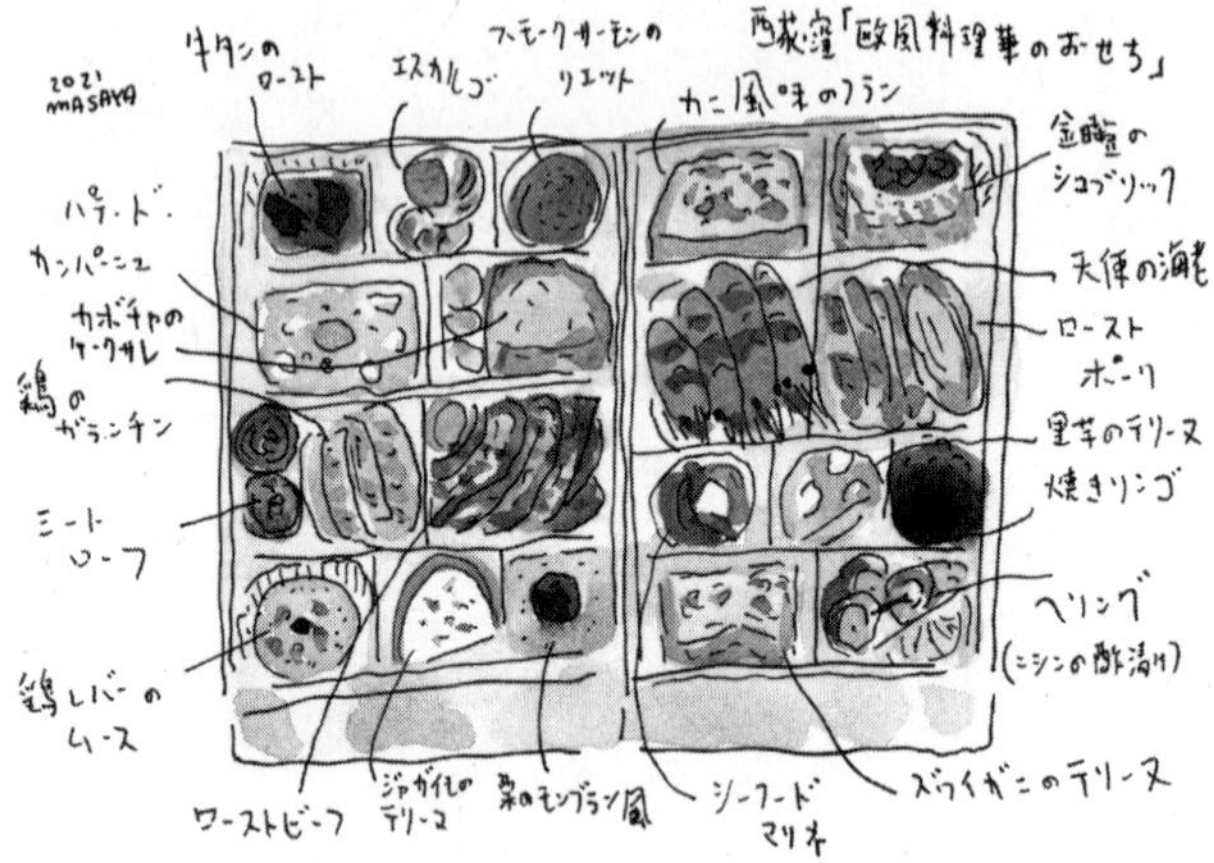

しつけるようなこともせず、その純粋な眼差しはただただ若々しい。

開店以来、さまざまな珍客や有名人が訪れた話も楽しく聞いた。マスターから口止めされているからここに書くことはできないが、ひとつだけ。華の名物メニュー、ヒレステーキはガーリックライスの上にのせて出されるのだが、これはあるときやってきた某女性作家にリクエストされたもので、その後定番となったそうだ。

かってそこには映画館があった

（横山座小路）

南口の神明通りから住宅街へ向かう途中に小さな飲食店の連なった趣ある小道があって、その名も横山座小路という。かつて横山座という映画館がここにあり、柳小路を〝ちいさなゴールデン街〟とすれば、往時の横山座小路は〝歌舞伎町の一角の超ミニチュア版〟というべき通りだったのかもしれない。映画館、喫茶店、酒場に加え銭湯もあったそうだ。いまもその名残の風情がたちこめている。散歩の途中に通りかかったら思わず足を止めてあたりを見まわしてしまう、そんなところだ。西荻には戦前からいくつも映画館があったよ

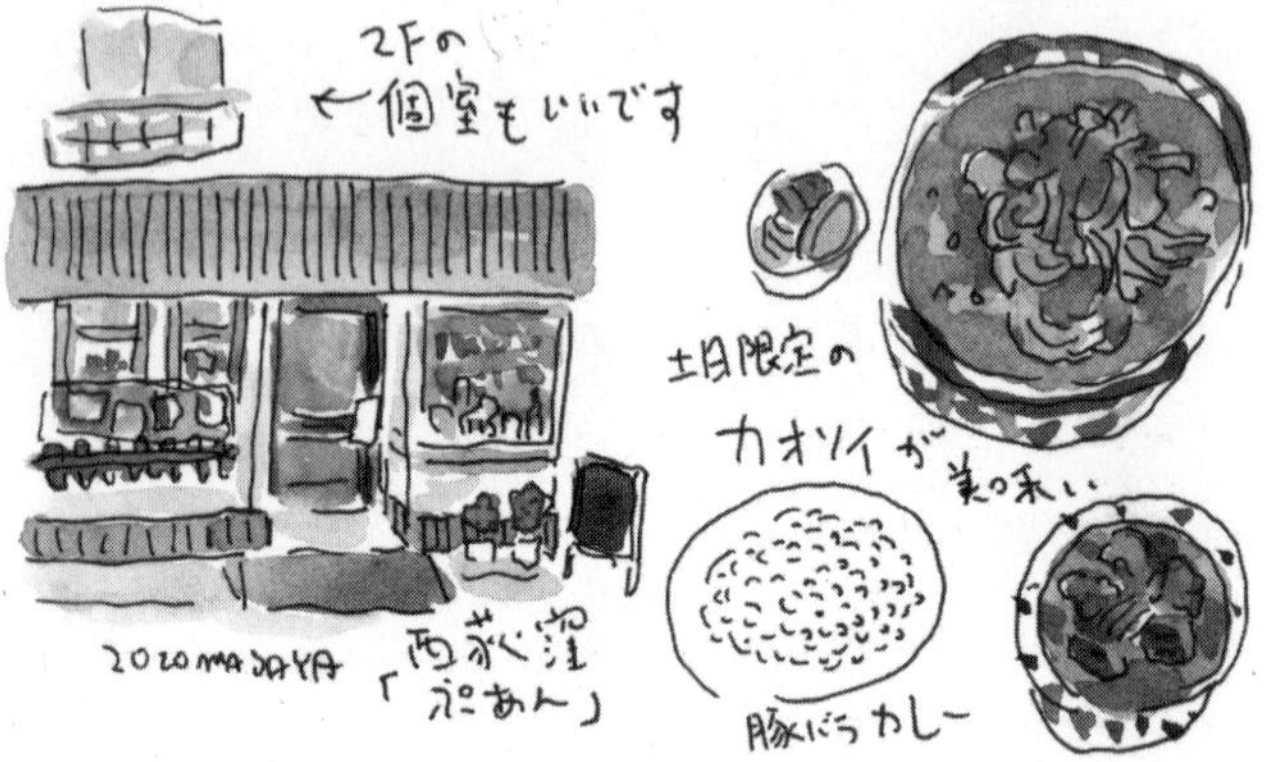
2Fの
←個室もいいです
土日限定の
カオソイが美味しい
西荻窪
「ぷあん」
豚ばらカレー

うで、ここもそのひとつということになる。

　小路にはさまざまな飲食店が連なるが、居酒屋の「虫箱」、タイ料理のぷあんは地元民に長く愛される名店だ。とはいえ私はまだ虫箱の暖簾《のれん》をくぐったことはない。西荻飲ん兵衛諸氏が集う名物酒場は数多く、私も足を踏み入れたことがない店はまだまだある。コロナ禍で休止中だった虫箱を間借り営業していた「めん箱」のラーメンはたいそうおいしかったし、なにより中に入ると昭和にタイムスリップしたような木造家屋の内装に感動した。

　ぷあんは、一時流行したいわゆるタイ料理（＝私の個人的意見では、東南アジア的

酸味と辛味と甘味が全開という感じ）とは一風異なり、濃厚かつマイルドで温かみのある北タイ料理が名物だ。脂の乗ったブリを梅で煮つけた料理、スパイシーながらも豚骨スープのように重厚な味わいのタイ風カレーラーメン、カオソイなど、辛さや酸味がつんと来るのではなく、滋味深いうまさが特徴だ。私の好物はゲーンハンレイという豚バラを柔らかく煮込んだカレーだ。トロトロの肉と独特のスパイスがたまらない。インド式ともパキスタン式とも欧風ともちがう絶妙な〝ここだけ感〟がある。個人的にやや近いと思えるのは、こけし屋別館や本館の惣菜コーナーにあった、角煮のようにじっくり煮込まれた大ぶりの豚バラ肉入りカレ

ーだろうか。

店内は日本の木造家屋ならではのぬくもりとタイの風情が見事に融合していて、とくに2階個室は独特の雰囲気がぐっとくる。古い民家を再利用した造りのせいだろう、親戚の家に遊びにきたかのような親近感。と同時に、いま自分がどこにいるのかわからなくなるような非日常の感覚もまた楽しむことができる、なんとも魅力的な空間だ。

バーガーとレトロゲーム機の旅立ち

（ハイスコア・バーガーケード）

意外性とユニークさでいったら、「Hi-SCORE BurgArcade（ハイスコア・バーガーケード）」はかなりぶっ飛んでいた。2022年2月に吉祥寺へ移転したが、コロナ禍まっただ中の西荻の横山座小路にはじまり、飛躍していったハンバーガー屋の姿をぜひ書き記しておきたい。

マスターはアーケードゲーム機のコレクターで、ホテルや旅館の倉庫に眠っているビンテージゲームの筐体《きょうたい》を医師のように直してしまう。これまでに直せなかったゲームはないらしい。博物館入りするようなビンテージ筐体を探り当てると、日本全国津々浦々へ買いつけにいく。それが離島であれば船で取

フィッシュアンドチップス
パックマンです

りにいく。コレクションした筐体を時期に応じて入れ替えながら、店内に惜しげもなくセットし、テーブルとして実働させていて、なかには100万円を超える貴重なものもあるそうだ。カラーの画面がつくれなかったモノクロゲーム時代に、手を尽くして、本当にわずかではあるが色味を感じるようにつくられた筐体、あるいは同じ目的でカラーフィルムを貼り付けられた画面など、すばらしいゲーム機を間近に見ることができる。単なる技術を超えた情熱とアイデアが昇華した、アート作品と呼びたくなるものもあった。

　ハイスコアのハンバーガーは既成の挽肉を使わず、ステーキ肉を包丁で細かく切って成形するという手のこんだものだが、ハンバーガーの世界ではひとつのスタイルとして広まりつつあるらしい。肉汁したたる絶品のうまさだ。開店すると早い時間帯で売り切れることがほとんどだが、肉の下処理に時間がかかるため数に限りがあり、昼過ぎには

西荻窪「ハイスコア」の筐体がすごい
スペースインベーダー

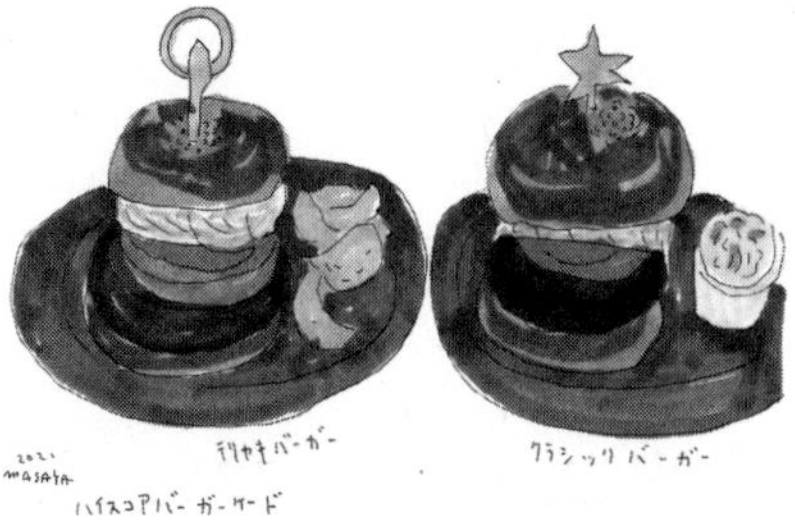

品切れということもめずらしくない。マスターとふたりで切り盛りする女性店員Aさんは、イラストレーター兼漫画家と多彩な方で、おもにスイーツやドリンクを担当するほか、料理の盛りつけ、店舗デザインまで手がけている。夕方、西荻で食材の買い物帰りによく立ち寄り、クラフトビールやハイボールをいただきながら、怪談話などに花を咲かせた。吉祥寺でも早くも人気らしいが、ぜひまた西荻に帰ってきてほしいものだ（2023年3月に一旦閉店。移転後、再開予定らしい）。

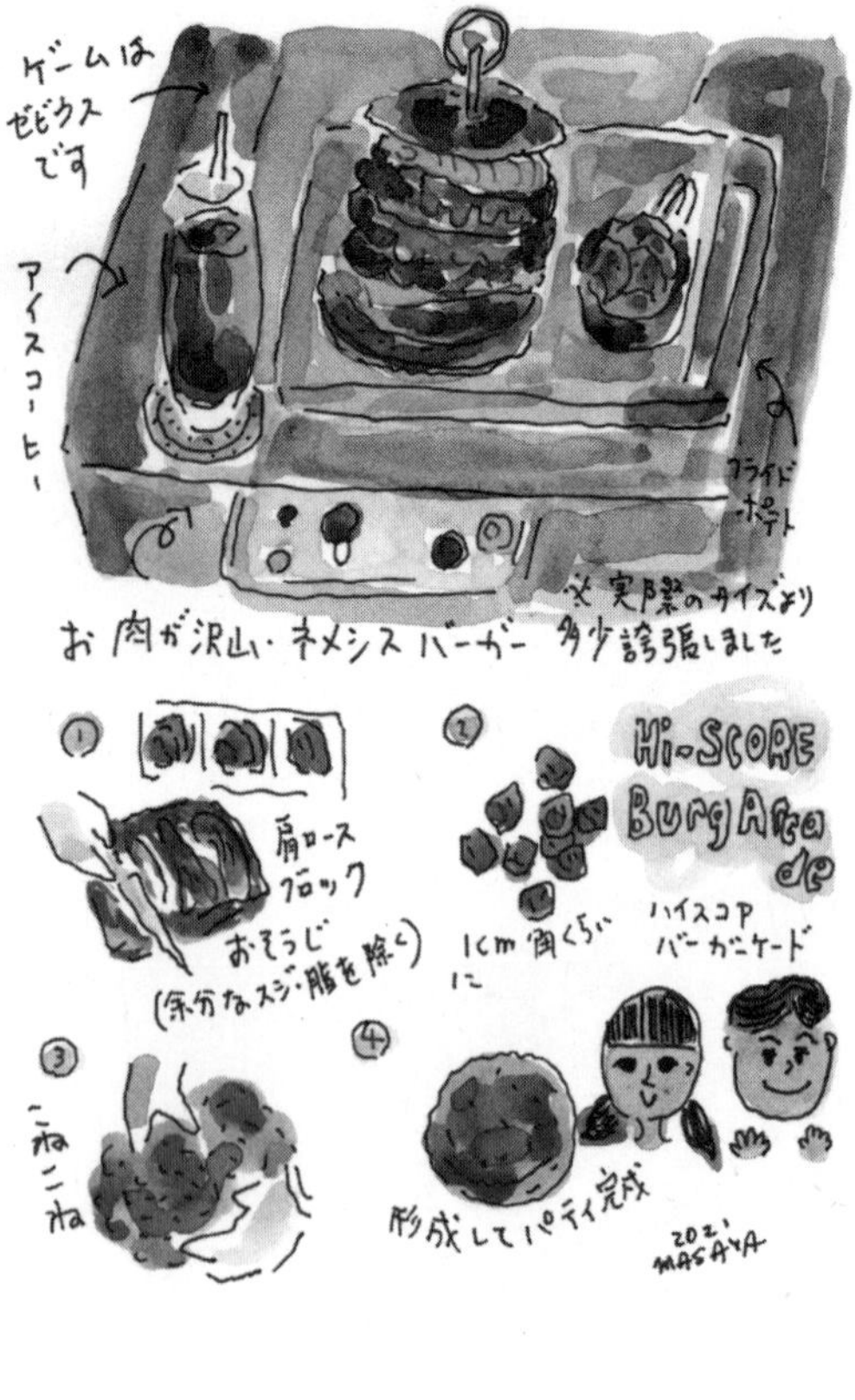
ゲームはゼビウスです
アイスコーヒー
フライドポテト
※実際のサイズより多少誇張しました
お肉が沢山・ネメシスバーガー
①
肩ロースブロック
おそうじ
(余分なスジ・脂を除く)
②
1cm角くらいに
Hi-SCORE BurgArcade
ハイスコアバーガーケード
③
こねこね
④
形成してパティ完成
2021 MASAYA

駅南東から北西へ抜ける素敵な小道

（神明通り）

神明通りとは、杉並区成田西地区周辺の五日市街道から分岐して環八を越え、北西方向（南荻窪、西荻南）へ直進し、西荻窪駅の高架下を通過して東京女子大学の西側へと抜けていく道だ（これでわかってくれる人、すごい）。ざっくりいって、駅の西端から武蔵野市との境目（稲荷通りあたり）までを指す。

西荻南付近の神明通りはにぎやかな商店街で、なかでも私が筆頭にあげているのは、老舗の「越後屋豆腐店」だ。南口飲み屋街の戎や「千鳥」などがここで仕入れている豆腐はもちろん、厚揚げやおぼろ豆腐もお

西荻窪「越後屋」

西荻窪南口 神明通り
小泉電気
小泉電気
新品ファミカセを売ってる。
2020 MASAYA

いしい。醬油をかけてそのまま食べても最高だが、しっかりとした質感があるので崩れにくく、またどんな味つけにも順応する優しい風味は、料理に使うのに向いている。私のいち推しは油揚げだ。ややよく揚がっていて、こんがり濃いめのきつね色。稲荷寿司にしたいと言えば、中を空洞にしたものを都合してくれる。小さく刻んで、ほうれん草の煮浸しや味噌汁に入れるとこくが出る。ホイルに乗せてトースターで軽く炙《あぶ》ったところに、出汁塩や塩山椒をかけて食べてもうまい。表面の油が熱でじりじり鳴りだしたら食べごろだ。さくっ、じゅわっとふき出すうまみがたまらない。うちの子どもたちもこれには目がなく、どんなにお腹一杯になっていても匂いをかぎつけ駆け寄ってくる。

　昭和にタイムスリップしたような気持ちに浸れる「小泉電気」も忘れてはいけない。ショーウインドウには懐かしのファミカセやスーパーファミコンのソフトが未開封の新品箱入りで並んでいる。揚げ物が飛ぶように売れる精肉店

宝家牛肉店
特選和牛 宝家
ここのシチュー用牛肉でシチューやカレーを作ると最高です
西荻窪「宝家」
2020 MASAYA

西荻窪「三ツ矢酒店」

の「宝屋」では、私はシチュー用の角切り牛肉を好んで買う。極めつけは、西荻の酒場を下支えしていると言っても過言ではない「三ツ谷酒店」。ここのおすすめの銘柄を揃えれば、一夜にして日本酒の名店が開店できるだろう。西荻で商売する飲み屋の経営者たちにとっては仰ぎ見る天守閣のような存在であり、個人の飲ん兵衛には垂涎《すいぜん》のアミューズメントパークだ。

西友の高架下をくぐり抜けると、北口駅前から左に延びた伏見通りに並行する一本裏手の道となり、おすすめの散歩コースだ。西荻在住アーティストたちの御用達だった「ノア画材」の親父さんが引退したあとその場所を受け継ぎ、手づくり額をあつかっている「Atmosphere（アトモスフィア）」には、ノア画材時代から人気だったちいさな額も置かれている。いちばんちいさなものでは、数センチ四方ほどの小窓に綺麗な色あいで塗装されたフレームのついたものもある。小ぶりなサイズのイラストレーションを描いてギャラリーや喫茶店で個展をおこなう私のような作家にとっては、とてもうれしい。以前ギャラリー雑貨店「ニヒル牛《ぎゅう》」で、アトモスフィアで買った小さな額にさまざまなイラストレーションを額装して販売したことがある。この店のいちばんの売りであるオーダーメイドの額縁は、芸術作品の

ように細かく彫刻されたものや、木の素材の地模様が活かされたものなどさまざまに選べる。お気に入りの作家の絵を購入したら、ここでつくってもらったフレームに額装してもらい、特別な贈り物としたり、大事な絵や写真を自宅や店舗に飾るときにも打ってつけだ。すぐれた額は作品の良さを何倍にも引き出してくれる。

じつはつい最近まで、駅の南側から進んで西友高架下をくぐり抜けた先もまた神明通りだとは全然意識していなかった。雰囲気のいい飲食店や雑貨店が「街角饅頭店 吉祥天」や老舗定食屋「秀よし」のあたりまで続き、その次のT字路から先は武蔵野市に入る。原生林の巨木が残る閑静な住宅街だ。私はこの角を左に折れて稲荷通りに入った先にある樫《かし》の実幼稚園に通っていた。

武蔵野市と境界の手前には俳優丹波哲郎さんの

広大な邸宅があって、母の話によると、朝の登園時に自転車で通りかかると丹波氏がジョギングをする姿をしばしば目にしたそうだ。２００６年の逝去後、邸宅はすぐに取り壊され、なんと20軒ほど（！）の家が建つ住宅地に姿を変えた。門構えと高い塀に囲まれていて外からは広さもよくわからなかったが、相当な資産家だったようだ。木の表札に筆文字で書かれた〝丹波哲郎〟の達筆が輝いていた。刑事ドラマ、時代劇で知られた氏は後年『大霊界』という本や映画を制作しており、それらを私はひそかに気に入っていて、スピリチュアルな世界観と縁がある西荻にふさわしいな、とつい思ってしまう。

　ちなみに、この武蔵野市との境界あたりを描いたちいさなキャンバス作品を喫茶店それいゆが購入し、展示してくださっていた。ところが２０２２年のある日、盗まれてしまったのだ。ルーブル美術館じゃあるまいし、ルパンさながらに持ち去るとは逆に光栄な気もする。後日同じ絵より大きめの作品に描きなおしてそれいゆに差しあげたので、寄られる方はぜひ見てみてほしい。次に盗《と》られたら、またさらに大きな絵に描きあらためるつもりだ。

大宮飯店流チャンポン
店主は「チャンポン」を食べたことがない！
さみしい…
2020 MASA Y.A

西荻純喫茶の最深部へ

（それいゆ）

いわゆる純喫茶というところにはじめてひとりで入ったのは、剣道でアキレス腱を切り稽古を休んでいた24歳の冬のことで、それが、それいゆとの出会いだった。店の前を何度か往復したあと、意を決して扉を開けた。ちりんちりんという鈴の音。店内に目をやると、すぐその雰囲気に心を惹かれ、恐るおそる席につき、開いたメニューに並んだ料理や飲み物のすばらしさにときめいた。

ナポリタンなんて、伸びたスパゲッティにケチャップを和えただけの味けない食べ物だと思っていた。そんな私の考えを変えてくれ

たのがそれいゆだった。よく炒められた玉ねぎとベーコン、そしてトマトソースが焦げるぎりぎりの香ばしい匂いをただよわせ、酸味は抑えめでこくと深みが際立っている。大盛りをよく注文した。文字どおりの山盛りの上から、まるで富士山が頂上にいただく残雪のように粉チーズをふりかければ、あとは至福の時間を堪能するだけだ。

店の中央には水出しコーヒーを抽出する大きなタワードリッパーが4本立っていて、ぽたり、ぽたりと深いこげ茶色のコーヒーの雫《しずく》が下のサーバーにしたたり落ち、波紋を描く。その様子をじっと見つめていると、いつも容器自体が揺れているかのような錯覚に陥る。茄子とチーズをトッピングしたナポリタンとブレンドコーヒーを注文し

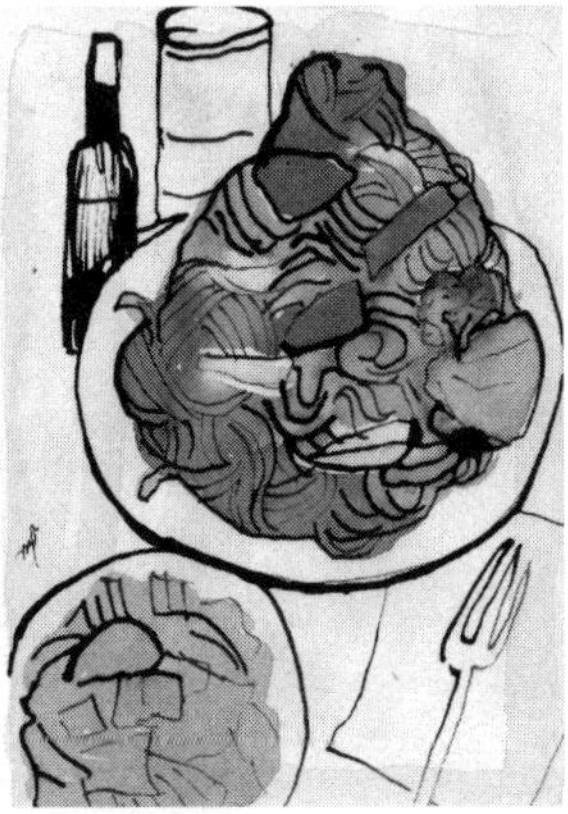

て小説を読むのが、私にとって贅沢なひと時だ。コーヒーの味は、当時まだ飲み慣れていなかった私にはやや苦く感じられた。最初に読んだのは織田信長の生涯を描いた津本陽の歴史小説『下天は夢か』。津本陽の小説は大学時代、江古田の古書店で「目黒は剣道をやっているから読むといいよ」と言って安西水丸先生が買ってくれた『明治撃剣会』以来、

ずっと愛読している。店内にかかっているジャズがまたじつに読書するのに合っており、津本作品の大半をここで読破した。他にも江戸川乱歩や山本周五郎、昭和のサブカル雑誌は近隣の「ねこの手書店」で、グラフィック系の本は「にわとり文庫」で買ってきてはよく読んだ。気がつくと2時間、3時間があっという間に過ぎている。

最近、元店員で友人のバンドマン、アキラ（Nathan《ネイサン》のボーカル）から聞いたところによると、当時毎日かかっていたのはウェス・モンゴメリーの「A Day in the Life」だったそうだ。最近はあまり聞いていない気がする。ヘレン・メリルとクリフォード・ブラウンの「You'd Be So Nice to Come Home to」もヘビー・ローテーションだった。アキラはもう退店して十年近く経つが、「この2曲は、もう、それいゆそのものだ」と言う。私もまったく同感。それいゆを思い浮かべると自動的にこれらの曲が脳内でリピートしはじめ、ふとしたときに街なかで耳にすると、それいゆのコーヒーの匂いを鼻腔に感じてしまうくらい、体に染みついている。同じように感じる人は、私やアキラばかりではないはずだ。あのとき読んでいた本、あのころ周囲にいた人々の顔までが、浮かび上がってくるから不思議だ。

ショーウインドウのケーキを見てみれば、まずは名物のスコーンとパンプキンパイ。それにシフォン、ザッハトルテ、ハチミツケーキ、コーヒーゼリーあたりがレギュラーメニューで、ビクトリアケーキ、ニューヨークチーズケーキ、ブラウニー、チョコバナナタルトなどが時期に応じて入れ替わる。「ガゼルのつの」なんていうのもあった。すべて手づくりで、他の店ではけっして真似のできない独特な逸品だ。欲望に抗えず一度に2種類注文することもままある。

忘れてはならないのは、コーヒーゼリーロワイヤルとチョコバナナパフェだ。前者はコーヒーゼリーに生クリームとアイスクリームをデコレーションしたごちそうスイーツで、後者もかなりのボリュームがあり、パフェのなかで私のいちばんのお気に入りだ。

一日や二日ではそれいゆの深淵に触れることはむずかしいだろう。ぜひ何度も通って味わい尽くしてほしい。

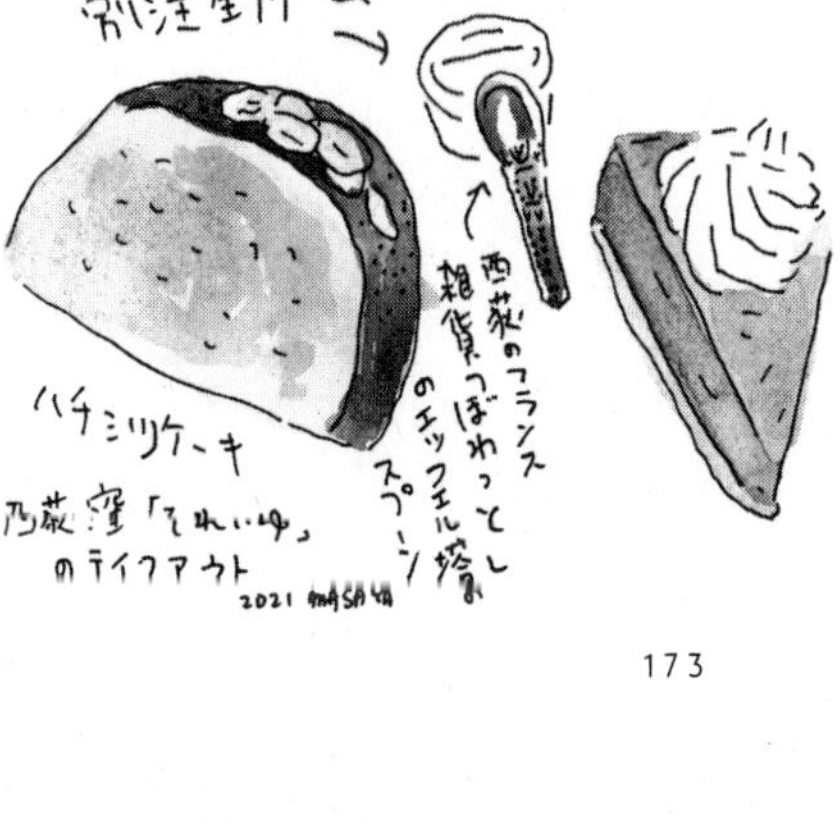

客も店員も超個性的

客層はとても幅広いが、個性的な人が多いように思う。本を読むのを中断して、ぼーっと人間観察よろしく店内を眺めているとおもしろい。中年男性と若い女性のわけあり風カップル、何度も新聞紙をばさばさいわせている老人男性、ひたすらタバコを吸いつづけ、いつもカレーしか注文しない口髭の紳士、ひと癖ありそうな脚本家風の人、おかっぱに丸メガネのノマド男子、映画に出ているらしい美女（アキラの情報による）、遠慮なくじろりといろんな人の顔を見つめているおじさん、などなど。

バイトの店員もバンドマンや物書き、服飾関係者などのクリエイターが多く、夜になると柳小路界隈を千鳥足で歩いている彼らの姿を見かけることもある。初来店から7〜8年ほど経ったころから、私もようやく店員と言葉を交わすようになり、それがアキラだった。はじめは天気についてなど当たり障《さわ》りのない会話だったと思うが、あるとき、他のお客さんについての話になった。隣に座る人にどんどん話しかける常連のおばさんがいたのだが、私が「あの人とは、ちょっと目を合わせにくいんだよね。視線が合って会釈しようものなら、もう話が止まらなくなっちゃうだろうから」と言うと、彼は笑って「そうそう」とうなずいた。そういう感じで交友がはじまった。始終もくもくとタバコを吸いながらケータイでゲームに興じている4人組客は、何時間も飽きずにテーブル席で盛り上がっていた。店が禁煙になって見かけなくなったが、心のどこかでほっとする反面、いなくなってしまった寂しさを感じてしまうこともある。アキラは「この店はあまりにも居心地が良すぎるから、あえて辞めることにする」と言ってそれいゆを去ったが、いまも客としてたまに店に行っているようだ。

　また、私が通いはじめたころに入店したというM氏もミュージシャンだった。アキラのライブでいっしょに飲んだときにはグラスをあける速さとその酒豪ぶりに驚かされた。絵を描かせてもかなりの達者だった。ひさびさにそれいゆ

ハチミツをかけます
リンゴのコンポート
リンゴのグロッグ
しょうがとシナモンの香りがあたたまります
西荻窪「それいゆ」
2021 MASAYA

を訪れた老齢のご婦人が「ああ、懐かしいわ」と彼に店の思い出を話すのを優しく聞いている姿も印象的だった。柳小路から横山座小路を中心に石を投げれば彼に当たるという西荻屈指の飲み歩きの達人でライターのT氏。私は彼のフライパン捌きは音でわかる。「カランコンカランコンカラン」とリズムが軽快で、なかでも日替わりピラフは絶品だ。音楽とデザインに詳しいKさんは最年長のはずなのに20年間風貌が変わらない、笑顔が素敵な紳士だ。いまだに30代くらいに見えるけれど、実際いくつになったのだろう。

いつだったか、テレビ番組で〝イケメン喫茶店〟と紹介されたそれいゆだが、たしかにそれはそうなのだけど、それ以上にみんな独特なこく深い人たちだった。イケメンでひと括りにするにはもったいない実力者揃いで、採用したオーナー姉妹の眼力に敬服する。それに、店員をまとめあげる力もすごい。姉妹にはそれぞれ娘さんがいて、子育てをしながらともにお店を切り盛りしている。

最近はイケメンばかりでなく、素敵な女性店員の姿も増えている。良いお店には良い人材が集まるということなのだろう。客もまたしかりで、一度はまってしまうとなかなか離れられない。武田信玄の言葉「人は石垣、人は城」を思い出す。建物の老朽化などもあるかもしれないけれど、どんな形でも存続していってほしい喫茶店だ。

南口界隈のすてきなお店

上「焼とり よね田」→ P.126
下「やきとり戎」→ P.59, 120

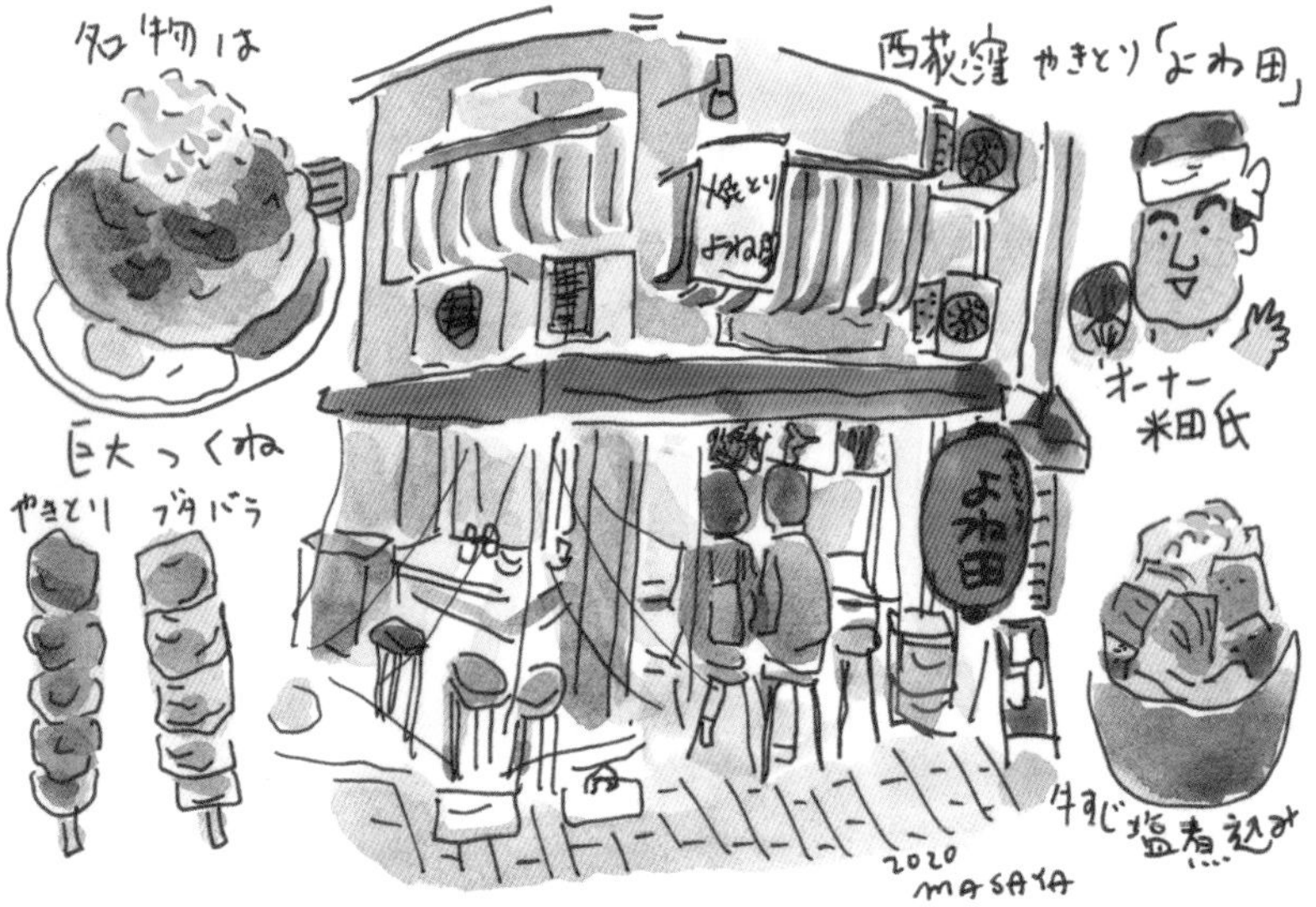

名物は
巨大つくね
やきとり
ブタバラ
西荻窪 やきとり「よね田」
焼とり よね田
オーナー 米田氏
牛すじ塩煮込み
2020 MASAYA

NO1 NIKOMI
骨せんべい
トウモロコシ天ぷら
ハムカツ
煮こみ
レンコン肉づめ
里いも煮
ほうれん草おひたし
カレーシチュー
えだまめ
メガハイボール
ハイボール
北口店
やきとり戎
マグロ刺し
やきとり
南口店
イワシコロッケ
西荻窪の名物マスター2人
豚バラ玉ねぎ
うずら卵
西荻窪「戎」
2020 MASAYA
皮ピーマン
冷やしトマト

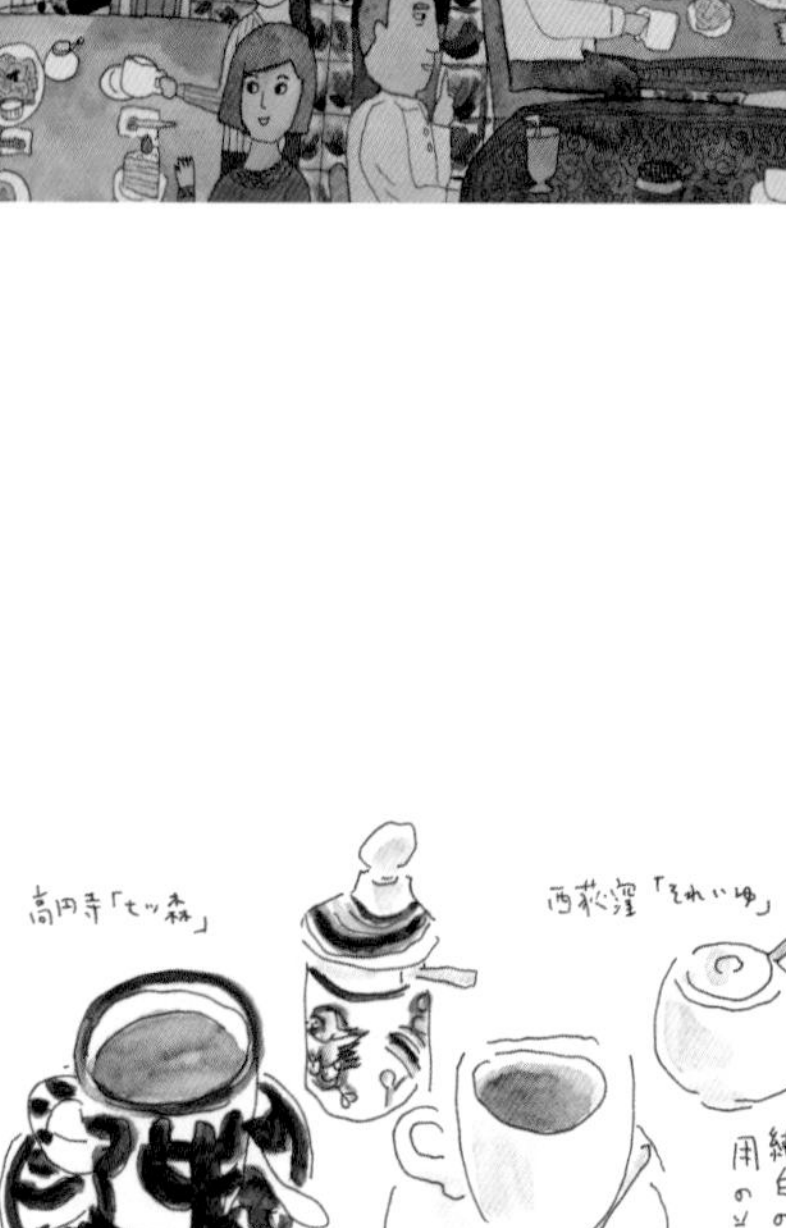
高円寺「七ツ森」
西荻窪「それいゆ」
純白の用の美
青の筆致
2021 MASAYA

「それいゆ」→ P.170

上「柳小路」→ P.133
下「ラヒ パンジャービー・キッチン」→ P.182

煮こみや 富士山
西荻本店
立呑屋
西荻窪南口 飲み屋街・「柳小路」を中心に
2020 MASAYA
クロ
トラネコ
2000年頃から現在まで
に柳小路にいた
猫さん
ハンサム食堂
NISHIOGI HUTTE
みでや
ブルース刑事
2020年 MASAYA
2002年頃
shot bar

マトンパヤ
マトンカレー
ナン
チキンカレー
豆のカレー
ハリーム
マトン ビリヤニ
チーズナン
シークカバーブ
ラムチョップ
シュリンプティッカ
ラッシー
RAHI
シェフの花田
ラヒム氏
イラストレーター
安西水丸先生も
お気に入りでした
とカレー
を楽しむ会
をされていま
した
西荻窪のパキスタンカレー
の名店
「ラヒ・パンジャービー キッチン」
2020 MASAYA

外観です
看板がいい
ダンディーな
市川さん
象の置物
動物のオブジェ
がかわいい
シンプルな
おつまみ
で飲る
チョコレート
チーズの
くんせい

「西荻ポルカ」→ P.192

西荻純喫茶の最深部へ

いつも、それいゆにいた

それいゆに通いはじめると、仕事をする場としても都合がいいことに気づいた。かかっている音楽に耳をかたむけたり、お客さんを観察したり、水出しコーヒーの雫をぼーっと眺めたりしていると、自室に篭《こも》りきりでは思いつかないアイデアも湧いてくる。

　私は長いことイラストレーションの作風に悩んでいた。どういう描き方がいいのか、どんな画材で描けばいいのか。あがきながら描きつづけた末、学生時代から挑戦していた公募に13年目にようやく入選することができた。その作品はそれいゆや戎を描いたもので、西荻での長年にわたる人間観察の甲斐があったというものだ。公募を主催する団体で理事を務めていた安西水丸先生が亡くなって一年後の2014年のことで、表彰式で会いたかったが、間に合わなかった。ようやく私の画風ができあがったときには、先生は旅立たれた後だった。

　イラストレーションは〝どう描くか〟も大切だが、それ以上に〝何を描くか〟が決め手のように思う。「うまく描こうと思わずふつうに描けばよい。そうすればその人にしか描けない絵になる」と教わったことは本当だった。教わっていたにもかかわらず、なかなかその意味がわからずにいた。何度失敗しても〝手法〟

を追い、〝より遠く〟を見ようとし、自分の眼に焼きついた日常的なものを描こうとは思えずにいた。しかし結局、うまさとはほど遠い私のイラストレーションを選んでもらえたのは、他ならぬ〝西荻の人びと〟を描いたからなのだった。

はじめてそれいゆで仕事の打ち合わせをした相手は、私が20代のころに描いた絵本『むしうた』をモチーフに「絵本紙コップ」をつくりたいと声をかけてくれた紙コップ会社の人だった。『むしうた』は、学生時代に一念発起してつくり上げた実体験にもとづく失恋詩絵本だ（ややこしい）。同じ専攻で学んでいた意中の相手と、作品はどういう気持ちで制作しているかという話になった。「わたしは自分の作品がほんの少しの人にでも伝われば、それでいいと思ってる」という彼女の言葉を受けて、「ぼくはきみにだけ見てもらえれば幸せなんだ」と言えたら良かったのだけれど、

西荻窪「それいゆ」の床

「ぼくはみんなに自分の作品を見てもらいたい」と強がって異をとなえてみせた。「それじゃあ、わたしたち、ちがいますね」彼女が言うのを聞いて、扉が音をたてて閉まっていくのを感じた。そうして散った恋だった。女心を解さない男の、どこにでもあるような失恋話。授業後、安西先生に相談すると「きみはきみの絵の才能を磨きなさい。いま花束を渡そうが何をしようが意味はない」。先生にかかればどんな悩みや迷いも一刀両断。頼りになる大人の男だった。

アキラと話をするようになり、さらには飲み友だちとなってからしばらくして、ひとつ大いに助けてもらったことがある。

当時別れた彼女との復縁について悶々《もんもん》としていたのだが、彼は前向きに励ましてくれた数少ない相談相手だった。一計を案じた私は、本来〝予約不可〞のそれいゆにおいて、どの角度からも他の客に顔を見られない席を、彼の助けを借りて事前に押さえた。何のために？　店にやってきた彼女を前に、私はそこで涙を流し、別れたことを後悔していると伝えた。そのときなんとか復縁することができたのがいまの妻だ。勝負の場所はやっぱりそれいゆでなければならなかった。

この喫茶店で人生の序盤から中盤の多くのことを経験してきた。終盤までどうかよろしくお願いしたい。

パキスタンの侍がつくる絶品カレー

（ラヒ パンジャービー・キッチン）

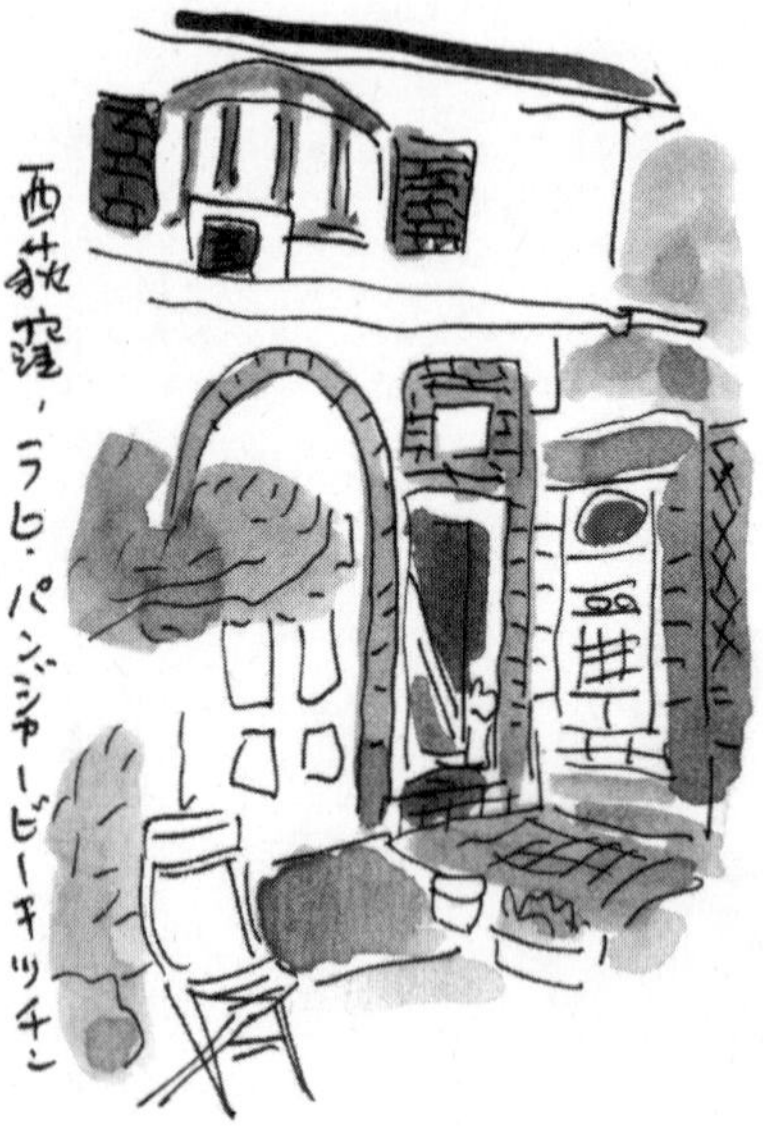

安西水丸先生は無類のカレー好きで、著書にはカレーライスがよく登場する。私はごちそうになったことはないが、得意料理も郷里、千葉・千倉のさざえカレーだった。そんなカレー、本当にあるんだろうかとずっと思っていたが、実際に野《の》島崎《じまさき》灯台付近の食堂街を歩

いたら、どのお店のメニューにもあって驚いた。サザエはよく煮込めば柔らかくなるらしい。

先生のカレー好きは口だけではなく実践的だ。角田光代さんはじめ錚々《そうそう》たる作家たちと「水丸カレー部」を、若手クリエイターを率いて「スパイスクラブ」なるグループをつくり、カレーに八海山や〆張鶴といった日本酒を合わせることを通例として楽しまれていた。徒党を成すのを嫌う先生も、ことカレーとなると事情が変わるらしい。仕事場の近所にあった蕎麦屋「増田屋」（青山キラー通りワタリウム美術館付近・2016年閉店）の和風だしのあんかけカレーとか、大衆食堂にあるようなごくふつうのカレーライスも好んで食されたが、こういう会では本格的なインド・ネパールカレーのお店が選ばれていたようだ。先生が亡くなったあと、麹町「アジャンタ」で開かれたスパイスクラブにはじめて参加させていただき、安西水丸筆による〝カレーの精〟をあしらった会員限定トートバッグをようやく手に入れることができたのは本当にうれしかった。

安西水丸行きつけのカレー屋が西荻にもある。ラヒ パンジャービー・キッチンというパキスタンカレーの名店だ。没後、師を偲ぶ気持ちもあって訪ねてみたのだが、ここのカレーは本当にすごい。それいゆの右角に延びる目立たない細道を進むと、1

階が美容室になっている一軒屋がひっそりと立っている。以前は沢尻エリカさんの母親が営む地中海料理店で（かなり前に閉店）、母と本田の3人で訪れたことがある。内装も料理もマダムも素敵ないいお店だった。その2階だ。オーナーシェフの花田ラヒーム（以降ラヒさん）さんは先生をして「侍顔」と言わしめる凛々しく毅然とした顔立ちで、流暢な日本

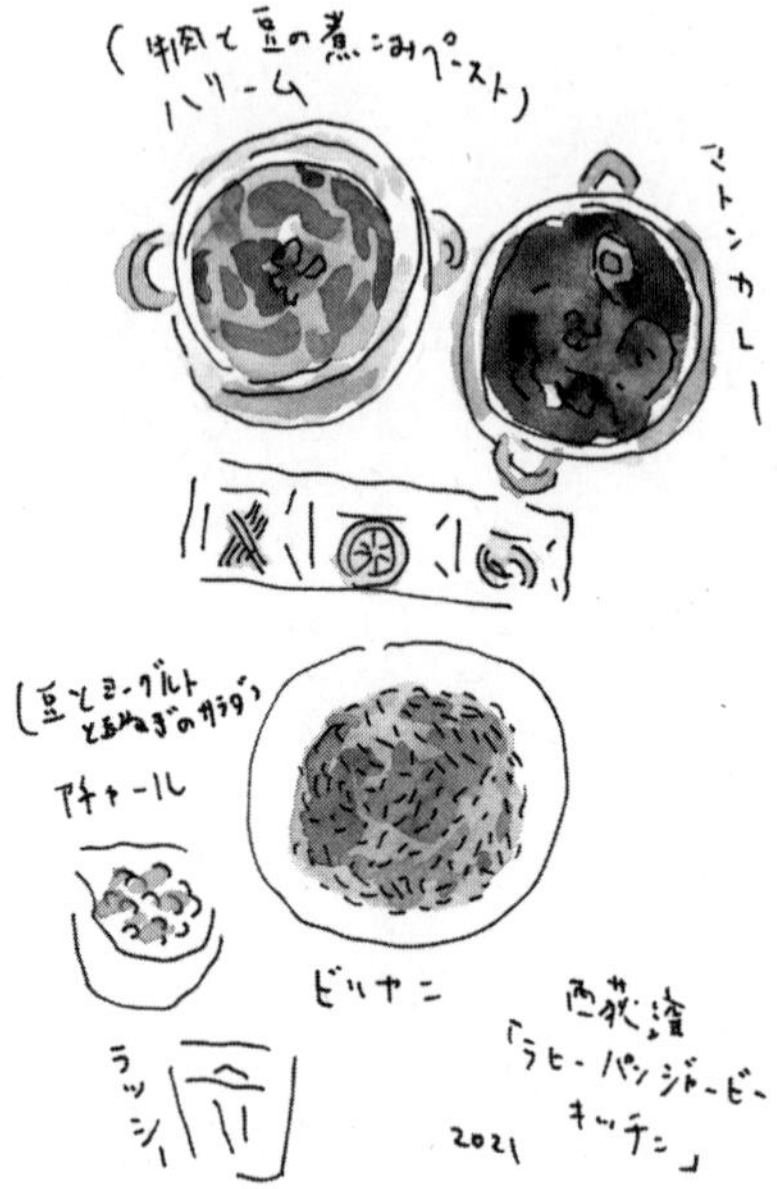

語を話す。ラヒさんは先生との交流を通してイラストレーション好きになり、安西水丸をはじめ、阿部真理子、山崎杉夫、信濃八太郎などのさまざまな作品を蒐集して店内に展示するようになった。

ラヒさんのカレーは「パキスタンのお袋の味そのまま」だそうで、スパイスによって素材そのものの味が引き立てられた、柔らかくまろやかな味わいだ。肉や魚介のカレーはもちろん、ジャガイモやカリフラワーなどの野菜カレーや、豆を具としたカレ

ーも充実していて、いずれも素朴ななかに不思議に思えるほど濃厚なうま味が潜んでいる。秘訣を尋ねると「バターは使っていないんです。ふつうの油とスパイスだけ」とのこと。きっとスパイスの使い方が名人級なのだろう。

マトンカレーは骨付きの肉がほろりとほどけるように外れ、口に運べばゼラチン質の肉のこくが上品なスパイスと相まってたまらないうまさだ。マトンの煮込み「マトンパヤ」は、辛味があるスープという趣だが、マトンカレーとはちがってポトフのようなさっぱり感と、体に染み入るような滋味深さがある。

バスマティライスをマトンといっしょに炊き込んだマトンビリヤニも、臭みがなく肉汁のうま味が米に染みこんでいる。ラヒさんは本当にマトンのあつかいがじょうずだ。たいていは大量のスパイスや塩気によって臭みを抑えようとするものだが、ラヒさんのカレー

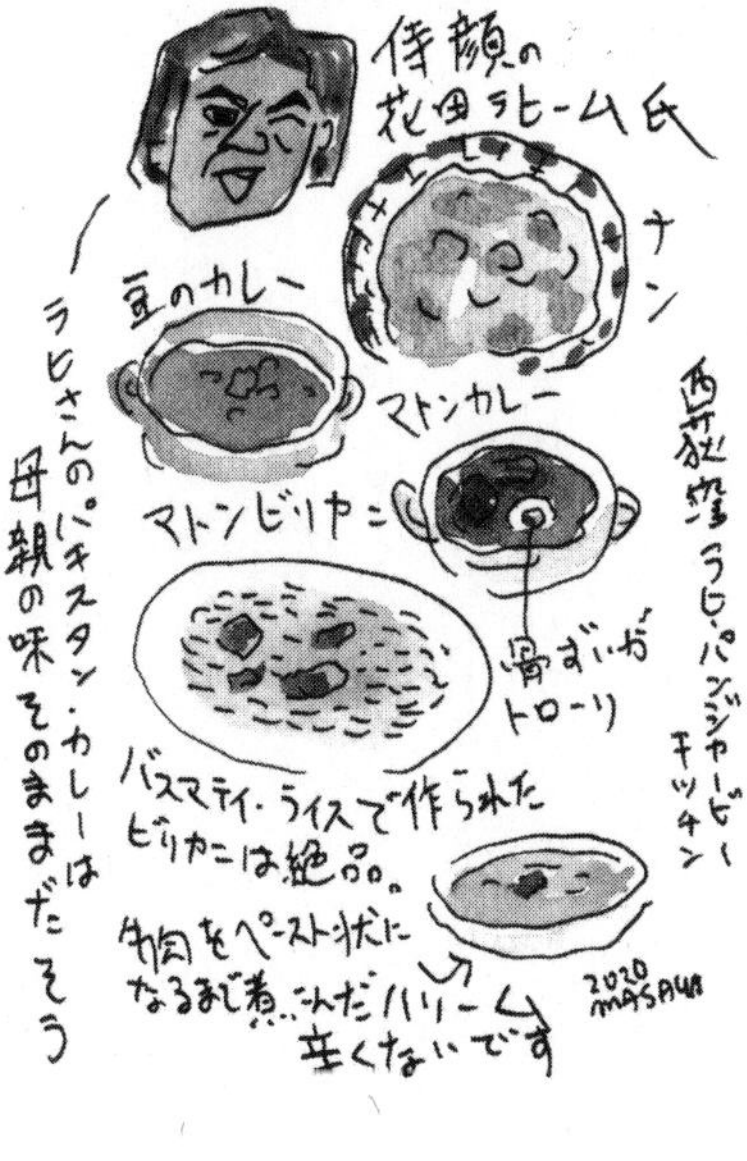
侍顔の花田ラヒーム氏
ナン
豆のカレー
マトンカレー
マトンビリヤニ
骨ずいがトローリ
西荻窪ラヒ・パンジャービー・キッチン
バスマティ・ライスで作られたビリヤニは絶品。
牛肉をペースト状になるまで煮こんだハリーム
辛くないです
ラヒさんのパキスタン・カレーは母親の味そのままだそう
2020 MASAYA

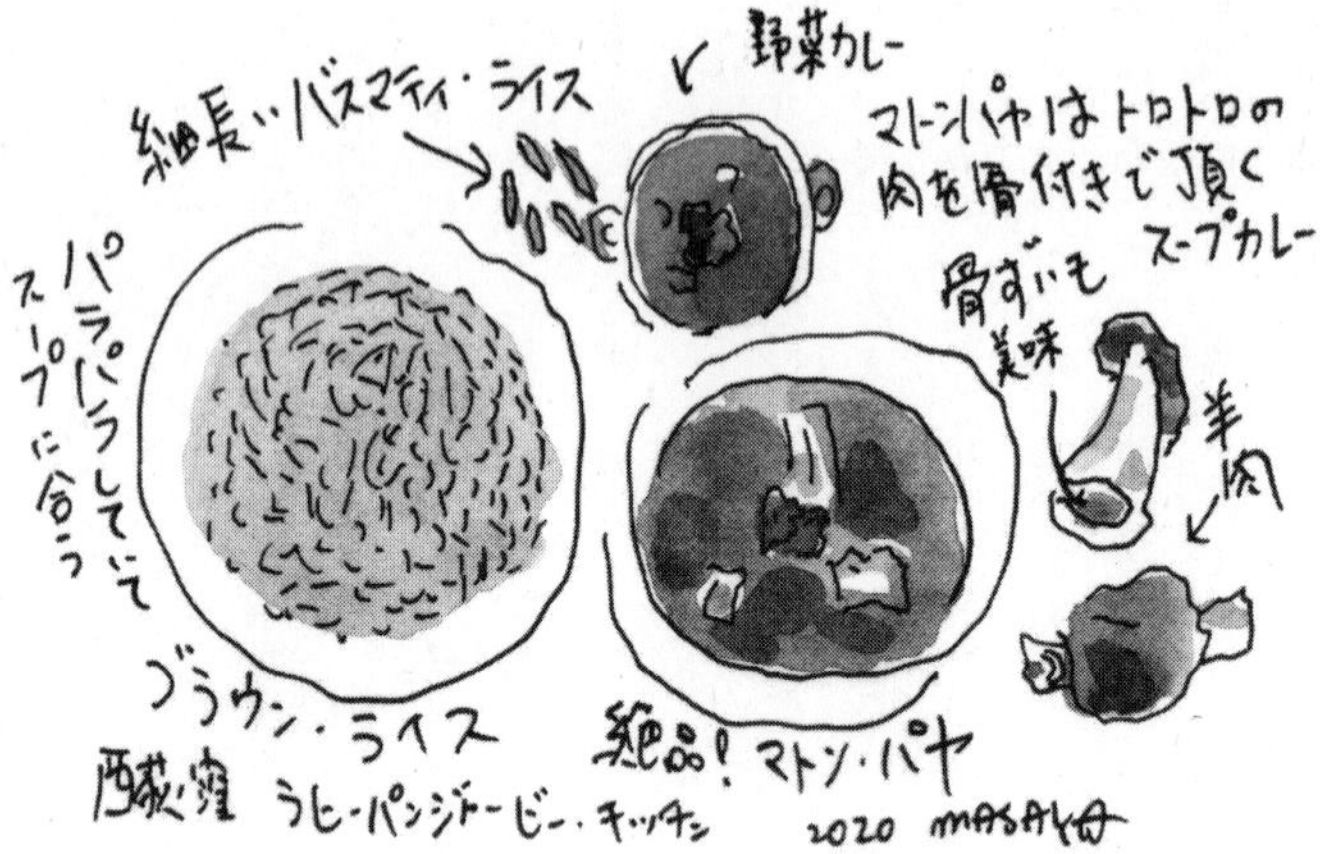

にはそれがなく、臭みのみが消えて肉本来のうま味がしっかり残っている。日本の田舎汁を食べるようなシンプルな親しみやすさがある。手間暇を惜しまず、ていねいに肉を煮込んでいるのだろう。きわめて上品に仕上げられている。

野趣あふれるマトンの香りが苦手な場合は、ポタージュのように濃厚でとびきりクリーミーな海老カレーもいい。王道を行くマイルドなうまさのチキンカレーもやみつきになるすばらしさで、ナンがよく合う。ちょっとマニアックなおすすめメニューとしては、牛肉と豆をペースト状になるまで煮詰めた辛くないハリームも外せない。いかなる国の料理ともちがうパキスタン料理独特のもので、ドロりとした食感の奥から現れる、バターやチーズよりももっと濃厚な風味に悶絶する。ラヒさんの焼く丸い形をしたナンは、表面はパイのようにぱりっとして、生地はしっかりとこしがあり、嚙むほどにほんのりとした甘みを感じる。ハリームをこれに付けて食べれば絶品。バスマティライスが香ばしいビリヤニに合わせても、こくが引き立ち、手が止まらなくなる。書いていたら、また食べたくなってきた。

高架下に収まった古き良き商店街

（マイロード周辺）

西荻の北と南を分けるJR中央線の高架下（荻窪側）には「マイロード」という商店街がある。2階には2時間まで無料の広い駐輪場があり、たいていどこかしら空いているから便利だ。西荻に自転車で来て散策するならここに停めるといい。昭和から続く老舗がいまだに残るマイロードには20軒ほどのお店が並び、ちょっとした裏道散歩コースのひとつだ。商店街の中ほどに設けられている出入口は南口側を向いているので、本書では南口エリアということにする。

ソーセージの「フランクフルト」は北口のもぐもぐより古くからあり、店名のフランクフルトやミートローフ、ミートパイがおいしい。ホームパーティーをするなら、ここであれこれ買いこんでビールを飲めば最高。太いタイプのフランクフルトはキャベツや人参、ジャガイモといっしょに煮込んでスープにする。ひと口かじれば、ぷ

ミートローフが好きだ

ち！　と弾け肉汁がほとばしる。駅側の入口すぐにある「トヨダヤ靴店」もずいぶん長い。駅からいちばん遠い最東部に店を構える「日南水産 飫《お》肥屋《びや》」には市場さながらに多種多様な魚介類が並ぶ。自分へのご褒美に、ここでトロを奮発することもある。たまにしか見ないマグロのカマが買えたら幸運だ。持ち帰り、塩を多めにまぶしてよく焼いたら身をほぐし取る。残った骨から出汁をとり、塩のみで味つけして刻んだネギを散らせば、じんわり身体に染み入るような吸い物ができる。これをベースに他の料理に使えば贅沢な風味が楽しめる（飫肥屋はコロナ禍の2022年11月に突如閉店してしまった）。

マイロードの南側へ出て左手に少し行くと、ペット用の生き物専門店「いそっぷ」がある。淡水魚を中心に貝類、爬虫類が売られていて、玄人《くろうと》向けの品

種がずらりと並ぶ。小さいころはちょっと怖かった。何が出てくるかわからない奇々怪界な場所に思えたからだ。それが小学校にあがると、がぜん大切な店になった。

同級生に生物博士のような子がいて、彼と善福寺川に下りては側壁にぽっかり口をあけたトンネル（下水排水口）を探検したり（絶対に真似しないでね）、カナヘビやヤモリを捕まえたりするようになった。その同級生は夏休みになると、奥多摩の山で獲ってきたクワ

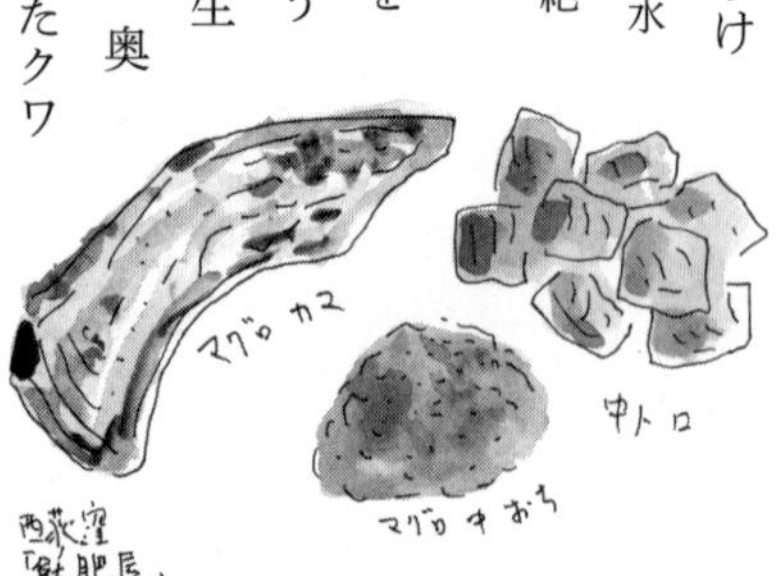

ガタやカブトムシをいそっぷへ持ちこんで売り、得た現金で飼育していたアオダイショウの餌《えさ》となる小魚を買うというワイルドさだった。こういうタイプの子どもは昭和50年代にはまだまだそこらじゅうにいて、その知恵はいつの間にか他の子どもたちへ受け継がれていったものだ。

いそっぷの店先には綺麗な金魚や熱帯魚が泳いでいる水槽が並び、買い物帰りに自転車を停めて見せてやると後ろに座ったうちの子どもたちは喜ぶ。見てみるだけでも冒険心を刺激されるレトロな名店といえるだろう。怖がらずに一度は〝西荻のガラパゴス〟に足を踏みこんでみるといい。

大人を学ぶ静かなる名バー

（西荻ポルカ）

いそっぷの並びをさらに進むと、雰囲気ががらりと変わる。パフェが人気の「浅煎りコーヒーと自然派ワイン Typica（ティピカ）」、2階が隠れ家みたいでかわいい「cafe Cwtch（カフェ クチュ）」、まるで白いおしるこみたいな台湾スイーツ豆花《トウファ》の「雲（WAN）」と、おしゃれな店が増えてきた。このまま荻窪方面に歩くのもおもしろいと思わせてくれる道だ。

そのまた先に控えるのが「西荻ポルカ」というバー。西荻北3丁目にあった前身の「花男」は連日のにぎわいで、私は当時高校生だったけれど、通りかかるたび

かなり細かく
ワインを説明
してくれます
2020 MASAYA
西荻窪「Typica」

に、大人たちがずいぶんと楽しそうに酔っぱらってるなあと感じた記憶がある。まだ西荻の街に洒落たバーがめずらしかったころの話だ。盛況だったお店が閉まったときは不思議だったが、それには理由があった。マスター市川さんによると、あまりの忙しさに「お客さんが入ってくることに怖さを感じる」ような状態になってしまい、実際に体調も崩し、やむなく閉店したという。休養後、2000年ごろに西荻ポルカと名を改めて南口に移転。再開して20年ちょっとになる。

ともあれ私にとっては西荻ポルカがバー体験のスタート地点となった。ラムのキャプテンモルガンや焼酎くろうま、ズブロッカなど一つひとつ覚えていき、この世にはこんなにおいしいお酒があるのかと知った。少年時代、横目に眺めていたあの花男の市川さんからお酒について教わることになろうとは。

西荻ポルカ
2020 MASAYA
色々な
家具や物が素敵です

2020 MASAYA 西荻ポルカ

大人を学ぶ
静かなる
名バー

西荻ポルカにあったポスター
2020 MASAY

基本的な洋酒がバランスよく揃っているから、バー初心者でもメニューを見ながら気軽に市川さんに尋ねてみるといい。一見さんでも分け隔てなく語りかけてくれ、常連さんとのあいだにも絶妙な間を保っている。ぶっきらぼうなようにも見えて、じつは気配りがある。常連さんたちも皆一様に礼儀正しくて親切だ。このバーでからまれたり、長々と自慢話を聞かされるというようなことはまずない。西荻界隈の上級者が多いから情報交換が楽しい。こういうバランスのとれたバーにはなかなか出会えるものではない。カウンターの席は少ないが、奥にはテーブル席もいくつかある。〝ポルカ〟という店名だが、とくにチェコやポーランド風というわけでもない。壁に貼られたポスターやきれいな灯り、趣味のいい家具とかわいい雑貨たちに囲まれて静かに会話を楽しむことができる。

置いているお酒は同じでも、店内の雰囲気やマスターの人柄、そして出入りする客がバーの味を変える。家で飲むための酒瓶に費やす何倍ものお金を払ってまで訪れる価値が、そこにある。私がイラストレーションを描くにあたっても、画材や技術以上に「普段からどういうお店に出入りしているか」は意外に重要だと思っている。なぜならば、いい酒場にはかならず創作意欲を刺激する出会いがあり、ふとした会話の中から思わぬ題材を得ることが多いからだ。

　ポルカのおつまみはチーズ、チョコレート、ポテトフライ、ピザなど、さっと出てくる簡単なものが多いが、出産を機に引退するまでは奥様がお好み焼きピザを手づくりしていて、私はこれが大好物だった。ソースの甘み、マヨネーズの酸味、チーズのこくと鰹節の香りが一体となり、どこにでもあるようでなかなかお目にかかれない逸品だった。

　カウンター脇に貼られた映画『不思議惑星キン・ザ・ザ』のポスターを眺めながら、安西水丸先生が好きだったギムレットを飲み干す。市川さんがかけてくれる音楽の選曲もいい。慌ただしい一日を忘れるような、ゆったりとした時間が流れていく。映画好きな市川さんは、そのときどきに観た映画の話をしてくれ、おすすめの名作を教えてくれる。

　通いはじめたころにポルカで出会った思い出深い人もいる。それは、「老齢の男性に色気を感じる」とい

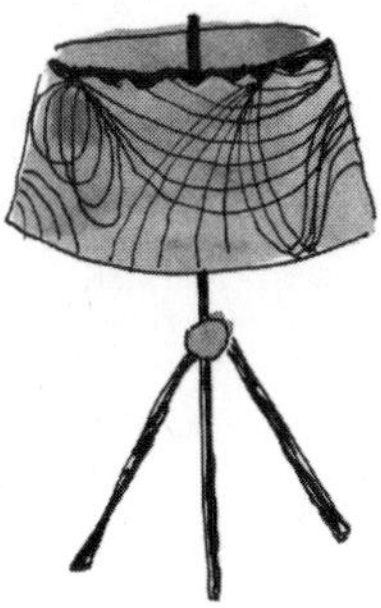

西荻ポルカにあったライト

う、大学の先輩であること以外は一切が謎に包まれたM姉で、当時30代半ばくらいの女性だった。彼女は西荻飲みの先生のような存在で、カウンターでカクテルを嗜む姿はずいぶん絵になった。柳小路でもよくタバコをふかしながらカウンターでひとり静かに飲んでいて、たまに見かけると隣に座っていっしょに飲んだものだ。もう十数年はお会いしていない。いつかM姉さんが連れてきた友人の女性と同席したことがある。そのときにいただいた、彼女のお母さんが趣味でつくっている緑色のリンゴを描いた財布は、いまでも大切に保管してある。

西荻で飲み歩くようになってから20年近く経つが、約束など交わさなくても「あの店に行けば○○○がいるはず」という、薄っすらした飲み仲間がそれなりにいて、また、いつしか見かけなくなったりもしてきた。直接会話したことはないけれど、ずっとお見かけしている飲ん兵衛氏も少なくない。むこうから見たら、こっちのほうこそ得体の知れない飲んだくれなのだろうけど。

ポルカの小さな看板は西荻にあった鍛冶屋アトリエベガ謹製で、内側から灯りが漏れる素敵なデザイン。西荻のあちこちでしばしば見かけるベガ製鉄工芸品は、どれも本当にすばらしい。

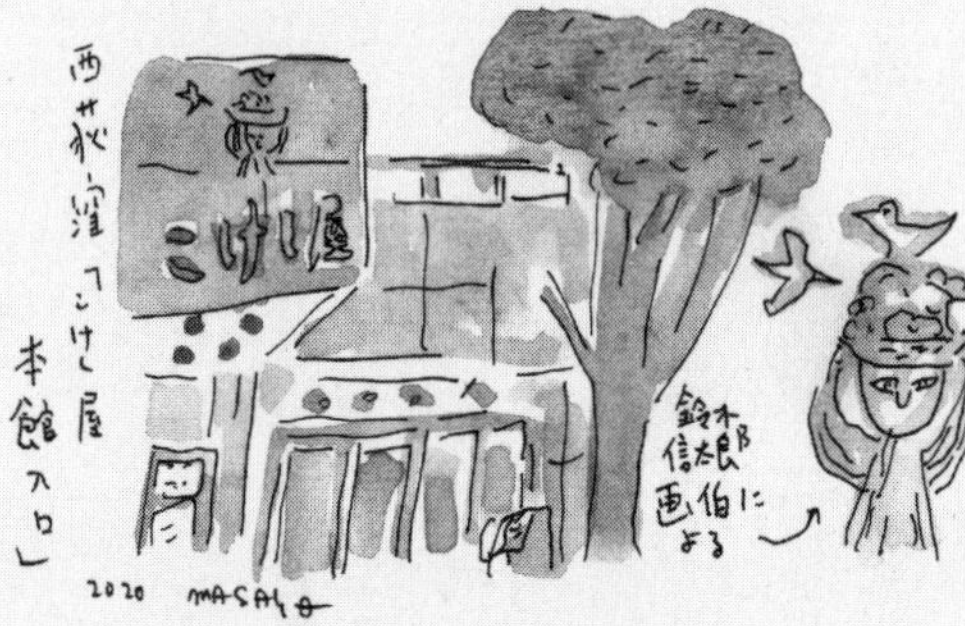
西荻窪「こけし屋
本館入口」
こけし屋
鈴木信太郎画伯による
2020 MASAKO

第3章 食べて歩いて

〃パリ〃の薫りに誘われて

最近ときおり、西荻が〝日本のパリ〟と形容されることがある。どのへんが？　と思う人もいるだろうが、ともあれパリ的要素はたしかになくもない、と私も感じる。学生時代にフランスへ行ったとき、パリのマレ地区にあるちいさな雑貨屋やカフェに立ち寄るたびに、西荻の路地裏っぽいなあと思った。街並みそのものが似ているわけではないけれど、通りに素朴な品があって、さまざまな個人店に適度な芸術性がただよっている感じが、そう思わせたのだろう。〝日本のインド〟と呼ばれるカオスな高円寺との比較もあって、つけら

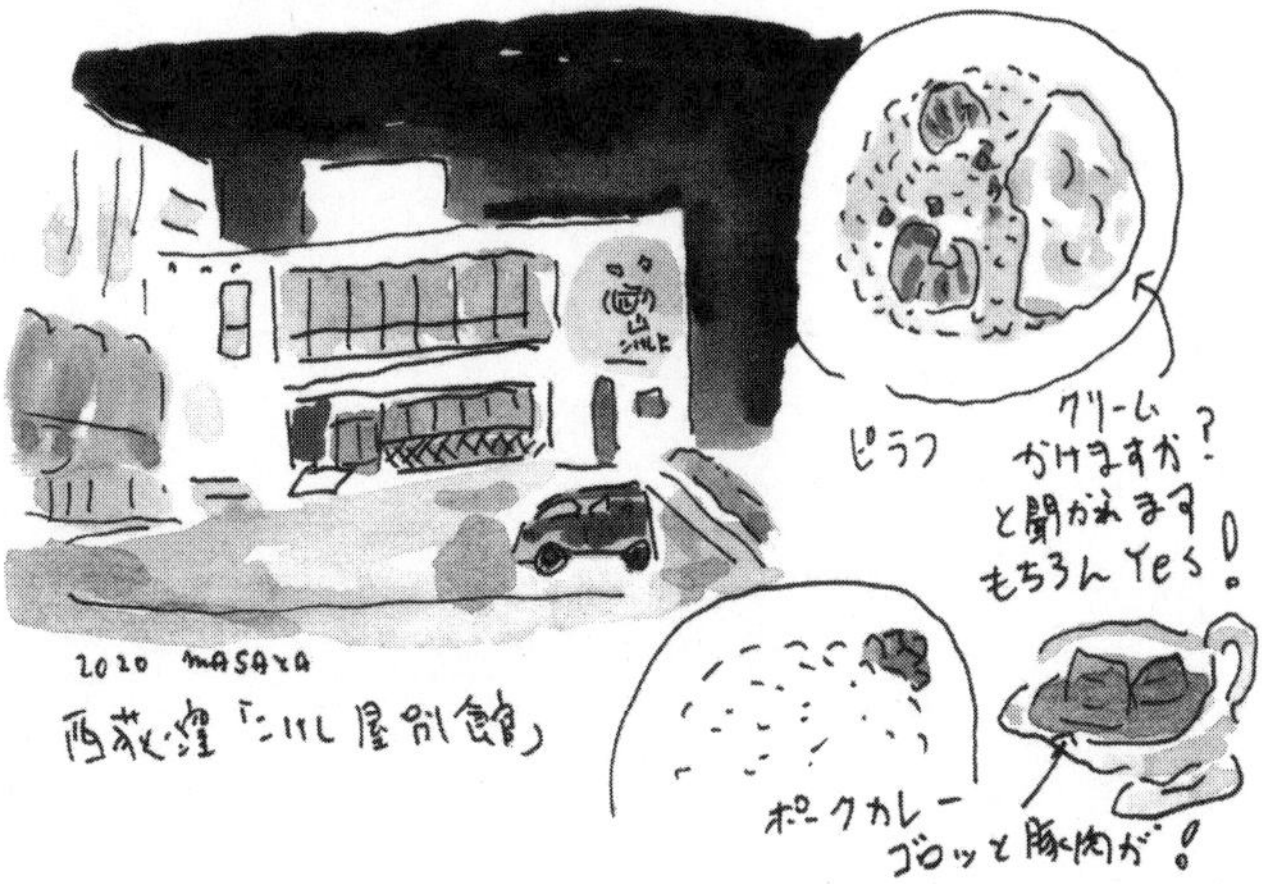
ピラフ
クリーム
かけますか？
と聞かれます
もちろんYes！
ポークカレー
ゴロッと豚肉が！
2020 MASAYA
西荻窪「こけし屋別館」

れたキャッチコピーなのかもしれない。

　まあ、西荻のシンボル「こけし屋」もフレンチレストランだからね。毎月第2日曜日の朝8時から開かれる「グルメの日曜朝市」では、湯気の立ちこめるスパゲッティミートソースや、スペアリブ、チーズフォンデュ、ビーフシチューコロッケなどに行列ができていた。小学生のころは月に一度連れていってもらうのがたのしみで、本館2階にある喫茶室の良さを知ったのはそれからだいぶあとのことだ。ボーイさんがクレープシュゼットをフランベしてくれるときの炎は、西荻随一のきらめきだった。「〇〇室」というネーミングも渋くていい。

　本館1階に入ってすぐ、古典的な製法

の昔なつかしいケーキが並ぶショーケースを前に、胸がときめかない人はいないだろう。大人のスイーツをはじめて知ったサバラン。真っ白なスポンジに生クリームと桃がうれしいソレイユ。世界一シンプルなのでは？　と思わせるクリームとパイのみのミルフィーユは、手でつかんだら縦にかじるといい。見た目はいたってふつうな、昭和の雰囲気をまとったケーキだが、じつは細やかな技が光り、ひと味ちがううまさがある。私の5歳の誕生日ケーキは、犬がのったバタークリーム・デコレーションケーキだった。息子が5歳になった日もまったく同じケーキを買ってきて祝った。当時はどこのケーキ屋でもあたりまえに売られていたバタークリームケーキも、いつしかこけし屋くらいでしか見かけない希少種となっていた。鈴木信太郎画伯絵による包装紙の緑色を見ると胸がさわぐ。この包装紙があるから、ずっと手土産はこけし屋サブレにしていた。外壁にかけられた

エンブレムの色褪《あ》せないデザインも大好きだ。2025年までの3年間は休業中なので、なんとも寂しい。これまでの建物は完全に取り壊され、新たなビルに変わるそうだ。あのエンブレムは復活するのだろうか。

「Bistro Féve（ビストロフェーブ）」は、日本人のためにアレンジされたフレンチではなく、本場仕込みのメニューを用意している。何をどのように調理したものかと、目の前の料理を眺めながら推測するのもわくわくする。路地裏のちいさなパン屋さん「ル プチ パン イ・ウ」は、まさにパリにありそうな裏道の風情で、見つけたときは得したような気分になった。「ラ・プルミエプゥッス」という発音の

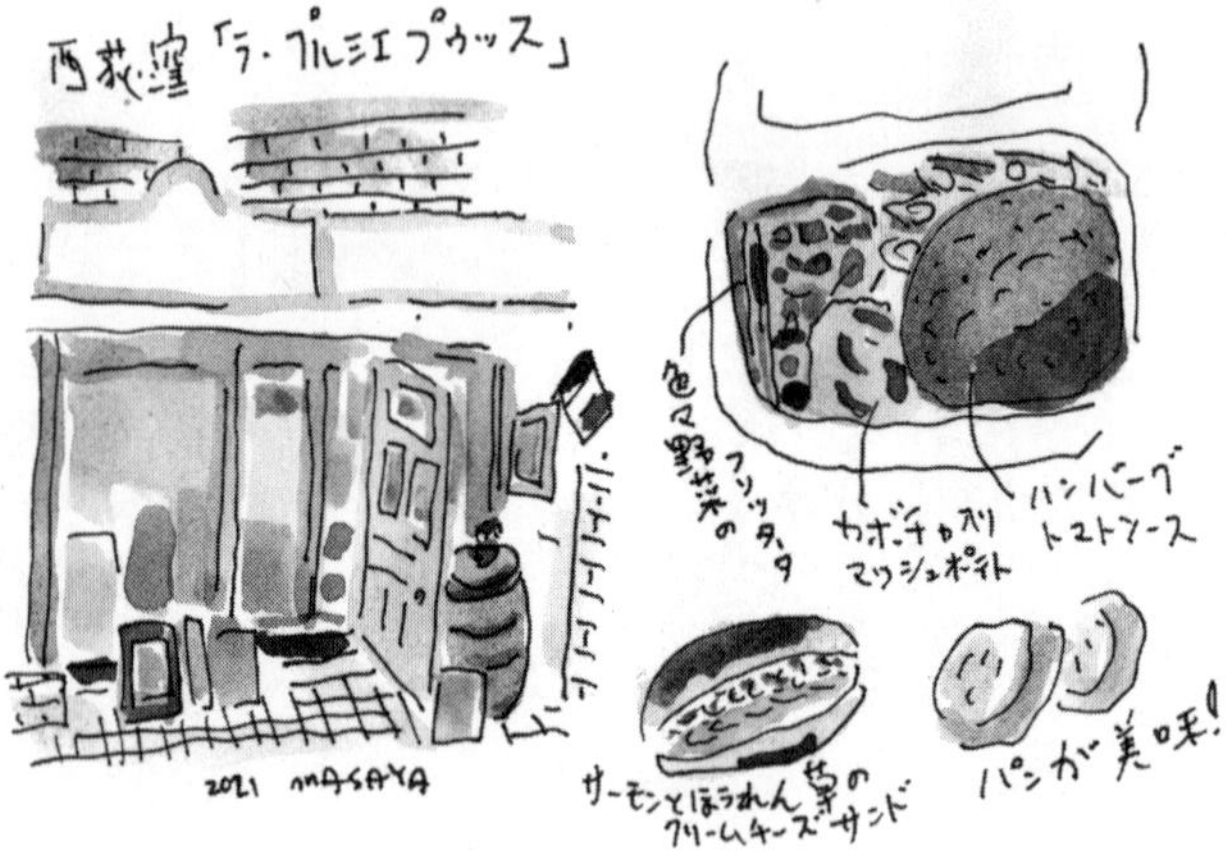

難しいカジュアルフレンチのバゲットはバターをつけて食べると止まらないし、料理との相性も最高だ。乙女ロードには人気のフレンチカレーの店ＳＰＯＯＮもある。フランス雑貨「Broîte（ぼわっと）」では、現地在住のオーナーが目利きした商品をパリにいるかのよう雰囲気で手に取ることができ、コレクションされた色とりどりのボウルでカフェオレを楽しめる。西荻で買ったスイーツであれば持ちこむことも可。フランス菓子をあつかう店も急激に増えている。

それぞれのお店が醸し出している空気感や小道のたたずまいには、さりげないおしゃれさとおだやかさがあり、そこが〝日本のパリ〟とささやかれる所以《ゆえん》なのかなと思う。しかし、いまのところは限られた一部の西荻フリークがつぶやいている程度の認知度だ。誰かに西荻について訊かれて、「日本のパリと言われているよ」なんて答えたら、「えっ……（この人だいじょうぶ?）」と困ったような顔で苦笑いされる日々は今後もしばらくは続くだろう。それでいい。そこはかとなく微妙なその感じこそが西荻の醍醐味なのだから。

イタリア人もびっくりの西荻クオリティ

2015年くらいからイタリア料理店が急増しているのは感じていた。

「このせまい街になぜこんなにたくさんあるのだ!? しかもはずれがなくどこもおいしい！ イタリアよりもレベルが高いぜ、セニョール！」とイタリア人が実際に言ったかどうかは知らないが、西荻通のあるバーのマスターは「まあ、リップサービスもあるかと思いますが」としたうえで、店に飲みにきたイタリア人の客が本当にびっくりしていたと話してくれた。

西荻イタリアンのはしりは、北口を出て左に伸びる伏見通り沿いの突き当たり角に店を構えるポモドーロだ。今年72歳のマスターは、この場所で30歳のときにお店を興した。23歳でスイスへ渡り、チューリッヒのホテルでフランス料理を修業した後、いずれ自分の店を出すときの参考にとヨーロッパ各地でさまざまな料理を食べ歩いたと

いう。そのとき本場のイタリア料理に出会い感動したマスターは、（これは日本でもイケる！）と感じたそうだ。帰国後、都内のイタリア料理店で数年経験を積み、西荻にポモドーロをオープンさせた。

私にとって人生の〝はじめて事〟の大半は西荻で経験したものだが、母親がつくってくれるミートソーススパゲッティや給食のソフト麺とは全然ちがう、本格的なイタリア料理をはじめて食べたのはここポモドーロだった。いまにして思えば、マスターが心を動かされた本場の味を追体験するという、まことに贅沢な初体験だったわけだ。

店名のとおりトマトソースのみのパスタや、茹でたジャガイモをオリーブオイルで和えたものなど、さっとつくった一皿一皿がとびきりおいしくて感動した。キッチンが客席からよく見えるので、家族で訪れるたびに毎回きびきびしたマスターの動きから目が離せなかった。ときには若い助手を叱ることもあった。それでいて、まだ幼かった私と目が合うと、にやっと笑いかけてくれる。そんなマスターの姿にすっかり心を奪われて、一時はイタリアンのシェフをめざしたいと考えたこともあるくらいだ。

どの料理をつくるときも熟練シェフの動きは速い。感覚的に動いて呼吸で仕上げていく。助手の動きが悪ければタイミングを逸《いっ》してしまうから、しぜんと声に力がこもってしまうのだろう。イタリアンは勘と情熱の料理だと思う。手早く仕上げられた皿は、これまた素早くマダムの手でお客さんのもとへ届く。

いつだったかの晩、カウンター席に仕事帰りとおぼしき若い女性がひとりやってきた。トマトソースのポークカツとペペロンチーノ。たしかそんな注文だったと思う。先日ついにマスターにはじめて話しかけたとき尋ねてみると、「ああ、それはきっと魔女風カツレツと、パスタに柚子《ゆず》のシャーベット付きでやっていたレディースセットだよ」と答え合わせができた。レディースセットはもうやっていないけれど、魔女風カツレツは事前に電話をすればつくってくれるそうだ。

「地方で議員になった子がいて、東京に来るときは新幹線の中から魔女風カツレツを予約してくるよ」

「うちの味が自分にとってのイタリア料理の味の基準になったとよく言われるけど、

勘弁してほしいなあ」

とマスターは笑うが、私もイタリア料理の標準値はポモドーロになっている。

幼いころに親しんだ味は生涯忘れられないものだ。そうやって西荻で得た基準はどれも印象深いものばかりで、離れるほどに恋しくなる。何らかの事情で東京を去ったあとも、機会があるたびに西荻へ立ち寄り〝あのころの味〟を食べに向かう人は数知れず。みんな同じ心境なのにちがいない。

ランチでよく利用するゴロシタは、駅通橋を越えて西荻台マンションのある急な坂道を上りきった住宅街にある。駅から歩いて15分という距離と坂のきつさが大きなハードルではあるけれど、乗り越えた先には至福の食事が待っている。

私はここのパスタの大ファンだ。オリジナルの生パスタは水分を吸いやすいためか、やや汁気の多いソースに仕上げてられている。ブイヨンベースのソースはさまざまな種類があるが、どれもこく深いうま味で、

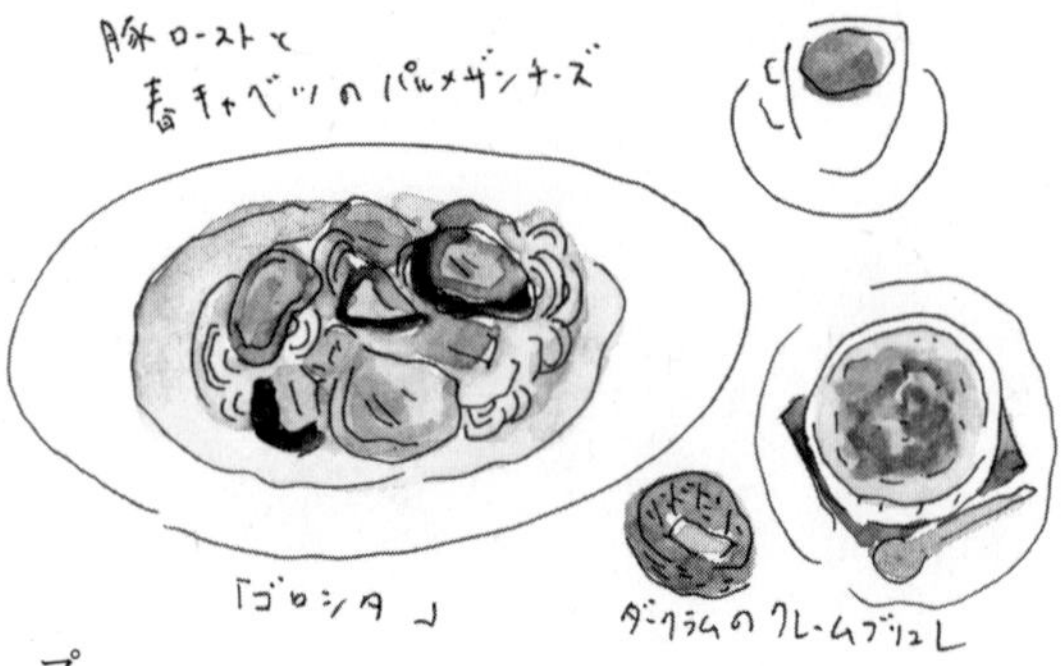

ひと口食べれば息つく暇もないくらい夢中になってしまう。出会ったことのないパスタだったので「イタリアのどこの地方の料理がベースなんですか？」と尋ねると、フランス料理で学んだことをイタリア料理に活かして独自に編み出した〝ゴロシタ料理〟なのだという。マスターの小澤氏いわく、フランス料理の源流はイタリアのトスカーナ料理なのだとか。そこで、店を開く際にはコストのかかる高価なフランス料理ではなく、普段から誰もが食べられるイタリア料理を選んだそうだ。オリジナリティあふれるゴロシタの料理から、寡黙なマスターの秘めた情熱が伝わってくる。

日替わりランチパスタはどれもおいしいが、私は塩味のビアンコが好きだ。トッピングされた貝類や鶏肉のうま味がしみ出したスープに、オリーブオイルと生パスタがぴたりと合う。ミートソースのロッソも他ではまず味わえない手の込んだ豪華な仕上がりで、多彩な具材の味わいが楽しい。〝ゴロシタ料理〟は何を注文しても驚きと感動がある。

同じくランチでしばしばお邪魔している「ゴローゾテツ」のパスタも大好物だ。〝ゴローゾ〟とは大食漢という意味らしく、普通盛りでもよその大盛りに近いボリュームだ。私はいつも大盛りにするのだが、たいてい隣のお客さんがちら見してくるほど量がある。でもぺろりだ。伸びにくいがっちりした太麺を使用。ピエモンテ風というその味つけは独特で、おいそれとは出会えない力強さ、濃厚さがくせになる。

ポモドーロの他にも西荻イタリアンの先駆者は存在した。西荻北3丁目の現「リディム」の前身、バーの花男の2階にあった「トラットリア・ダ・キヨ」。非常階段みたいな細い鉄の階段をのぼったところに、ごく地味な扉が待っている。中に入ってまず目に飛びこんでくるのは、赤と白のきれいなテーブルクロスだ。BGMの代わりにイタリア現地の番組ら

しいラジオがかけられていて、何を言っているかはまったくわからないが陽気なトーンが耳に心地いい。西荻であることを忘れそうな雰囲気だ。

そんな〝イタリア現地風〟の店を切り盛りするのは少々型破りな男性シェフ。女性客のテーブルでワイン片手に話しこんだかと思えば、別の客にはきわめて無愛想だったりする。水が来ないのでシェフに声をかけると「ありません」と言われたり（有料のボトルウォーターを注文しなければならない）、ショーケースに並ぶデザートを頼んだら「時間（22時だったかな？）を過ぎたので出せません」と返ってくる。人によっては怒って帰ってしまうだろう。たまにアルバイトの女性が入っているときは安心できるのだけれど。

ところが、そこで終わらない理由がある。料理は何を食べても絶品で、かつ信じられないくらいにリーズナブルなのだ。貝のパスタは、こんもり盛られた大小とりどりの貝がスパゲティを覆いつくし、上質なオリーブオイルと貝の出汁がスープのように皿に敷かれている。味つけはニンニクと塩。上にのった貝を食べ進めてようやくスパゲティと対面する。シンプルな一皿だけど感動的にうまい。トマトのパスタ、魚の塩釜焼き、仔牛のカツレツ、トリッパなど、どの料理も驚くほどサービス精神にあふれている。なのに、シェフは愛想なしというこのギャップ。

そんな破天荒な先駆者も、いつしか風のように去ってしまった（東京・羽村で営業していたらしいがそこも閉まり、いまはどこで何をされているのか）。1980年代には数えるくらいしかなかった西荻イタリアンの現在の隆盛を考えると、キヨさんは少し早すぎる登場だったのかもしれない。あの味をもう楽しむことはできないと思うと、とても残念だ。

西荻窪ワイン厨房たかはし
たかはし
前菜盛り合わせ
自家製チョリソと白インゲン豆の煮こみ
2020 MASAYA

2021 MASAYA
西荻窪「クオーレ」

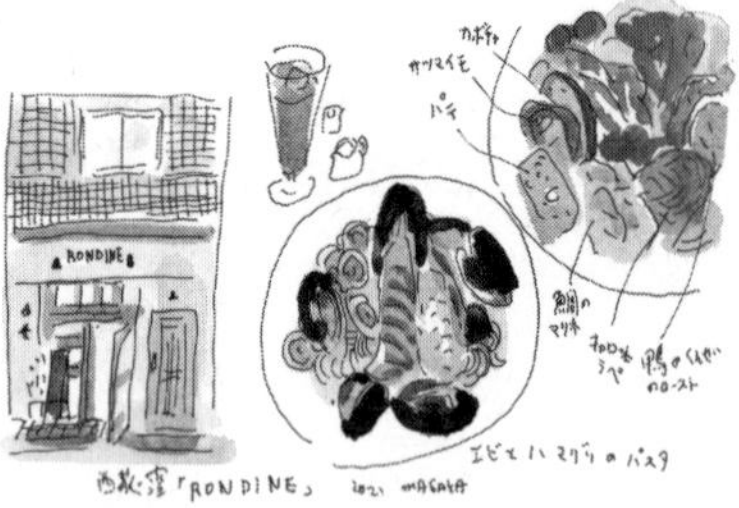
RONDINE
カボチャ
サツマイモ
パテ
鯛のマリネ
キャロットラペ
鴨のくんせいのロースト
エビとハマグリのパスタ
西荻窪「RONDINE」 2021 MASAYA

5
メンチカツバーガー
シーフード
ジェノベーゼサーモン入り
2021 MASAYA
西荻窪「GoKan」

西荻窪「チェルキオ」
2021 MASAYA

プレートランチ
オリーブとトマトのパスタ
西荻窪「オステリア・アダージョ」
2021 MASAYA

イタリア人もびっくりの西荻クオリティ

ハイボール
ウマズラハギとカラスミのペペロンチーノ
西荻窪「イタリア食堂 shimaneko」

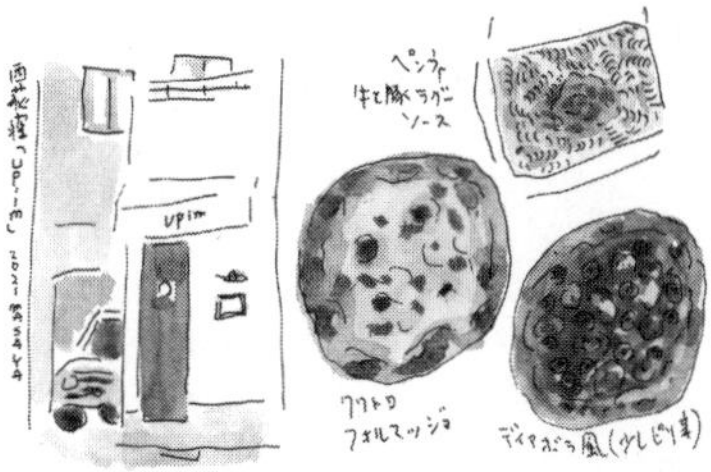
西荻窪「UPIM」 2021 MASAYA
upim
ペンネ 牛と豚ラグーソース
クワトロフォルマッジョ
ディアボラ風(少しピリ辛)

2020 MASAYA
西荻窪「メリープリンチペッサ」
アルゲリータ

西荻窪「CM2 MAKERS」の
レモンクリームスパゲッティ

CLEANING
2021 MASAYA
西荻窪「ピッツェリア ダ マルコ」
テイクアウトのサンドがおすすめ
ローストビーフサンド
焼肉サンド
お肉ぎっしり

2021 MASAYA
西荻窪「プラチェリア S」
ボロネーゼ
パテ
生ハム

斜め上を突き進む西荻ラーメン

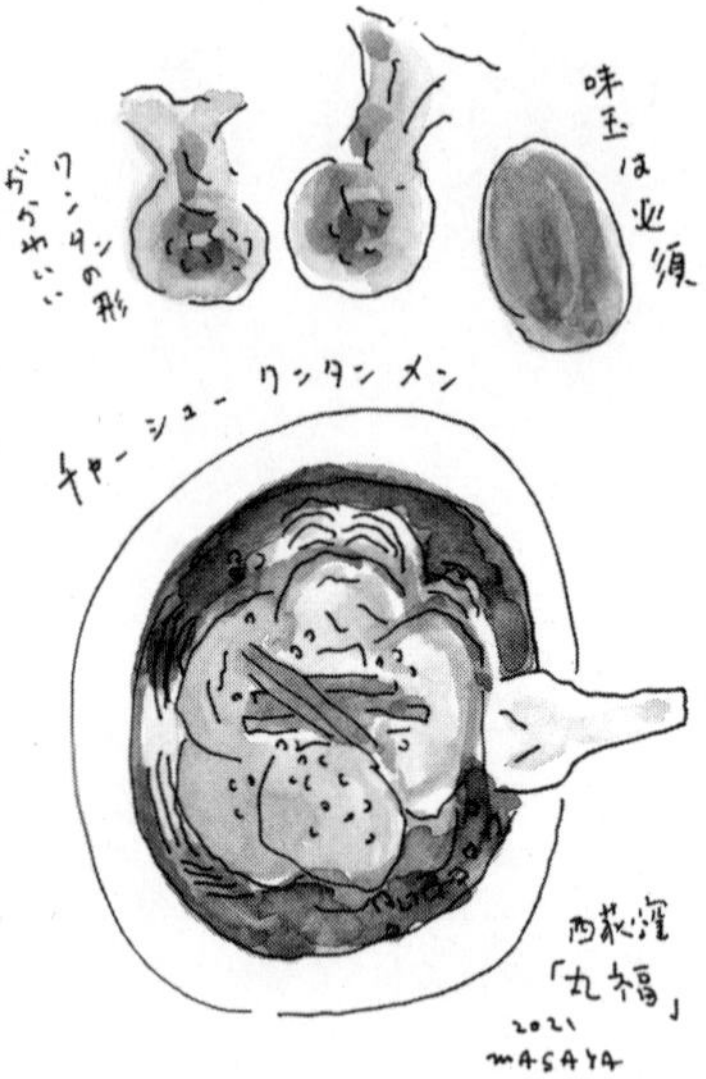

1980年代、テレビ番組の企画がもとで〝荻窪ラーメン戦争〟なるムーブメントが起きたのをご存じだろうか。「佐久信」「丸福」「春木屋」「丸信」を中心とする空前の荻窪ラーメンブーム（佐久信は伊丹十三監督の映画『タンポポ』のモデルともなったが、その後閉店）。荻窪駅南口にはあの「大勝軒」のルーツと言われる1947年創業「丸長」も控えている。荻窪ラーメンは鶏ガラスープに醤油が基

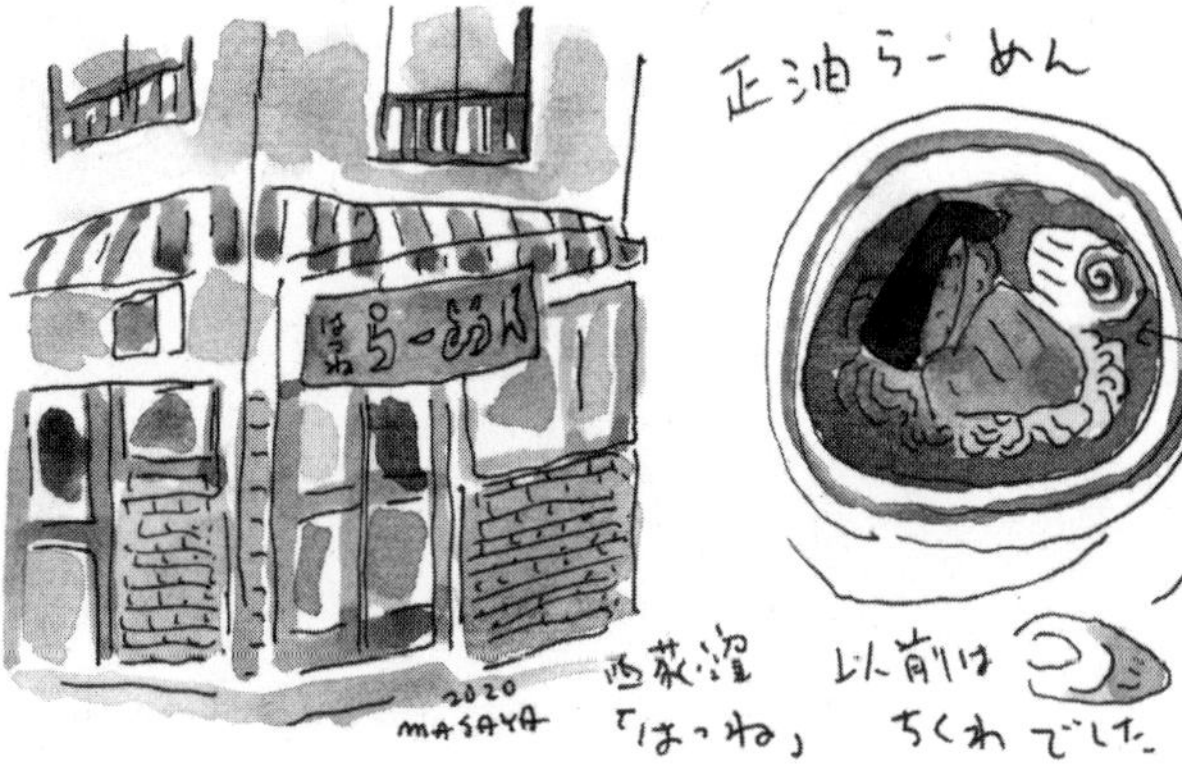

本のオーソドックスなスタイルが特徴。鴨出汁とか貝出汁、アゴ出汁など多様なスープがしのぎを削る現在とは異なり、豚骨さえ東京ではメジャーではなかった時代の話だ。

　同じ「荻窪」でも、隣駅の我が西荻窪ではラーメン戦争なんて遠い世界の出来事だった。とはいえ、荻窪本店の姉妹店である「丸福」と、柳小路入口にひっそりたたずむ「はつね」は別格だ。とりわけ、はつねは店構え自体が博物館入りしてもおかしくない古き良き昭和の色をとどめている。タンメンが人気で、毎日昼前から細い路地に行列ができる。開店一番乗りで行くと見られる、店主による〝招き入れ〟は一度は体験すべき様式美

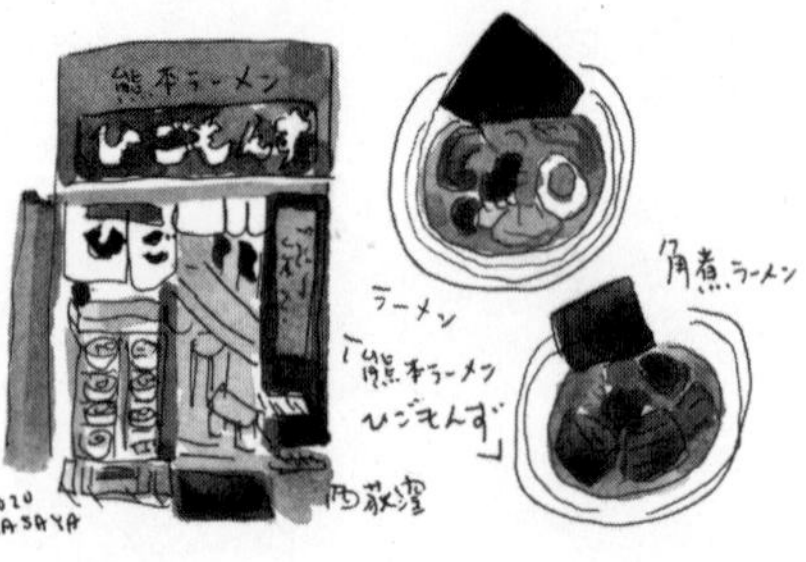

だと思う。おだやかに、静かに声がかかったときのあのうれしさ。6席しかないカウンターについて二代目の親父さんの一挙手一投足を眺める。その一つひとつの所作には無駄がなく、凛とした美しさを感じる。ワンタンメンを注文すると、親父さんは流れるような手つきでワンタンにあんを包みはじめる。その様子をじっと見つめているひと時がたまらない。とびきりすごい何かがあるわけではない〝至高のふつう〟にじんわり癒される。

　北口駅前の熊本ラーメンひごもんずは丸みのあるつるっとした麺に、マー油の浮いたこく深いクリーミーな豚骨スープが特徴。サッポロラーメンのコタンも、西荻ラーメン最古参ではないかというくらい長い。先日久しぶりに行ったら、隣に座っていた男性客が会計時に「ずっと海外にいて、30年ぶりに帰ってきた。子どものころ食べた味と変わらずおいしかったです」としみじみ伝えていてちょっと感動。

　西荻窪駅からは少し北に離れるが、青梅街道沿いの「二

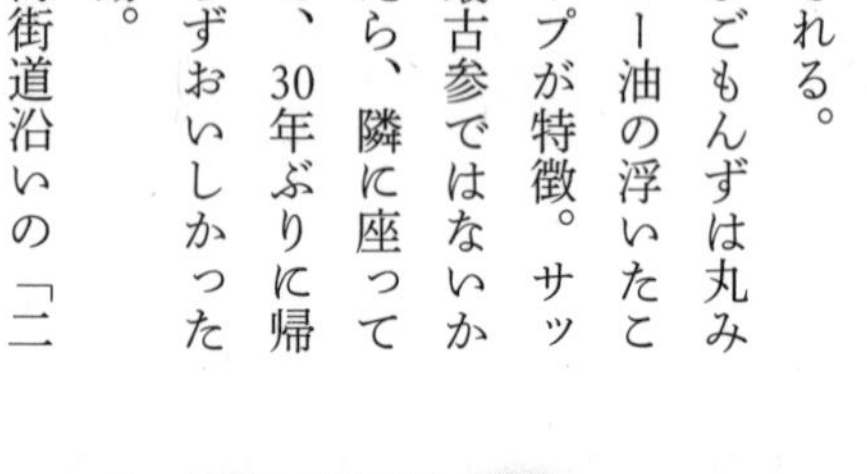

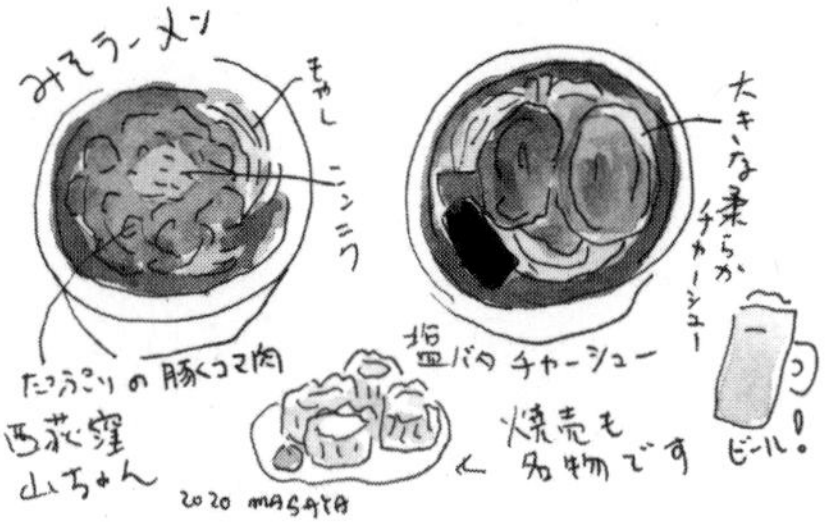

代目山ちゃん」（現・ラーメンYAMAちゃん）も外せない。先代からの名物焼売《シュウマイ》を蒸すセイロから立つ湯気、朱色のカウンターは昭和そのままの風情だ。味噌ラーメンの上には肉（豚こまの煮つけ）がたっぷり。醤油ラーメンのチャーシューは厚手で脂がのっている。とろとろに煮こまれた柔らかな食感は、個人的に大好きなタイプ。チャーシューメンにするとがぜん肉のボリュームがすばらしくなり、もはや肉料理と言ってもいいくらいだ。スープに浸した部分の脂がとろけたところからいただくのがおすすめの食べ方。塩ラーメンも、ベースの出汁味が全面に出たスープのうま味をダイレクトに楽しめるマストメニュー。夜中に出かけたときなどは、どしどしニンニクを絞り入れ、脂多めをオーダーするのもいい。つんと醤油の角が立った荻窪ラーメンにはつるつるしこしこのストレート麺が合うけれど、山ちゃんのスープには初代の少し波打った太い麺が合っていた。二代目となり改良を経てさくさくとした麺は、茹で加減も選べる。スープも初代のころから微妙に変わりつづけている。ご主人の菊地さんから、スープについての裏話を聞いたが、ここでは触れずにおくことになっている。とにかく試してほしい。私の中では日本でも5本の指に入る「これぞラーメン」だ。以前から「醤油、味噌、塩のすべてを出す

ラーメン屋は突き抜けるものがない」と思っていたが、山ちゃんでつくられるこの3種類はいずれも〝昭和ど直球ラーメン〟の極みで、そのうえ味も個性的だ。毎回選択に迫られて悩ましい。

昭和から続く名店はあったものの、西荻ラーメンは荻窪や吉祥寺の圧倒的な店舗数に長らく後塵《こうじん》を拝してきた。それがこの15年くらいのあいだに大きな変化が起きている。荻窪ラーメンとはまた趣向の異なる、西荻ならではのラーメン屋が増えているのだ。

2006年、北口駅通りに「支那そばいしはら」が登場して瞬《また》く間に人気店となったのがはじまりだが、私の体感では2015年「麺尊《めんそん》RAGE《レイジ》」が開店してから、一気にラーメン店のオープンが加速したように思う。東京女子大方面の「佐々木製麺所」、南口の「西荻燈《とう》」、間借りラーメンのめん箱（現在は実店舗「鳥繁」として独立）などが次々と登場。西荻らしさとして

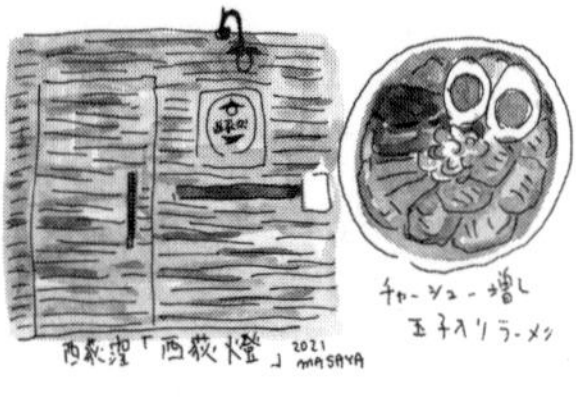

の共通点を挙げるとしたら、オーソドックスな醤油ラーメンに、ひと工夫の個性がプラスされていることだろうか。こじんまりとした店構えや立地も含めどこか洒落ていて品がいい。新たな潮流だなと思う。麺尊RAGEのカップラーメンが発売されたときは「ついに西荻の店が全国デビューか……」と感慨深かった。西荻ラーメンに、かつてなかった景色が加わりつつあるのは間違いないようだ。

一方で忘れてはいけないのが中華料理店のラーメンだ。乙女ロードの町中華、八龍は餃子に炒め物など何でもおいしく、私はここの角煮に目がない。麺類も台湾ラーメン、香港ラーメン、麻婆メンとバリエーション豊かだ。また上海中華「喬家柵《ジョカサア》」の定評あるチャーハンとラーメンがいっしょに食べられるランチセットも魅力的だ。名古屋から進出してきた「龍美《りゅうみ》」の龍美牛肉麺や、焼売が売りのシュウマイルンバのラーメン

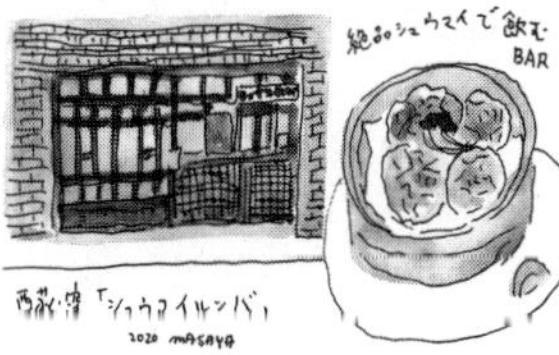

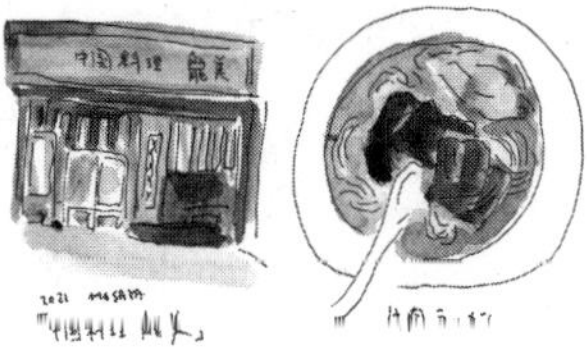

定食もいい。名物料理やご飯物とラーメンを一度に楽しめるのは中華料理屋ならではの充実感で、やはり捨て難いものがある。

最後にこっそりつけ加えると、萬福飯店の鶏そばは、飲みすぎた翌日や身体が弱っているときに効きますよ。

西荻はスイーツ天国でもあるのだ

西荻窪はスイーツの街としても異彩を放つ。かつて〝洋菓子〟と言われたケーキやシュークリームから最新の逸品まで、その変遷を私なりの解釈で説明してみよう。

まず最古参のフランス料理店こけし屋（1949年創業）にはじまり、それいゆ（1965年創業）のケーキも味わい深い。次にくるのは家庭的な優しい甘さのいちごのパイやカスタードケーキが人気で、じつは西荻でいちばん好きという人も多い「グレース」（1984年創業）。以上が西荻ケーキの老舗御三家と言えよう。

他にも「ミュゲロワイヤル」「多奈可亭」「コージーコーナー」「神戸デザートアイランド」（西荻デパート内）など、いまはなくなってしまったお店も含めると、西荻は古くから個性的なケーキ屋さんに恵まれていた。ただし、他のローカル駅と比較して、とくに目立つというほどでもなかったように思う。

　1997年、木目を活かした外観に一枚板のテーブルなど、当時としては斬新な店舗のつくりときらびやかなケーキが目を引いた「Water Blue Cafe」が登場。2007年には東京女子大の前に「アテスウェイ」がオープンし、同じころイタリア料理店ポモドーロの隣に、元フレンチシェフの店「ラ・ペーシュ・ブラン」が突如としてできた。立て続けに現れたケーキ専門店に、西荻のケーキがとんでもないことになってきたな、と感じたのをよく覚えている。それまではケーキといったら栄喜堂や「サンジェルマン」といったパン屋さんや喫茶店、そして、いわゆる〝町のケーキ屋さん〟でしか買えなかったこの街に、都心のデパートや青山にあるような本格的パティスリーがやってきたのだ。このころから味もバリエーションも豊かになっていき、全体のレベルもぐんと上がりはじめたように思う。
　私はとくにラ・ペーシュ・ブランが大好きだ。看板商品シュークリームの経験したことのないうまさに驚かされ、

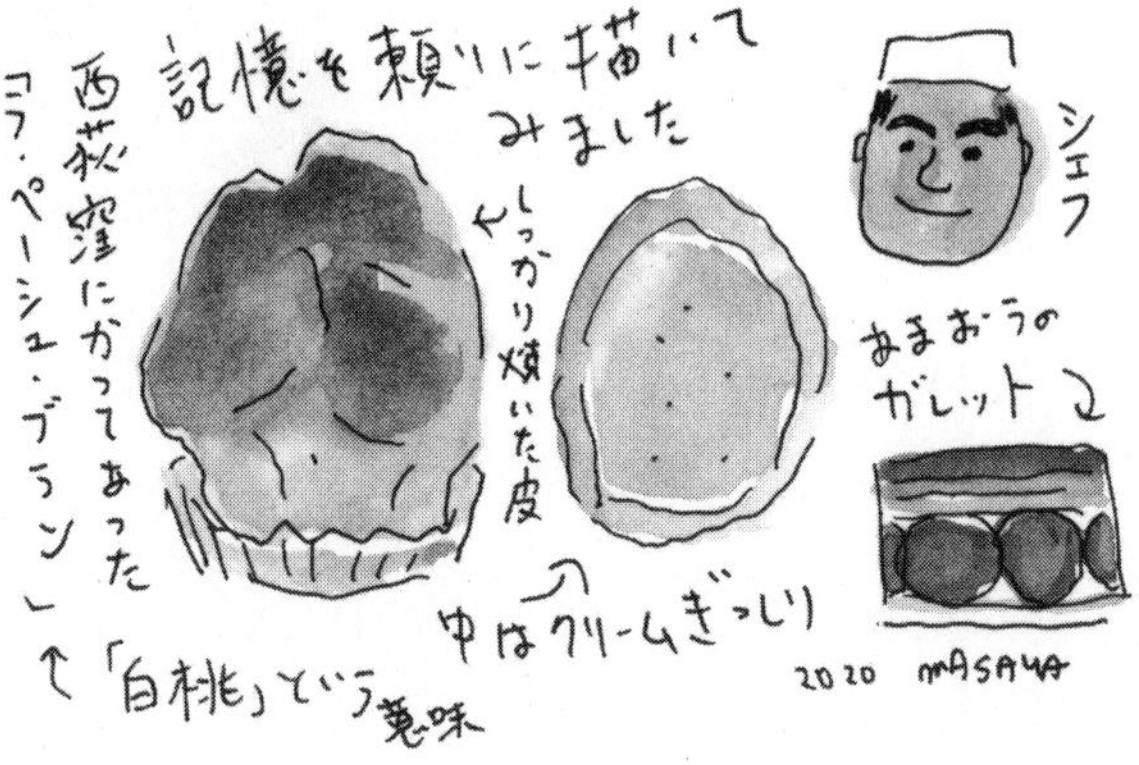

あまおうのガレットは格別に美しく、いちごの甘さが際立っている。この店でいちごの品種〝あまおう〟をはじめて知った。それまで西荻では見たことがなかった宝石箱のように華やかなディスプレイにも心が踊った。本格モンブランの洗礼を受けたのもこの店だ。昔ながらのものとはまるでちがっていて、細く絞り出された薄茶色の栗ペーストがふんわりのった、とんがり帽子のような形をしている。フォークで切ると、中にぎっしり生クリームが詰まっていて、はじめて食べたときは衝撃を受けた。栗きんとんのようにとにかく黄色くて、中身はスポンジケーキのみというそれまでのモンブランの固定観念をひっくり返された。甘さも上品で、土台となっているタルトまでとにかくすばらしい。

　恰幅の良い店主が、荻窪駅近くにあったドイツ

ケーキの有名な店から出てくるのを見かけたことがある。研究熱心なのだろう。本田が「閉店前に行くと余ったシュークリームなんかをおまけに付けてくれるんだよ」と言うので、わざわざ夜になるのを待っていそいそ出向くことも何度となくあった（当時は貧しかったのだ）。このシュークリームには完全に心を奪われてしまった。皮はさくっとした歯触りなのに、中にはクリームがみっちり詰まっていて、生クリームをブレンドしたとろけるようなカスタードが、かぶりつくほどにあふれ出てくる。こういうシュークリームは今日ではめずらしくないけれど、当時はそれほど多くなかったと思う。

　妻と交際していたころは、本田と3人でここのイートインでよく食べたものだ。銀座や原宿なら倍の金額はするようなものを、当時の私たちにも楽しめる値段で、至福の時を味わわせてくれた。あるとき、お店がなくなったと噂を聞いて見にいくと、貼り紙がされていて本当に残念だった。いまは美容室になっているけれど、外観は当時のままで偉大な先駆者の面影をとどめている。私にとってラ・ペーシュ・ブランの味

は、仕事もプライベートもさまざまに浮き沈みの多かった時代、自由気ままに生きていた日々の記憶とともにある。あのときに味わった優しい甘さを、いまでもときおり懐かしさとともに思い出す。

うれしいことに現在の西荻には、ラ・ペーシュ・ブランに勝るとも劣らないパティスリーがあちこちに店を構えている。ビストロやカフェでも自家製のケーキを出す店は少なくないから、ケーキをあつかう店を全部あげたら30軒は下らないはずだ。世界各国のお菓子も含めればさらにその選択肢は増える。あまたのデパ地下を一堂に集めたかのごとき〝スイーツ天国〟と言って過言ではないだろう。

和菓子の喜田屋、越後餅屋、「高橋菓子店」、台湾スイーツ豆花が食べられる雲（WAN）、焼き菓子の「エイミーズベイクショップ」、ジェラートの「モンドジェラート」、タルト専門店アングレーズ、かき氷の甘いっ子、くまサブレの「しみずや」と数え出したらきりがなく、いますぐどこかで甘いものが食べたくなってくる。カラフルなomochi bar（餅菓子）を手動の自販

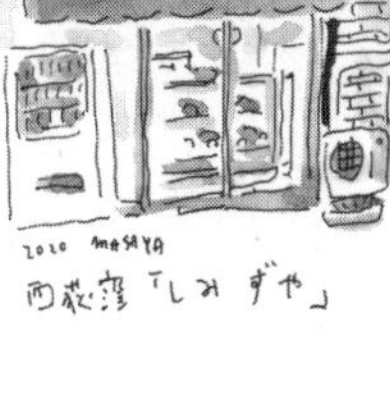

機で販売する（代金は後払い！）という「おもちくらぶクリエイト」を訪れたときにはその遊び心にほっこりさせられた。つい先日は伏見通りの横道にある和テイストのカフェ「西荻3時」でパフェをいただいたが、彩りも美しく、繊細なスイーツのフルコースみたいなビジュアルに驚くしかなかった。優雅なひと時。

西荻は甘党のパラダイスでもある。お酒が好きでスイーツも好きな私にとっては〝身を滅ぼしかねない街〟と言えるかもしれないけれど。

西荻は スイーツ天国 でもあるのだ

2020 MASAYA
西荻窪「パティスリー・ホソコシ」

2020 MASAYA
西荻窪「パティスリー・レリアン」

ショートケーキ
モンブラン
さくらんぼゼリー
Sugar vine
「西荻窪・シュガーバイン」
2021 MASAYA

Patisserie
2020 MASAYA
西荻窪「ヒロヤ・ミナミサワ」

特注 クリスマス・ケーキ
西荻窪
「Sing」
2021 MASAYA

OKASHIYA
西荻窪
「OKASHIYA Karhu」
2021 MASAYA

唯一無二のコク深い書店たち

西荻は古書店の街でもある。どの書店に入っても探していたもの以上の成果を得ることができて、さすがは中央線文化圏の一角というべきか。サブカルチャー、文芸、人文系と品揃えにも店ごとの個性があって、ふらりと覗けばふたつ、三つは欲しいものがたいてい見つかる。そして手に入れた本を持ちこむ喫茶店にも事欠かない。酒場で読書している人を見かけることもあるけれど、私はお酒が入ると文字は入らなくなる質《たち》なので読書は喫茶店派だ。

「古書 音羽館《おとわかん》」は西荻の古書店では最大手。店主は古書店についての著書を持ち、いわば界隈の盟主的存在だ。特化したジャンルは設けていないようだが、選書には安心感がある。何も考えずに訪れて、手に入れた戦利品を片手に近くの物豆奇《ものずき》へ行くのが私の楽しみ方だ。旅行に関する本だけを集めた「旅の本屋のまど」には、世界じゅ

唯一無二のコク深い書店たち

うの地域に関する古書と新刊がずらり。ちょっと気の利いたグッズなんかが売られているのも楽しい。「盛林堂書房」はいつ行っても整然と陳列された本の並びに惚れ惚れし、神保町的な古き良き〝古書愛〟をひしひしと感じる。純文学、推理小説から映画、音楽、美術、さらには詩歌まで取りそろえ、攻めた内容の本も多い。毅然とした空気のなかにもちゃんと、中央線的な雑多さ、西荻らしさが立ちこめているのがいい。古い絵本や図鑑、デザイン書なんかを探しにいくのは、にわとり文庫だ。いつだったか、私が20代のころ自費出版した『むしうた』という詩絵本を棚に見つけたときは驚いたものだ。

古本屋とも新刊書店ともちがった趣向の書店もある。個人が出版する稀少本やＺＩＮＥ、小規模な出版社の本を取りあつかい、本棚を貸し出す

「本棚書店」を併設しているBREWBOOKSは、おだやかな人柄の尾崎店長が営むセレクト書店だ。キャッチコピーは〝麦酒と書斎のある本屋〟。歌人枡野浩一さん、漫画家内田かずひろさんと組んだ「一人一人一人展」もこの店でやらせてもらった。木造の戸建てを改装した2階の和室を時間制で貸し出しているから、イベントなどを開くこともできるのだ。私もたまにイラストレーション教室をここでやったりしている。ちなみに斜向かいにある「文具店タビー」の吉田店長と尾崎店長はとっても仲良しだ。ふたりとも本当に優しくて、西荻の居心地の良さはこういうところにもあるよなあと改めて思う。

「本屋ロカンタン」店主の荻野さんは映画批評家で、店舗の中で暮らしているというユニークな方だ。映像や音楽、アート全般に通じた店主の存在は、個人で活動する私みたいな者にはありがたい。BREWBOOKSもロカンタンも店舗内での絵や写真などの展示にも前向きに応じてくれるので、我こそはという方はいろいろ相談してみるといいかもしれない。たった一度の

出会いが、その後の人生を左右することもある。

西荻窪駅北口に面した伏見通りを左に歩いてすぐに鎮座するのは、いまや西荻唯一の新刊書店となった今野《こんの》書店だ。昔は伏見通りをもっと奥へ行った物豆奇の近くにあったのだけれど、駅前に移転してもう10年になる。枡野さんとふたりでつくった西荻が舞台の絵本『あれたべたい』や、同じく共著『ネコのなまえは』（絵本館）を刊行した際はたいへんお世話になった。トークイベントや子どもたちへの読み聞かせ会を開催したり、書棚ひとつを丸ごと使用した刊行特集を企画してくれたりと、感謝してもしきれない。

2019年1月。こけし屋別館ホールでおこなわれた今野書店の創業50周年記念トークイベント「西荻とわたし」にも声をかけてもらい、光栄だった。出演者は、いしかわじゅんさん、角田光代さん、北尾トロさん、東海林さだおさん、末井昭さん、平松洋子さん、枡野浩一さん、山田詠美さん、そしてぶっちぎりで最年少の私。ちょっと恐縮してしまう面々を前に、枡野さ

んとペアで西荻について語らせてもらった。コロナ禍で日本のあらゆる状況が一変する少し前のことだ。あのとき開催されていなかったら、こんなにすごい方々とこけし屋でトークイベントにご一緒するなどという奇跡的な体験は一生できなかったかもしれない。以前の店舗に小学生のころから出入りして、怪獣図鑑や妖怪図鑑を長々と立ち読みしていたような土着民は私だけだったようで、なおさら感慨もひとしおだった。

　かつて西荻には、颯爽堂や「ブックセラーズ」など数軒のすばらしい新刊書店があったけれど、次々と閉店してしまい、ついに今野書店のみとなった。しかし、全国的に書店の経営が厳しさを増す現在でも、今野書店はますます盛況、活気にあふれている。その一因ともいえるのは、今野社長夫妻をはじめとするスタッフの方々と作家たちの距離の近さだ。西荻にゆかりのある著者も、そうではない著者も、出版時に本にサインをしに訪れたり、店頭で手売りまでする人もいる。常日頃から作家や編集者、営業マンが気軽にこの店を訪れる。やってくるお客さんも含めて、まるで友人のように気楽に語り合えそうな雰囲気が今野書店にはある。だからみんな、つい足を運んでしまう。

たがいに顔を合わせることもなく仕事が完結していくケースが増えたこの時代に、書き手（作家）、つくり手（編集者）、売り手（書店員）、買い手（読者）が交流できる場所は貴重だ。最近では、吉祥寺の某書店で私と枡野さんがお世話になっていたH氏が今野書店に移籍してきた。けっして広いわけではない町の本屋なのだけれど、出版業界で今野書店の名を知らない人はいない、という特別な店なのだ。

　西荻を日頃からうろうろしている私の場合、立ち寄ればかならず今野夫人が声をかけてくださり、おたがいの近況や自作についてなどおしゃべりを交わす。ときには編集者や作家とばったり出くわすこともある。

駅前移転10周年記念を迎えた2021年、お客さんにプレゼントする記念品（ちいさなクリアファイルをマスクケースとして制作）にあしらうイラストレーションを、と頼まれた。依頼者の今野社長から提案されたアイデアは、〝今野書店で買った本を読むのに良いスポット〟をモチーフとすることだった。

地域と読者、そして著者をもつなげる役割を果たす書店は、いまや希少種といっていいだろう。喫茶店文化が色濃く根づいた西荻の街に唯一残る新刊書店の存在意義はとてつもなく大きい、と心から思う。もちろんそれは今野書店ばかりではなく、西荻に点在する多くの古書店も同様だ。共存共栄で、末長く続いていってほしい。

※花鳥風月は残念ながら2020年12月に閉店

唯一無二の
コク深い
書店たち

西荻窪「ねこの手」書店

2020 MASAYA

荻窪にはかつて
姉妹店「象のあし」書店
があったネーミングが好き

西荻窪の
宗教書専門店

普通の文庫本なども
少しあります

西荻窪「待晨堂」

2020 MASAYA

雑貨や骨董もゆるゆる素敵

西荻にはアンティークショップや雑貨店も多い。西荻北3丁目の住宅地にひっそり店を構えていた「FALL」は現在伏見通り沿いに移転して、以前にも増して盛況だ。移転前、隣には私もお世話になっている、西荻の地理や歴史を研究したり、いろんなお店の情報を教えてくれる西荻案内所の事務所があったが、現在はジェラートが人気のモンドジェラートとなっている。ちいさな小物の一つひとつが店主の目利きで並べられた商品

で、尋ねれば、それがどのようなものであるかを細やかに解説してくれる。ある日、私が子どものために何気なく購入したちいさな塩ビ人形も、いつどこで流通していたものですと教えてくれた。アンティークの小物や作家手製の食器や絵葉書をはじめ、イラストレーションや立体作品などの個展もよく開催されている。

伏見通りを吉祥寺方面に進み、T字路を右に折れると「骨董通り」と呼ばれる筋に出る。ペルシア絨毯、木製雑貨、古着屋、パリ雑貨、骨董品などをあつかうお店がいくつも並び、歩いて楽しいその名に偽りのない充実度だ。なかでも硝子細工・古道具の「生活骨董 駱駝《らくだ》」とカフェ「棗《なつめ》」の古民家は素敵で、京都の町屋にも劣らない風情がある。

伏見通りから女子大通りへ抜けていく骨董通りだが、「道具屋 慈光《じこう》」「Northwest-antiques（ノースウェストアンティークス）」などが軒を連ねるあたりが中心部と言っていいだろう。慈光は私が子どものころから「慈光さん」と呼ばれていたが、お寺でもないのにたしかに〝○○さん〟という雰囲気がある。杉並区周辺であれば家具の引き取りや配達もしてく

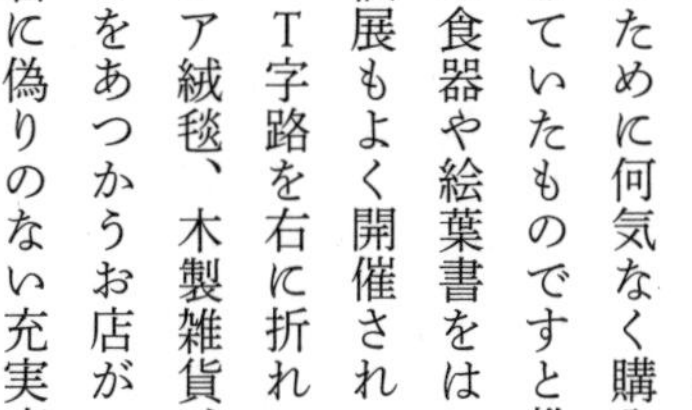

西荻窪「ひねもす道具店」

2021 MASAYA

クルクルバンバン

れる。買取り時の査定はやや厳しめだが、丁寧に修繕された家具は丈夫で品質もよく、はずれがない。店名のとおり一つひとつ品物に込められた慈《いつく》しみを感じる。その慈光さんから独立したノースウェストアンティークスは斜向かいにある。いまや堂々たる老舗で、このあたりではかなり大箱のアンティーク家具屋だ。店内をあれこれ眺めていると、古い木製の仕事机の前で足がとまった。思わず財布の紐《ひも》が緩みそうになるほど魅力的だったからだ。しかし、かなり年代ものの重厚な机で金額もそれ相応にするから、買うにはいくらかの覚悟がいる。うちの家のダイニングテーブルはここで購入したものだが、年季が入った味わいや頑丈さ、細部に渡るつくりこみに心をつかまれ、かなり気に入って使っている。善福寺公園付近の「ひねもす道具店」はなかなかわかりにくいところにあり、見つけると得した気分になれるだろう。多くの品物が雑然と陳列された店内に一歩足を踏み入れれば、宝探しにきたような気分になってわくわくする。駅近く、神明通りの「紙モノ雑貨店 ぺぱむら」は、レターセットやペーパークラフト雑貨など、あらゆる紙に特化した品を揃えた稀有なお店で、どれも華やかかつ繊細なつくりで、ちょっとした手土産にも便利だ。同じく神明通り沿いには「文具と雑貨の店 トナリノ」もある。

西荻名物、箱貸し雑貨店の先駆者ニヒル牛《ぎゅう》も忘れてはならない。日本を代表するバンド「たま」のドラマー石川浩司さんとあるさん夫妻が営むニヒル牛は、月極めで借りる箱の中に作品を自由に展示し、販売することができるという仕組み。私も以前、箱を借りてだいぶ長いことお世話になった。物が売れる以上に〝自分だけの小さな独立国〟を持てたこと、たくさんの大切な知己を得られたことがありがたかった。国と言ってもここには争いも何もなく、ただ好きな夢が詰まっている。夢の箱の空きを待つ行列は果てしなく続く。実際2年間以上は待つ必要があるそうだ。忘れたころに突然国王になるというのも一興。私はここで、漫画家のみなもと悠さんや、あかね書房の絵本担当編集者との出会いがあった。みなもと悠さんは、私の描いた手描きのハガキ絵（プリンを描いたもの）を購入してくださって、「へちょかわいい」と言ってもらえ

たのはうれしかったなあ。超絶に絵が巧い方から、まったく異なるタイプの自分の絵を好意的に見てもらえたことは、当時ずいぶん励みになった。金銭面以上にモチベーションをいかに維持するかはクリエイターにとって切実な要素だ。どれだけ底辺まで落ちて泥水をすすろうとも、気概さえ失わなければ、いつか才能が開花する可能性は残される。

　書店の話で触れたBREWBOOKSの隣には、白い建物が素敵な創業30年以上の花屋さん「エルスール」がある。そのたたずまいからCMやテレビドラマの撮影にもよく使われている。私も家族の誕生日やクリスマスなどにエルスールで花を注文することがあり、だいたいのイメージを伝えたら、しばらく西荻の街を散歩して受け取りにもどる。花の名前にはくわしくないけれど、あるとき、白を基調とした淡い色合いの花を数本ベースに束ね、黄色と紫の花を一本ずつそこに挿《さ》しこんだ、息を呑むような花束を渡された。家族が大喜びだったことは言うまでもない。

　その向かいには、動物をあしらった文房具だけを専門にあつかう文具店タビーがある。ユニークかつ洗練された品揃えで、子どもが小さかったころはここで動物シールを買ってやるととても喜んでいた。ちょっとしたプレゼントにも都合がいい。タビー

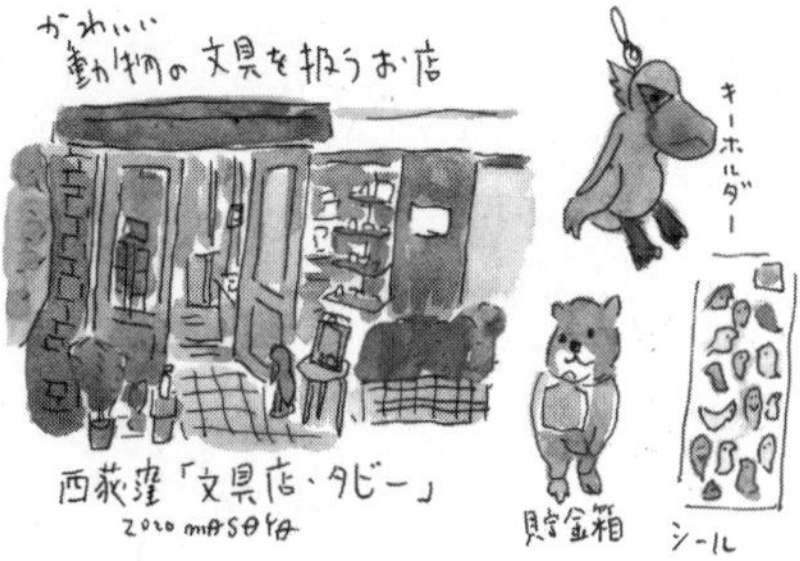

の動物がまぐちや動物しおりが私は大好きだ。ティッシュケース、ホッチキス、ハンカチなどなど、いくら見ていても飽きることがない。吉田店長がみずから制作したオリジナルのゴム印や店内販促用のＰＯＰ、メモ帳などにあしらわれた手描きの絵は以前から素敵だと思っていたが、あるとき内田かずひろさんがタビーに寄ると、じつは吉田店長も一時期、漫画家として内田さんと同じ雑誌に描いていたことが判明したという。人に歴史あり。

また、ふらりと立ち寄った私の母がうちの家族の写真をレジカウンターに並べて吉田店長と話しこむということもあったそうで、そんなところからも優しい人柄がうかがい知れる。その節は母の相手をしていただいて、ありがとうございました。

この絵のモデルは店主なのか?
店主
TSUGUMI
人形
ブローチ
カップ
2020 MASAYA
西荻窪「Tsugumi」

マンションの一室に(3F)
かんばん(オフトン)
西荻窪 西荻・古着屋Often
2021 MASAYA

西荻窪
「ototoharu」
2020
MASAYA

雑貨や骨董もゆるゆる素敵

西荻窪「大ケヤキが見える 情緒ある 床屋さんの風景」
2021

川沿いの遊び場と善福寺公園

小学生のころいちばんよく遊んだのは善福寺川沿いの高台にある「どんぐり公園」（正式名称は井荻公園）だ。荻窪中学校の手前に位置する細長く延びた敷地。いまは川側の縁にしっかりとした高い柵ができてしまったけど、昔は仕切り程度の簡素な柵だったので、すき間から出入りもできた。川側の宅地に続く傾斜はちょっとした林になっていて、マンションをはさんで南東側にそびえる大けやきまでつながっていた。

大けやきは当時の子どもたちにとって灯台のよ

川沿いの遊び場と善福寺公園

うな存在で、方角をつかむ便利な目印だった。私有地らしく作業場のような建物があって、赤い郵便ポストも立っていた。あるときこの場所が閉鎖され取り壊されることになり、大けやきも切られることになった。すると、住民からの嘆願署名を受けた杉並区が敷地ごと買い取り、「坂の上のけやき公園」という詩心をくすぐる名前の公園に生まれ変わった。坂の下には善福寺川が流れており、このあたりから仰ぎ見る景色はなかなかのものだ。住宅地のさまざまな場所から見ることができるこの大けやきは、私も学生時代から何度もイラストレーションのモチーフにしてきた。個人的に西荻に欠かせないモニュメントのひとつだ。

どんぐり公園には現在、底部がローラー状になったすべり台が設置されているが、昔はここに横幅の広いコンクリート仕上げのジャンボすべり台があった。昭和40年代以降を過ごした人にはわかってもらえると思うが、〝極端に傾斜のついたつるつるの湾曲した坂〟で、当時はこれが最高の遊び場だった。最初はソリのようにお尻の下にダンボールの切れ端などを敷いてすべったり、がむしゃらに下から駆け上がったりしているのだけど、いつのまにか競争になり、上にいる子が邪魔をするのをかわして駆け上がったりするようになる。鬼が下から足をつかんで引きずり下ろす「アリ地獄」もやったなあ。つかまった子は捕虜となり、それを「どろけい」のように誰かが助けたり。上から砂を流して鬼がすべりやすくするとか、暗くなるまで飽きもせずみんなで夢中になっていたものだ。みごとに絶妙な勾配で、設計した人はすごいとしか言えない。

あるとき、ここで中学生が集団で乱闘していて、遠巻きに眺めていたことがある。Ｔシャツが血だらけになりながらも部活帰りのようにすがすがしい笑顔で語らい引き上げていく一部始終をこっそり見ながら友達と興奮していた。ときには完全武装でエアガンの撃ち合いをしている高校生の姿もあった。茂みなどは絶好のフィールドとなり、そんなとき私たち小学生はなすすべもなく別の場所へ移動した。

西荻周辺には井草八幡宮、神明天祖神社、荻窪八幡などの神社があるが、思い出深いのは荻窪八幡だ。中学生のころ、ラブレターを出してここに呼び出した女子は待てど暮らせど現れず、むなしい思いで家に帰った。数年後に母から、じつはあの日「気持ちに応えられないから行けない」という電話があったのだと聞いた。母親にそんな話をことづけるなんてあんまりじゃないか。それに、母親も聞いた内容はちゃんとすぐに伝えるべきだ。ただし私も痛恨のミスを犯していて、「好きです」と書いてしまったから、嫌ならわざわざ来るはずもない。「話があるから来てください」にとどめておけばよかった。でも、当時は頭がそこまで回らなかった。いまでもほぼ同じだけど。

荻窪八幡の秋祭りは年に一度のたのしみなイベントで、子ども神輿《みこし》を担いだものだ。担ぎ手になると出発前におにぎりととらやのコロッケ、それに駄菓子袋がもらえるのだ。ただ終わったときには恐ろしく肩が痛くて、二年続けてやった後、

山車《だし》を引くほうに鞍替えした。

そのとき、境内で剣道の奉納試合がおこなわれているのを見て興味を持った。ある意味私の人生の岐路となった祭りの一日だった。あのときあの場所であの試合を見ていなかったら、剣道をやっていなかっただろうし、いま剣道を教える立場になることもなかったはずだ。近所の友だちがはじめるというので、荻窪警察の道場で習うようになった。以来36年の剣道人生だ。中野区にある新渡戸《にとべ》文化学園で小学生から高校生までを相手に指導をしている。中学生と高校生たちは全国大会をめざしており、教える身としては力も入る。

荻窪八幡の近所には西荻図書館があり、夏は冷房を求めて友だちとよく行った。善福寺川のほとりにある関根公園や関根プールも小学生のころの思い出の場所だ。関根公園には、夏休みなどみかんやあんずの入った水飴売りが来ていて、泳いだ後のおたのしみだった。大きな氷の塊の上に並べられたのをひとつ受け取ると、冷んやりした水飴にかぶりつく。舐《な》めているとだんだん柔らかく、そして薄くなっていくのだが、真ん中からみかんが出てきたのを噛み締めると汁が口じゅうに広がって、これがたまらない。サイコロを振って当たり目が出ると、1本の金額で3本もらえた。

善福寺川沿いは両脇が小道となっている。上流までたどっていくと、善福寺公園の池に到達する。なかなかに広い自然公園で、野鳥や水生生物も豊富だ。

早稲田通りをはさんで南北にふたつの池があり、「下の池」は立木も多く葦《あし》が生い茂り、どこか素朴な情緒がただよう。たこ糸に結んだスルメイカでザリガニを釣ったり、プラスチックのケースでできた仕掛けを使いダボハゼ（ヨシノボリ）やヌマエビ、クチボソを獲った。つかまえたのを持ち帰って水槽に入れておいたら、翌朝ヌマエビは外に飛び出して干からびており、クチボソは尻尾側の半身が骨だけになっていた。犯人はダボハゼだった。

一方で「上の池」はどことなく品があり、落ち着いた雰囲気だ。じっと動かないカワウ、連なって泳ぐカルガモの親子など愛らしい野鳥を間近に見ることができ、池のほとりにいると餌を求めて大きな鯉が群がってくる。時間貸しの手漕ぎボートやペダル式スワンボートに乗れば、のんびりとした心地いいひと時を過ごせる。私はペダルボートが好きで、いまでも子どもを連れて乗る。屋根もあって日差しよけになるせいか、漕ぎ出すと夏でも水上に涼を感じることができる。アメンボがすいすいと水面をすべり、錦鯉がボートについてきたりする。運がよければカルガモの親子と並んで漕ぐこともできる。池の杭《くい》にとまっているカワウは、手が届きそうな距離にまで近づいても動じることなく、こちらを凝視して逃げようとしない。

周囲をジョギングする人も多く、西荻に住んでいたころは私も公園で夜な夜な竹刀や木刀を振って独り稽古することがしばしばだった。うっそうとした

木々に囲まれた周囲の家並みは、窪地の池と道路側の高低差を活かしたつくりになっていて、趣のある景観を見せてくれる。

西荻窪周辺の開発における功績を顕彰した内田秀五郎翁像がたたずむ脇には、杉並浄水場の取水井が2基あって、六角形に建てられた造形がレトロで素敵だ。

テイクアウトグルメのたのしみ

新型コロナウイルスの感染拡大によって全国に緊急事態宣言が出されると、人々はどこに行くにもマスクの着用を余儀なくされた。東京でも繁華街は昼夜ともに閑古鳥が続いた。しかしそんな状況と逆行するかのように、屋外は感染リスクが低いという認識と、都心からやや離れている地理的要因から、杉並区内の公園はにぎわいを見せていた。

西荻でも、土日や祝日には街なかにそれなりの人出があった。飲食店がさまざまな工夫を凝らしたテイクアウト商品を販売し、居酒屋は日中営業をはじめたのも大きかった。これまで入ったこともないお店の料理を手軽な値段で食べられるようになったの

だ。私も2020年から2022年にかけて、こうしたお店へかなり足を運び、その恩恵にあずかった。3年間でずいぶんコスパのいい散財をしたと思う。

パンデミックもようやく終息に向かいつつある現在、テイクアウトは終了したお店も多いけれど、記憶の一部をあげてみよう。

古くから続く洋食屋「亜瑠馬《アルバ》」の日替わり弁当は一つひとつのおかずが丁寧につくられていて美しい。看板には〝亜瑠馬Ⅱ〟とあり、不思議だったのだが、お弁当を買ったついでにお店の方に聞いてみると、かつては都心に本店があって、西荻は2号店だったのだそうだ。「イタリア食堂Shimaneko」のランチボックスは、小技の利いた料理がたくさん詰まった華やかなお弁当で、ラザニア風ペンネがまたいい。「地下ワインカーヴ マナヴィーノ」のヤッテマレ丼には驚きがあった。下段の海鮮丼もすごいのだけれど、上段のローストビーフが絶品で思わずうっとりしてしまった。

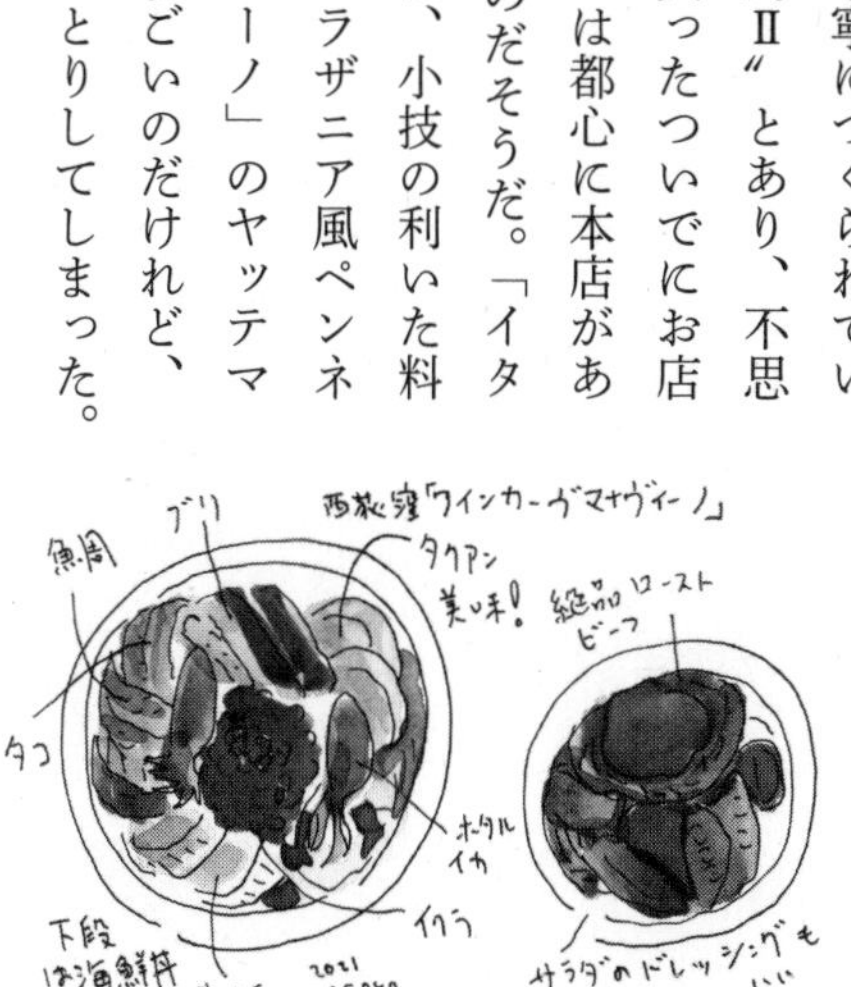

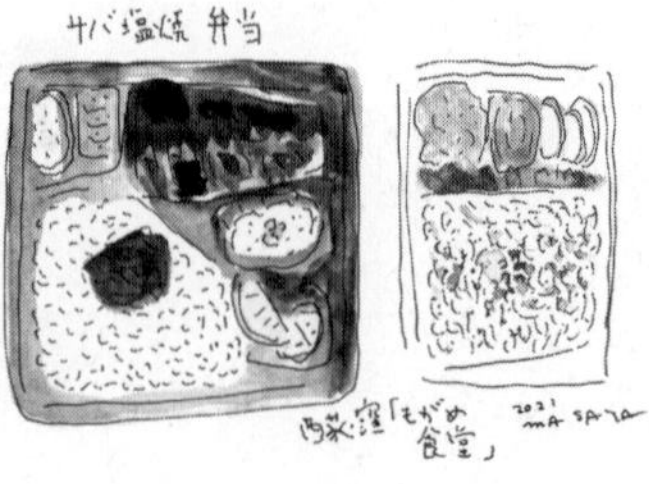

「もがめ食堂」のサバ塩焼き弁当も説明するまでもなく最高だった。世界じゅうのバラエティ豊かな料理が人気を集めるいまどきの潮流の逆をついて、日本の〝ザ・定食〟を貫いているところがいい。かつて西荻にあった昭和の名食堂「丸藤食堂」のような、それでいてモダンなアレンジもされている〝ネオ大衆食堂〟。いまや超人気店だ。テイクアウト専門店としてコロナ前に鮮烈デビューした街角饅頭店 吉祥天は、本場台湾の味をそのまま持ちこんだ大胆な角煮サンドや台湾麺線がかわいくもおいしい。東京女子大に続く眺めのいい神明通りにあって、散歩しながら食べるのもよさそうだ。

　コロナ禍でいちばんの衝撃だったのは、なんと言ってもあの居酒屋戎がお弁当やランチ営業をはじめたことだ。酒類の提供に制限が課せられた厳しい状況が生んだ苦心の決断かと思われ、企業努力に頭が下がる。あの煮込みを持ち帰れるなんて最高だし、イワシコロッケ定食は味も価格もすばらしい。イタリアン「腹ペコ酒場 西荻ペッコリーノ」のパスタをテイクアウトしたときは、

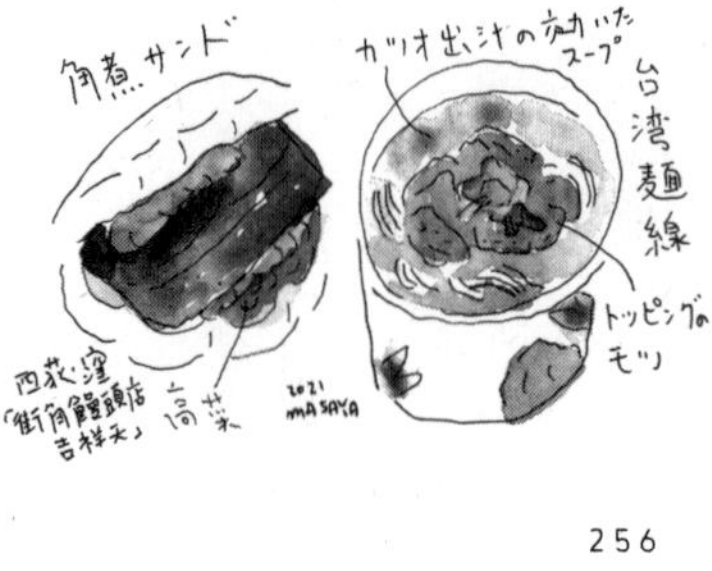

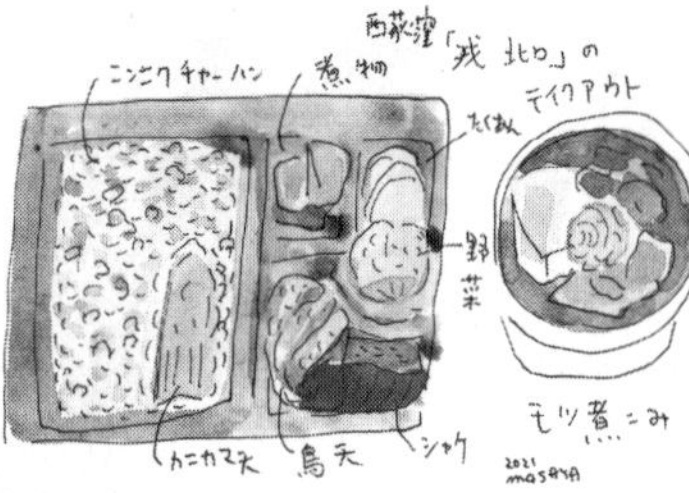

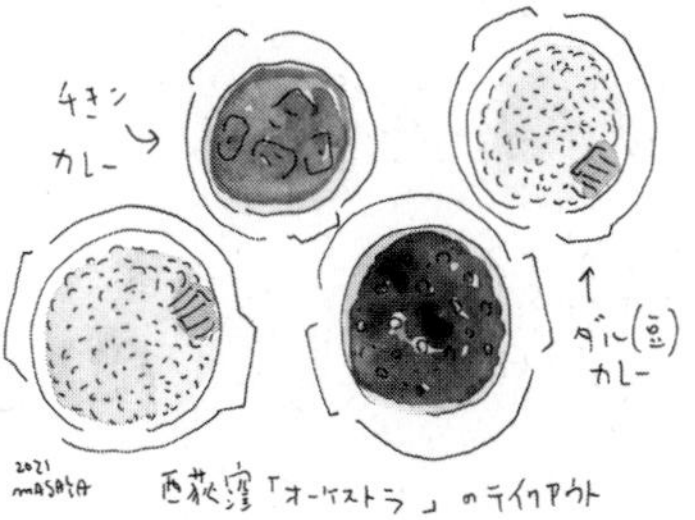

付け合わせにと併せて注文した牛筋のフリットが意表をつくおいしさだった。西荻を代表するオーケストラやSPOONの〝大人カレー〟やビストロフェーヴの本格フレンチもよくテイクアウトして、自宅グルメを満喫した。

コロナ禍、西荻の意外なほどのにぎわいの中に身を置いて思い出すのは、2011年3月11日、東日本大震災のときの光景だ。あの日、私は剣道指導をしていた杉並区内の中学校でおこなわれていた避難訓練の場にいた。全員が校庭に避難し、教頭の講評が終わるかという瞬間に地震が来たのだ。紙細工のようにあたりの家々が揺れて、プールのしぶきが空高く舞い上がる。長年あたりまえのように根づき、磐石だったはずの街並みが、まるでお盆の上にのった食器のように無力に思えた。そのあと数日のあいだ余震が続いた状況下で、驚いたことがある。地震当日から、喫茶店それいゆが見たことがないくらい盛況に

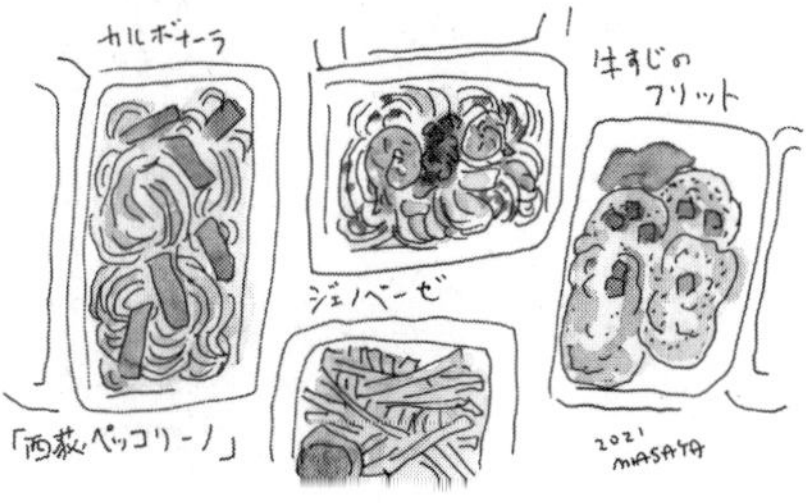

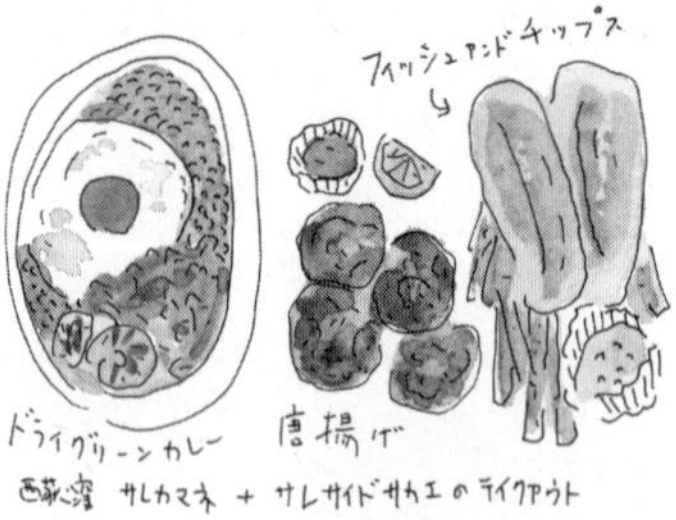
フィッシュアンドチップス
ドライグリーンカレー
唐揚げ
西荻窪 サルカマネ + サルサイドサカエ のテイクアウト

持ち帰り
ラッピングがかわいい!
イラン 羊のハーブシチュー
トルコ
ひよこ豆のピラフ
ピーマン・ズッキーニ
ナスのつめもの
日替わり弁当
2021 MASAYA
「Piyototo chat」

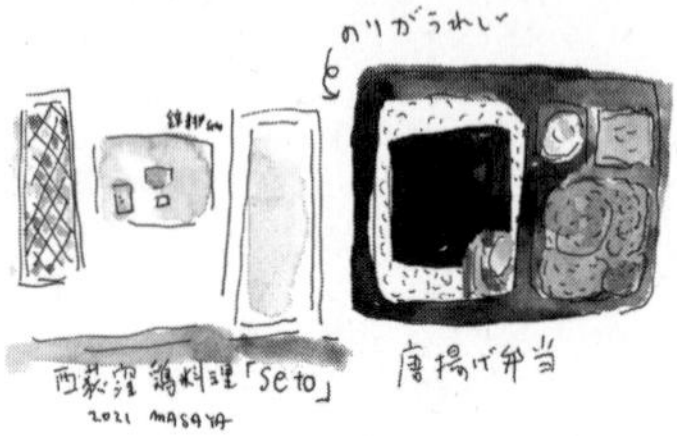
のりがうれしい
唐揚げ弁当
西荻窪 鶏料理「seto」
2021 MASAYA

JOJ
タコライス
チキンカレー
2021 MASAYA
西荻窪「BAR Still on JOURNEY」

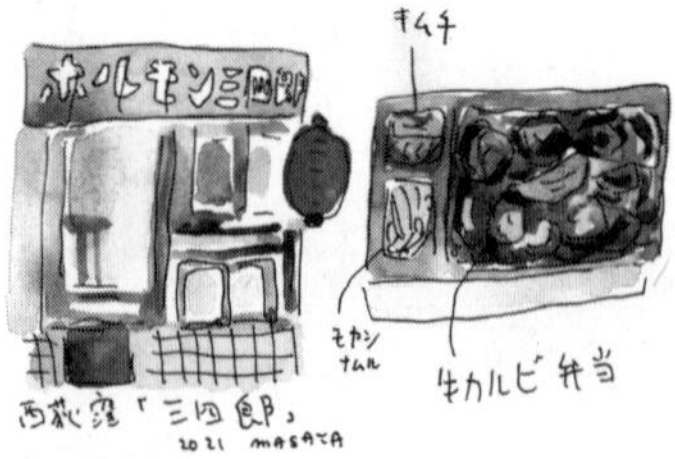
ホルモン三四郎
キムチ
モヤシナムル
牛カルビ弁当
西荻窪「三四郎」
2021 MASAYA

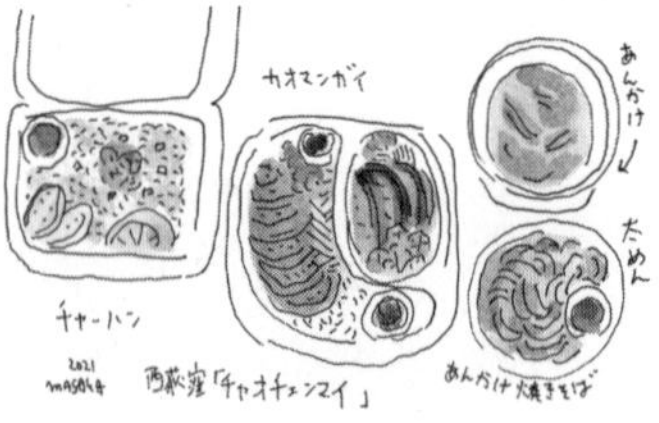
カオマンガイ
あんかけ
太めん
チャーハン
2021 MASAYA
西荻窪「チャオチェンマイ」
あんかけ焼きそば

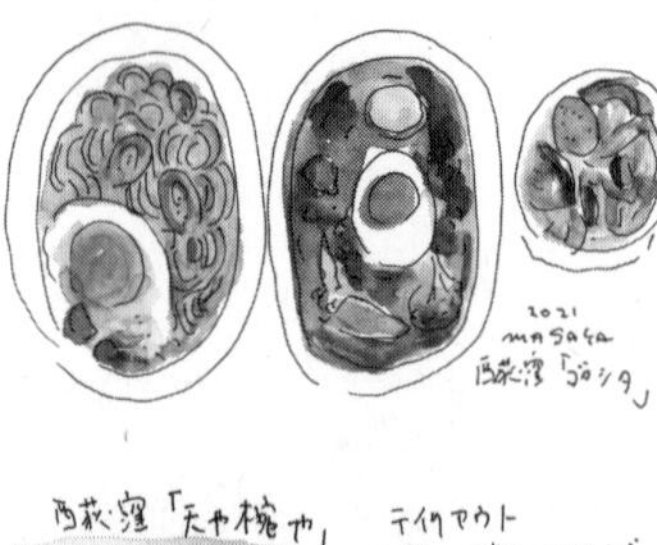
2021 MASAYA
西荻窪「ゴロシタ」

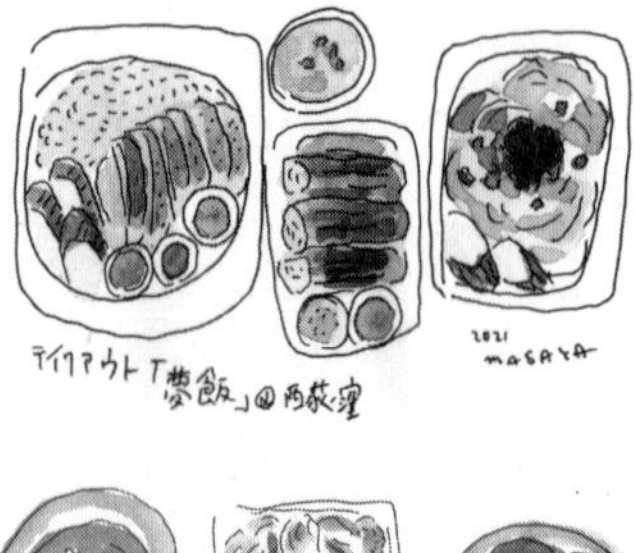
テイクアウト「夢飯」@西荻窪
2021 MASAYA

西荻窪「天や槐や」
テイクアウト
天丼 横手やきそば
2021 MASAYA
横手やきそば
天丼

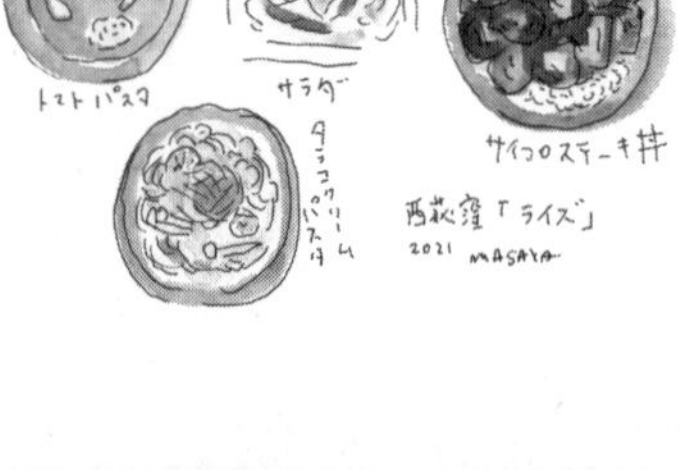
トマトパスタ
サラダ
サイコロステーキ丼
タラコクリームのパスタ
西荻窪「ライズ」
2021 MASAYA

なったのだ。前代未聞の〝時間制限付き入店〟となるほどで、「すみません、2時間制になっていまして」とKさんがお客さんに声をかけていたのが忘れられない。想像を超えた非常事態に遭遇したとき、人はひとりでいたくないと思うのかもしれない。だから、レストランや喫茶店など、外へ出て人と触れ合うことのできる場所へとしぜんに足が向く。そこで交わす温かい言葉や料理、一杯のコーヒーが私たちにとってどれだけ大切なものであるかと、改めて思わずにはいられない。

西荻には個人営業の飲食店がたくさんあって、いざというときには人々に癒しや安心をあたえてくれる。いつも人との距離が近いところが、西荻のよさだなあと思う。

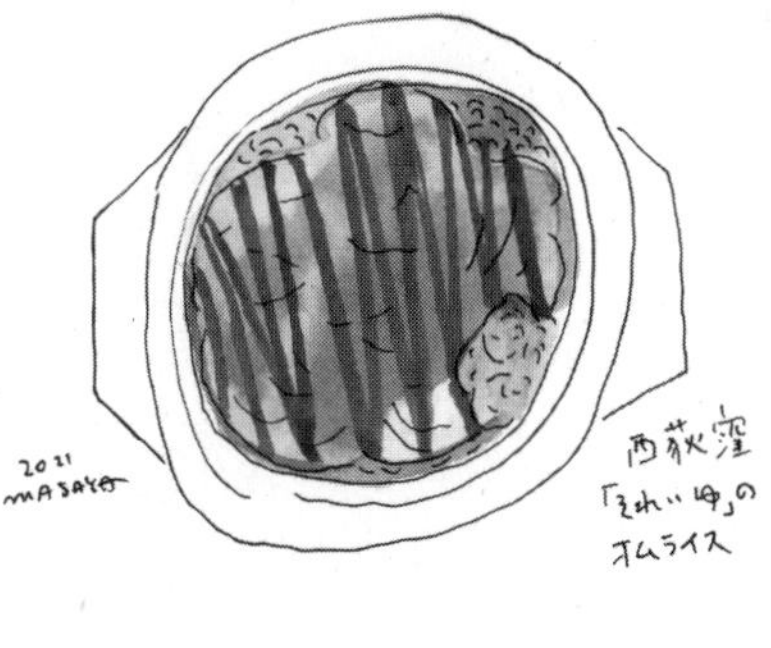

西荻“極私的”気になる人列伝

戦後から平成初期にかけての西荻窪は、あっと驚くような有名人たちがすぐ隣にいるような、そんな街だった。こけし屋には〝カルヴァドスの会〟というのがあって、井伏鱒二や松本清張、徳川夢声、田辺茂一、棟方志功、金田一京助、開高健、東郷青児、鈴木信太朗といった文化人らが多数集っていた。館内ホールでは連日さまざまなイベントが催され、演奏やダンスを見ながらのディナーなど、それは華やかだったと当時の西荻を知る方々から何度も耳にした。こけし屋はフレンチレストランだから、さしずめ〝西荻のムーランルージュ〟といった感じだったのだろう。ただ、もっとも活況だったのは1970年代までとのことで、物心つくかどうかの子どもだった私はその空気を知らず、憧れは尽きない。アケタの店（1974年創業）や「西荻ロフト」（1973年〜1980年）などのライブハウスには、若き日の高田渡、坂本龍一、山下達

郎、松任谷由美など、錚々たるミュージシャンが出入りしていた。

さらに時代が下ると、ようやく私も実体験で有名人と邂逅を果たすようになった。ボーダー柄のロングTシャツを着た楳図《うめず》かずおさんと西荻の街かどですれちがったことがある人は少なくないのではないか（私も5回はある）。喫茶店やラーメン屋に入って萩原流行さんと遭遇したことも一度や二度ではない（たしか4回）。

個人的なことでいうと、昔通っていた樫の実幼稚園の園長先生も隅におけない。とうに卒園した後、高校生くらいだっただろうか、テレビ番組でやっていた〝腹話術をしたままお化け屋敷に入る〟という企画をたまたま見ていたら、腹話術のおじさんが「ワー!」とかん高く恐怖の叫びを上げていた。あれ、よく見たら園長先生じゃん……。

あの真面目そうな園長先生が一夜にしてテレビスター（笑）になっていた。

人物というよりお店になるが、「たこ焼き　たけちゃん」も強烈だ。西荻のあちこちに改造した軽トラで出没する愛嬌たっぷりのたけちゃんが焼いてくれるたこ焼きは種類も豊富で人気。ソース味以外にニンニク醤油味や塩味などもあり、一つひとつ小ぶりなのでかりかりした食感もよく、1パックの半数ずつ味を変えられるミックスも注文可能だ。痒《かゆ》いところにまで手が届くサービス精神がにくい。あと、かならずといっていいくらい注文した個数より多めのパックを勧められるが、あの笑顔で言われるとつい従ってしまう。

歌人枡野浩一さんは何十冊も本を出している歌人で、それいゆに居合わせてよく目が合ったりする間柄だ。最近出版した全短歌集もたいへん売れているらしい。同じく西荻で活動している木下龍也さん、山階基さんと「短歌西荻派」を結成して意気盛んな枡野さんには、これからもいろいろお世話になるはずで、足を向けて眠れない。ちなみに木下さんとは神明通りあたりでよく行き合う。

他にも名前は存じあげないが、私にとって西荻には欠かせない〝重要人物〟が何人かいる。

・南米の飲ん兵衛氏

南口飲み屋街にもう20年くらいは出入りしているであろう背の高い男性。工芸品をつくるのが本職だとか。南米出身の陽気な酒好きで、カウンターで飲んでいると、気づいたら彼が話の輪に入っているといったことが何度もあった。いつまでも見た目が変わらず若々しいのが本当に不思議だ。

・悠然とした紳士

おそらくヨーロッパ出身と思われる知的な印象の大柄な紳士。いつもバーでゆったりとビールをかたむけている印象だ。彼も西荻が長い。かつて本田とやっていた奇聞屋でのライブにも来てくれた恩人でもあるけど、じつはまだ一度も話したことがない。いつまでも、いろんなお店で悠然と飲んでいる姿を見せてほしいものだ。彼がそこにいるだけでほっこりする。〝話したことはないけれども昔から一方的に知っている人〟はどこにもいるもので、そういう存在がまた酒をおいしくしてくれる。

・酎ハイおじさん

缶酎ハイ片手に路上でひとり演説をぶったり、道行く人に誰かれとなく声をかけているあのおじさん。最近は昔よりおだやかになったなあと感じるのは私だけだろうか。たまにいっしょに話しこんでいる同年配の方もいたりして、（あ、おじさんも孤独なわけじゃあないんだなあ）と安心する。よく見るとなかなかのおしゃれさんでもある。

・見るたび仕事が変わっている人

同世代かなとも思うのだけど、丸坊主で恰幅の良い、どこか青年っぽい風貌の男性。もう十数年のあいだ彼の姿を見かけているが、あるときは飲み屋の店員、あるときは新聞配達員、またあるときは制服を着崩したコンビニ店員。コロナ禍に見かけたときはウーバー・イーツの配達員になっていて、ロードバイクで駆け抜けていった。なんて時代にアジャストしてるんだ！　見るたびに仕事が変わっているルパンのような謎の人物で、こんど会うときは何の仕事についているのだろうといつも気にかかっている。

名前も知らない赤の他人だけど、見かけるたびに心に引っかかる、誰にでもそんな人がひとりやふたり、いるのではないだろうか。自分の生活にはなんの影響もないのだけれど、もはやひとつの風景として心に安らぎをもたらしてくれる存在になっている。いつしか愛着を持って過ごす街のシンボルとして、そっと胸に刻みこまれていく。もしかしたら、私やあなたも気がつかないところで誰かにとってのそんな存在になっているのかもしれない。ときおり私はイラストレーションに彼らを登場させてひそかに楽しんでいる。

西荻で飲むと決めたなら

私にとって西荻は、なんの気がねもいらずに安く、おいしく飲み歩ける街だ。浅草、上野、新橋、新宿、池袋、吉祥寺など都内のあちこちで飲んできたけれど、西荻にはそれらのどことも異なる個性がある。お店の人も常連さんも親切だし、他のお店のことまで、あたかもコンシェルジュのように丁寧に教えてくれる。はじめて訪れた店でも温かく迎えてくれる。ぼったくりなどは皆無、暴れだすような泥酔客もいないし、女性がナンパ目当てのグループに付けまわされるようなこともない。ひとつだけ心配があるとしたら、楽しすぎて時を忘れ帰れなくなることくらいだろう。

ここではおもに居酒屋やバーなど、飲み歩くのにぴったりな私の好きな店をいくつか紹介したい。まずは、駅の改札を出たら北口方向に出陣しよう。1軒目は意表をついたお洒落な立ち飲み屋サレサイドサカエ。生ビールもいいが、ここでは泥生姜サワーで手慣らしといこう。気になるおつまみをつまめば、どれもイケる。あるいは活況の戎北口店にどやどやと入っていくのもいい。奥のテーブル席が私の定位置だ。誰かと話しながら落ち着いて最高の大衆酒場を堪能するならここがベスト。初見の人を連れていくなら、やっぱりイワシコロッケと煮込みだ。コロッケはハーフサイズもある。私はいきなり1リットル入りのメガハイボールを注文するが、ビールやチューハイ、サワー系からはじめるのが定石だ。口あたりのいいオリジナルの日本酒「戎」で〆る。

2軒目は酒房高井。ここではやはり豊富に揃った日本酒か、焼酎がいい。おつまみも人気ビストロ並みにおいしいから、本気食いでもOKだ。豚バラじゃがいもがある日はぜひ頼んでほしい。突き出しが複数出てくるので、今日は何だろうとそれだけでも楽しめる。私は飲んでいるときにはあまり食べられない質なのでこれだけでもじゅうぶん。一枚板の大きなカウンターに腰を下ろせば、あとは幸せな時を過ごすだけ。何を飲んでも食べてもはずれなしの名店だ。

「今夜はぜったいビールから！」という日には、萬福飯店に突撃し、水餃子と焼きそばをあてに、駆けつけ中瓶1本とい

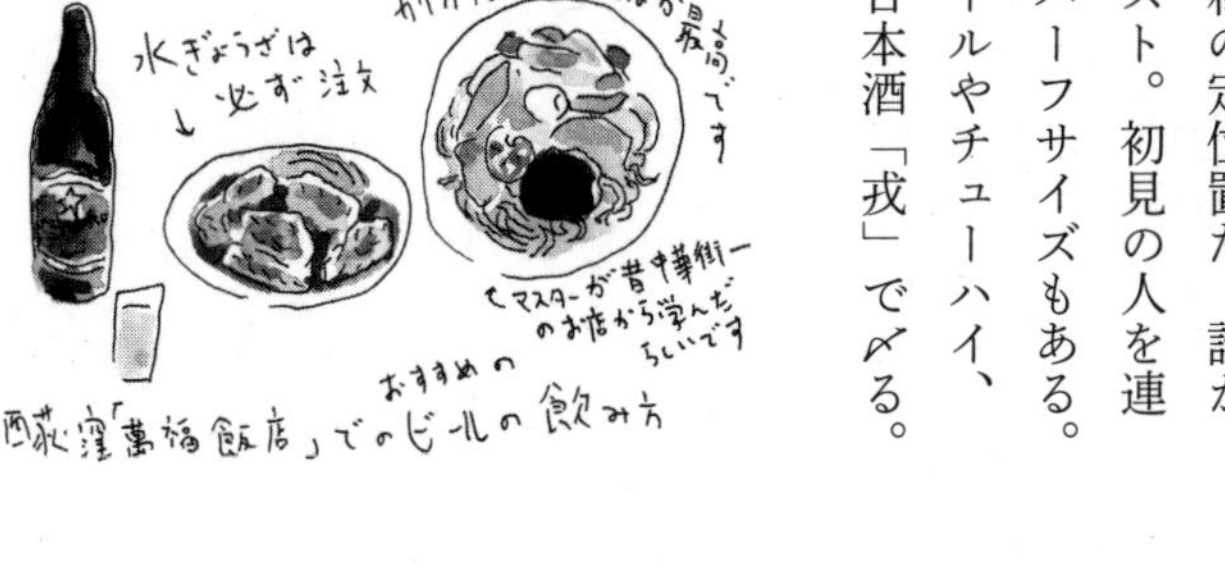
カリカリめんのやきそばが最高です

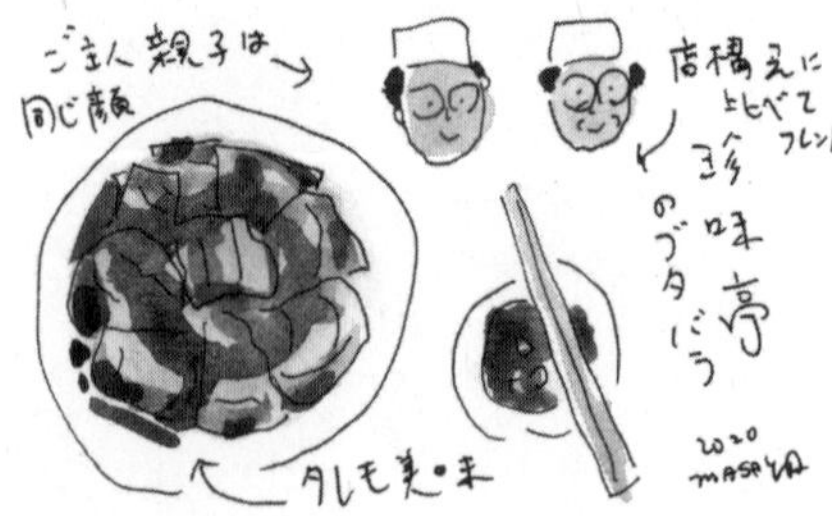
店構えに比べてフレンドリー

う裏技もある。これは本当に最高。

ひと心地ついてきたら、住宅街に入ったところにひっそりたたずむバーを攻めるのもいい。西荻バーのレジェンド的存在であるイルカに乗った少年は、常連さんも多いけど、思い切って入ってみれば皆さんとにかく優しいから安心して訪ねてみてほしい。

南口で昭和感に身をゆだねて飲みたければ、選択肢は一挙に広がる。戎南口店もよね田も1軒目に最適だが、すでにたっぷり触れたからここでは割愛する。

さて、ではどうしよう。そうだ、珍味亭で瓶ビールと肉料理の2点盛りがいい。豚足や豚バラ、耳、かしら、しっぽなどさまざまな部位をじっくり味つけした台湾式肉つまみだ。煮卵もおすすめ。私は瓶ビールを飲むときは1本だけなので、さっと飲んで出る。立ち飲み寿司「にぎにぎ一《いち》」も手軽に立ち寄って一杯やったら「お勘定」でいい。変な話、立ち食い蕎麦屋より速く店を出たってかまわないのだ。安い値段で小技の利いた寿司をす

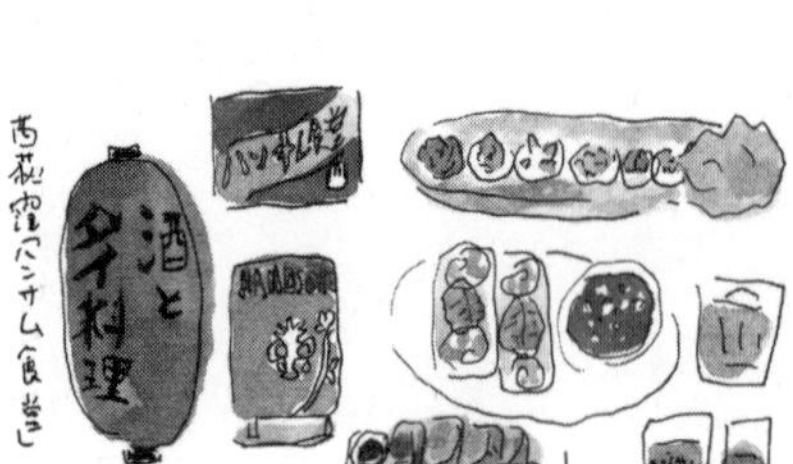
2020 MASAYA

ぐにつまめるのは本当にありがたい。もしかすると、江戸時代の屋台寿司はこんな感じだったのかもしれない。二、三人でくり出すときはハンサム食堂でタイ気分にひたるのも定番だ。メコンウイスキーにスパイシーなおつまみで酔いも回る。

軽く一杯引っかけたら、次は歩いて30秒のおでんの千鳥がいい。おでんの他にも、古き良き日本のあたりまえにうれしい酒肴が迎えてくれる。コの字カウンターの両外に小上がりが並ぶ独特なしつらえは、一見の価値ありだ。あるいは、こちらも同じく昭和の風情をとどめた居酒屋「番小屋」に腰を据えるのもまた一興。お腹が満たされてくるころには話も深まってくるから、そこからは本格的な飲みに突入だ。

「なんかもう1杯くらい飲みたいなあ」と誰かが言えば、「じゃあ、あそこかな」と柳小路へ歩きはじめる。〝ちいさなアジ

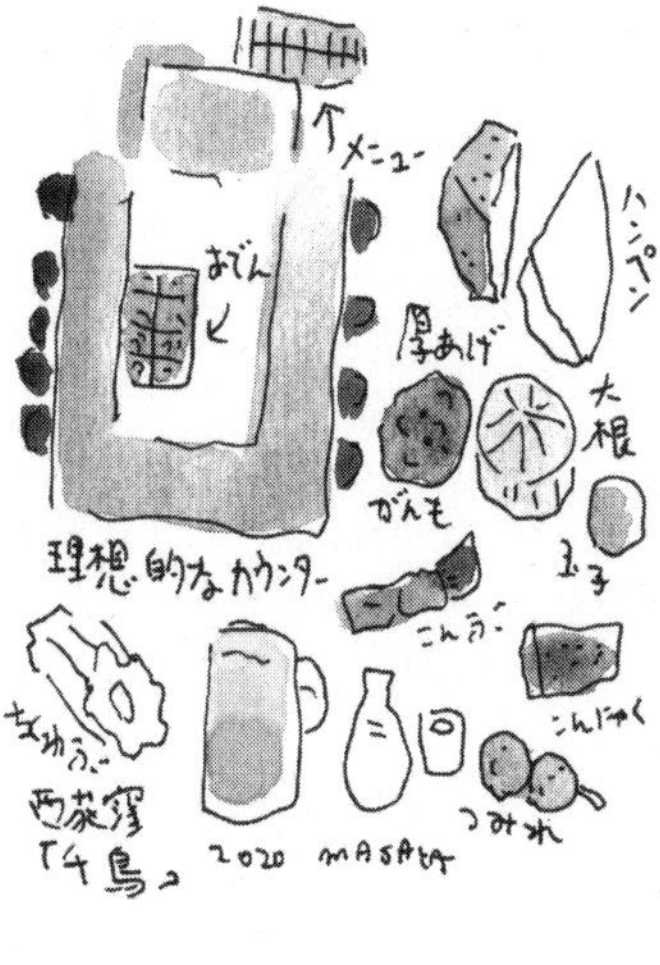

西荻窪 柳小路「タウザー」 2020 MASAYA

ア"柳小路には、銀座や新宿も顔負けのオーセンティックなバーがあるのだ。とにかくスマートに、気品あるマスターが出迎えてくれるタウザー。そして、乙女ロードにある「BAR G7」もおすすめだ。マスターは西荻のことにとにかくくわしい。とりわけ飲食店についての知識は底なしで、私も行くたびにいろいろと教えてもらっている。一見客にも親切で、その雰囲気に癒されて気持ちよく一日を終えることができる。もちろん先に触れた西荻ポルカもおすすめだ。

さて、帰ろうか。いやいや2軒目までの酒はもう抜けたから、むしろ行き着くところまでとことん飲みたい。終電なんてもうどうでもいい。そんなモードに切り替わる夜もある。そこで待っているのは、西荻の最奥部と言うべきか、ラスボスと言うべきか、いい意味であくの強いバーたちだ。乙女ロードのキックアス。伏見通り突きあたりの「BAR 88BASE」。詳細は行ってみてのおたのしみと言っておこう。どちらも退屈はしないはずだ。

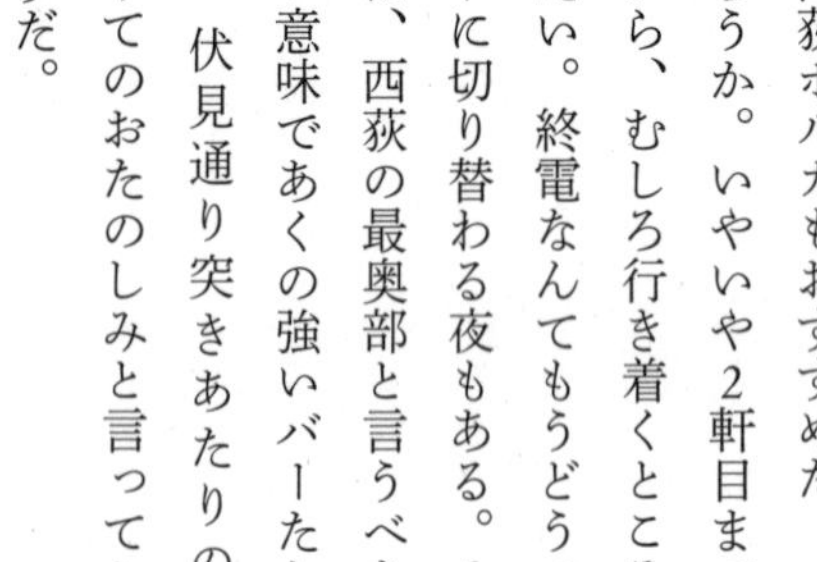
G7ハイボール
まばゆく輝いています

西荻窪「G7」 2021 MASAYA

最後にサブカル酒場の「ＳＷＡＭＰ」。薄暗い店内を照らすサイケデリックな照明に雑然と並んだファギュア群。一見、斜め上を行くような雰囲気もあるが、古いアニメや映画、ドラマ、音楽などにくわしい店主がおだやかに迎えてくれる。

西荻はじめて物語

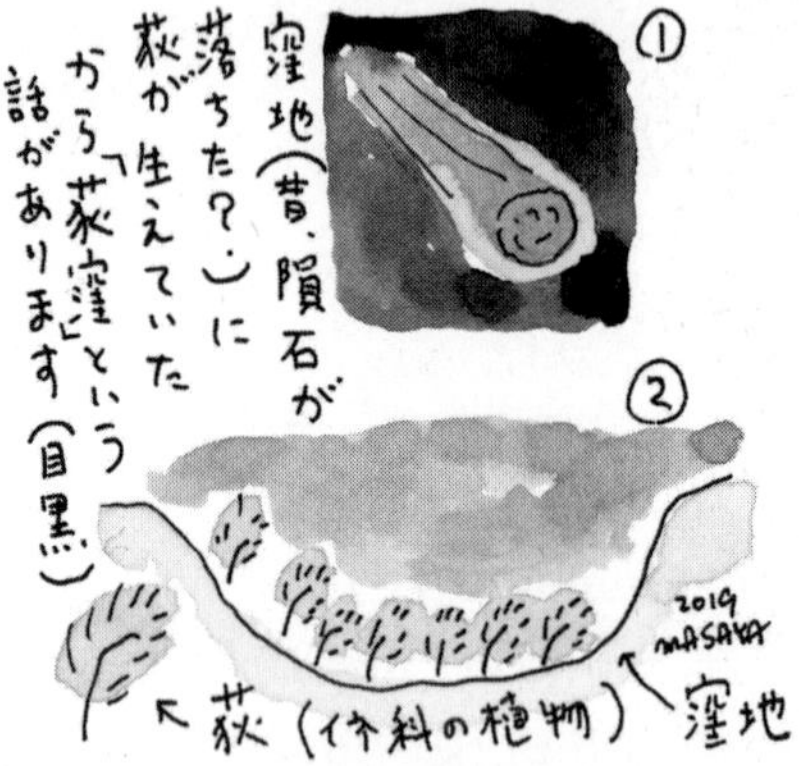
①
窪地（昔、隕石が
落ちた？）に
荻が生えていた
から「荻窪」という
話があります（目黒）
②
2019 MASAYA
荻（イネ科の植物）
窪地

西荻窪～荻窪界隈はかつて隕石が落ちてできた窪地であり、じつは強力なパワースポットなのだという話が、一部でまことしやかにささやかれている。松庵がしばしば地震の震源地（震央）と報じられるのも何か関係あるのだろうか。「磁場」とか「気」とかオカルト的な方向性も嫌いではないから、つい考えたくなる。

事実として、西荻には仏教、キリスト教、神道などさまざまな宗教またはスピリチュアル団体の拠点があり、幸福の科学（1986年）や神道系のワールドメイト（1984年）が西荻発祥というのは有名な話だ。小学生のころ、通っていた塾の三十鈴学苑（ワールドメイトの教祖が代表を務める）の窓から、オウムの真理党が駅北口で選挙活動をしているようすを見ていたものだ。党員たちが象のかぶりものをつけて踊ったり、風船を配っていた記憶がある。

いまや世界じゅうに700店舗以上を数え、総資産1兆5000万円規模となった「ドン・キホーテ」の前身雑貨店「泥棒市場」が、たった18坪の敷地で産声をあげたのも西荻だ（1978年）。そう考えると、やっぱり西荻という土地にはさまざまなものを惹きつける磁力のようなものがあるのかもしれない。

ほっと
ひと息
つける場所

上「アングレーズ」→ P.86, 227
下「こけし屋」→ P.200

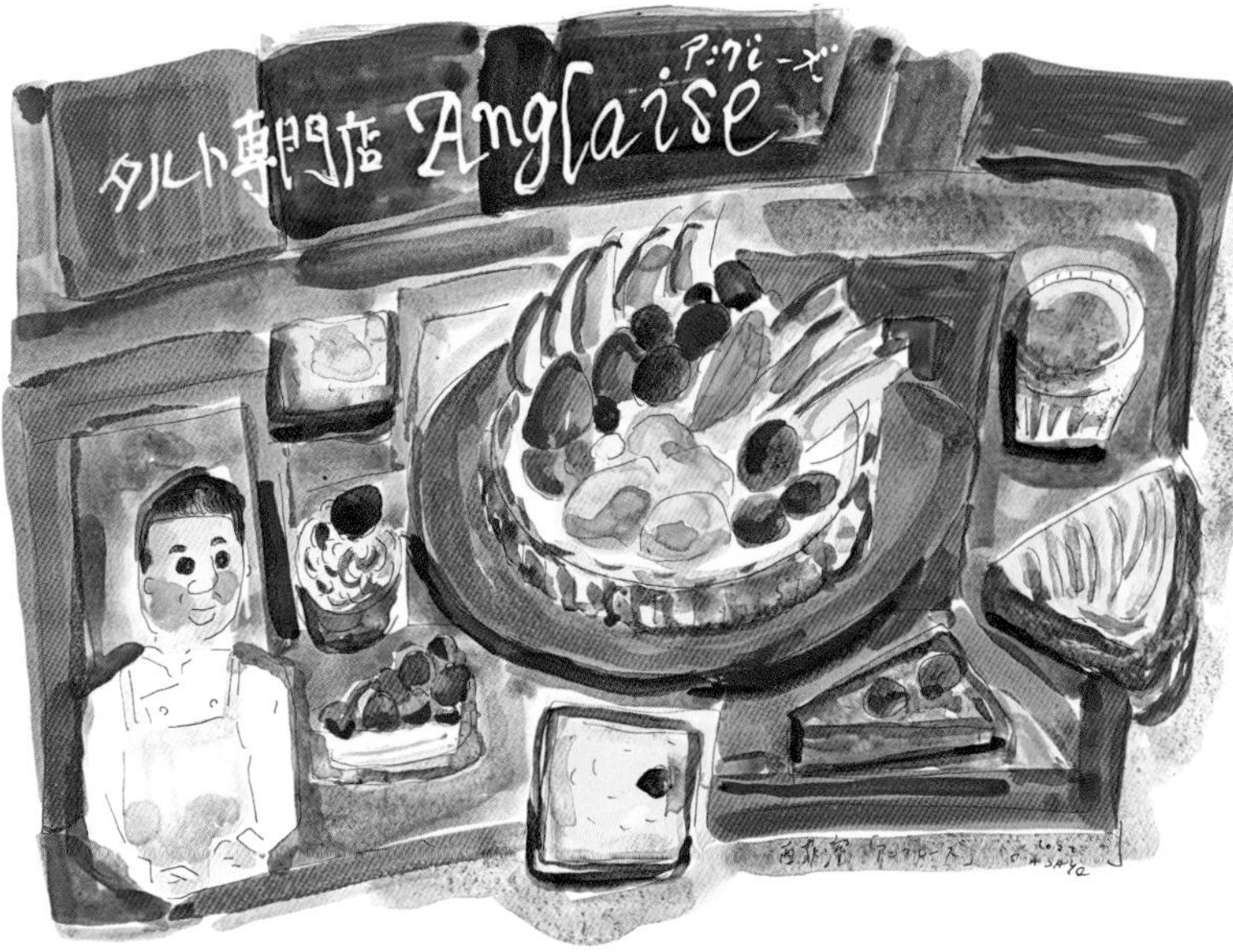
タルト専門店 Anglaise
アングレーズ

こけし屋
2020 MASAYA
本館入口
別館
別館の
ゴロット豚肉入り
カレー
カニクリームコロッケ
ビーフシチューコロッケ

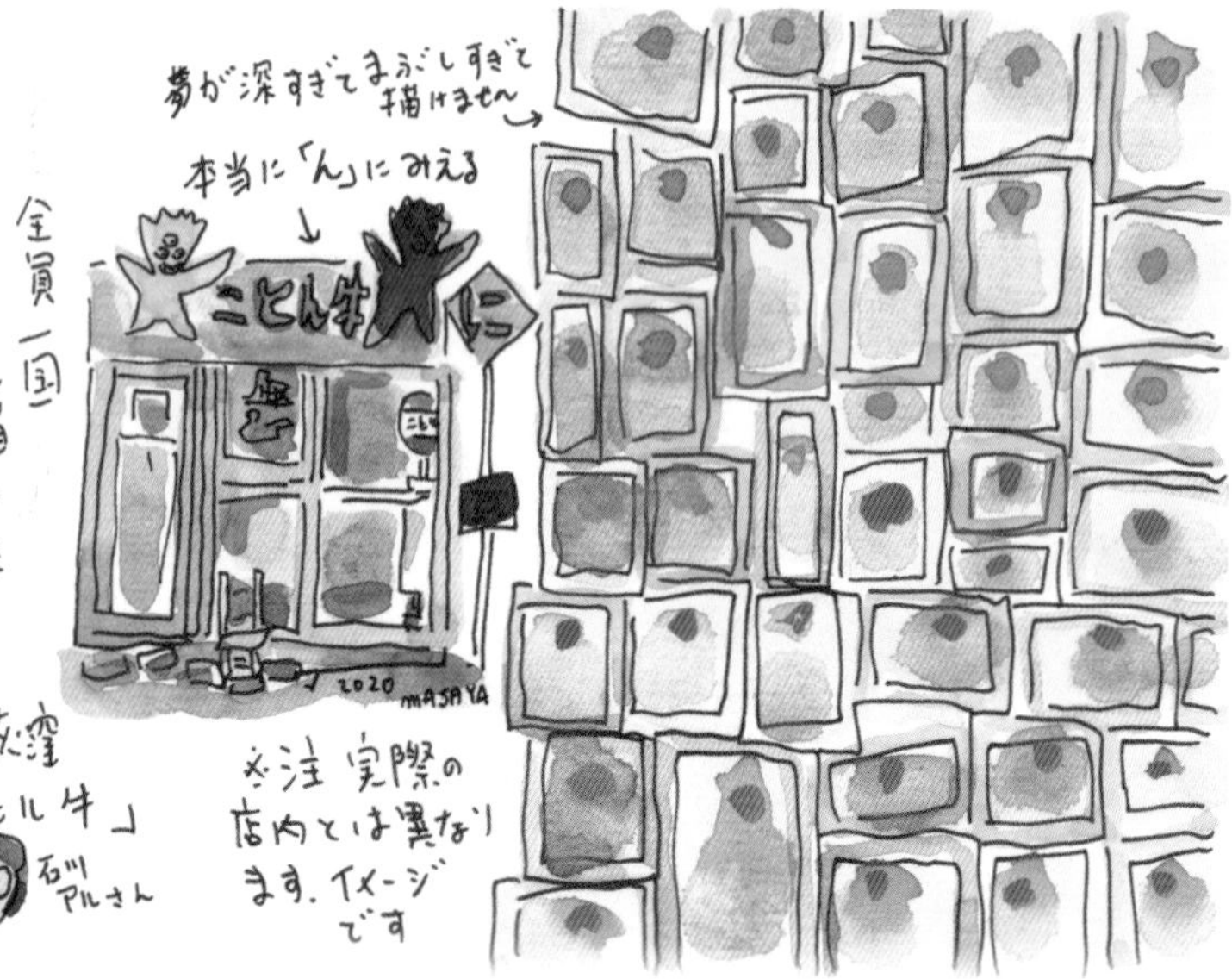
夢が深すぎてまぶしすぎて描けません
本当に「ん」にみえる
全員一国一箱の主になれます
西荻窪「ニヒル牛」
石川アルさん
※注 実際の店内とは異なります。イメージです
2020 MASAYA

西荻は東京のパリだとしたら ここは西荻のパリ
Feve
パテ
リエット
きのこムース
パン
サバラン
西荻窪 フレンチビストロ「Feve」
2020 MASAYA

上「ニヒル牛」→ P.241
下「ビストロフェーブ」→ P.203

右「本屋ロカンタン」→ P.232
左上「今野書店」→ P.233
左下「善福寺公園」→ P.251

ゆかりのある
作家たち
今野夫人
今野社長
今野書店
東海林さだおさん
角田光代さん
江口寿史さん
平松洋子さん
いしかわじゅんさん
末井昭さん
山田詠美さん
2020
MASAYA
西荻窪「今野書店」
〜不滅の新刊書店〜

桜
内田秀五郎像
カルガモ親子
カワウ
ボート
鯉
2020
MASAYA
西荻窪 善福寺公園

昭和の頃の
「大ケヤキ」
西荻窪の
大きな 大きな
ブロッコリー
昭和60年頃
2020 MASAYA

10センチ四方の小さなキャンバスに、
これまであまり取り上げてこなかった
風景ばかりをあえて描いてみた。
個人的な"西荻五十八景"といったところだ。

ボクの西荻点景

西荻ゴルフセンターの見える景色

西荻北2丁目周辺。左の建物は西荻では有名な服部医院。私が小学生のころは校医で“ハットリさん”と親しまれていた。江戸時代、荻窪に伊賀忍者の住居があったらしいという伝承と関係があったりするのかな

有田焼すずき周辺

西荻北3丁目。すずきは有田焼の名店で、本格的なものから手ごろなものまで絵柄も豊富で、眺めているだけで楽しい。私はここで買った柘榴《ざくろ》の描かれたコーヒーカップを使っている。赤茶色が素敵な木造住宅

西荻窪3丁目のビル

このビルには「ビストロシノワ YASMIN」や「O《お》寿《す》し1《いち》」、カクテルバー「inf（インフ）」が入っている。どのお店も洒落ていて、男ひとりで腰を落ち着けるには二の足を踏んでしまう。なんとなく代官山っぽい雰囲気

伏見稲荷

北口伏見通りの八百松の脇を左に入る。時間が止まっているかのような情緒的景色。正面には、テンセイやほうぼう屋のビル。西友の出入口の中ではここがいちばん好き。このへんの子どもたちとも昔はよく遊んだ

乙女ロード中ほどの小道

いまでこそ西荻には垢抜けた通りがずいぶん増えたけれど、この界隈も昔は中央線沿線の例に漏れず、有名無名問わず作家、絵描き、バンドマンなんかがたくさんいた。うろうろと飲み歩いてはへべれけになって揉めていたり、朝まで誰かが路上で寝ていても気にもされない。ただし高円寺なんかより規模はずっとちいさいローカルな道だった。のちに乙女ロードと呼ばれることになるとは想像もつかないような“哀愁の回廊”“酒場親父の最果て”というような僻地《へきち》だったのだ。私が大学生のころは呑み亭というヒッピー文化の砦かつミュージシャンの溜まる酒場があった。いつも店の外までじゃかじゃかと歌声が響いていて、当初は歌声酒場だった新宿三丁目の「どん底」のような感じだった。最近ではミュージシャンというよりは漫画家や物書きの姿が増えたような気がする。この小道から見える質屋とか不動産屋は、そういう時代の流れをじっと眺めながらこの場所で商売を続けている

西荻窪郵便局周辺

杉並区立桃井第三小学校の裏手。バス通りを右に折れてこの道をひたすら進めば荻窪駅までほぼ直線で行ける。車も人通りも多くないから、荻窪・天沼の日本大学第二中学校・高等学校へ通う自転車のバイパス的要路として活用していた。急な坂道を下りながら右手に中央線の高架を眺めて善福寺川を渡ると、すぐ先に有名な蕎麦屋「本むら庵」があり、私の体感では、そこから先が荻窪だ。環状8号線と青梅街道が交差する四面道に出て、2・26事件で襲撃された渡辺錠太郎と作家井伏鱒二の邸宅地を通る道が通学路だった。事件といえば、本田が小学校裏の郵便局に自転車を停めてその場を離れていたら、その間になんと郵便局に強盗が入った。逃走犯に投げつけられたカラーボール(蛍光色の液体が入った球)が彼の自転車にも当たり、車体がカラフルに染められてしまったあげく、警察から聴取まで受けることに。剣道の寒稽古で、まだ暗い早朝から毎日このまっすぐな道を白い息を吐きながら自転車を漕いだ。当時好きだったTRFの「BOY MEETS GIRL」を聞くと、反射的にあの道と斬りつけるような寒さ、切ない思い出なんかもごちゃまぜになった青春の傷の疼きが少々顔をもたげたりする

駅通橋

西荻北5丁目。川面には黄緑色の鮮やかな水草が泳ぐ。この橋を渡るとこちらを見下ろすように西荻台マンションがそびえ立ち、急勾配な坂道が続く。幼稚園から小学2年生くらいまで通っていた山本先生の英会話教室へ向かうとき、この坂を自転車で漕ぎ上がるのはたいへんだった。小学生になると、駅通橋から善福寺公園へ向かう川沿いルートでよく遊んだが、公園まで行くと水門の横に小さなトンネル状の空間があり、しょっちゅう入りこんでいた。散乱した大人向け雑誌やビールの空き缶にどきどきしたものだ

西荻南3丁目「質ヤナガワ」周辺

景色は喫茶店それいゆを背にしている。質屋のヤナガワには趣たっぷりの蔵がある。店頭は釣具屋になっていて、中学生のころは針やテグスを買うのに重宝した。向かいはこけし屋別館の駐車場なのだけど、じつはこのスペースはその昔釣り堀だったらしい。駐車場係のおじさんがたまにそれいゆで静かにひと息つかれている姿を見かけるが、この方は30年以上前にはバリバリで現場を取り仕切っていた。おじさんの顔を見ると、朝市グルメを思い出してよだれが垂れそうになってくる。いわば“ミスターこけし屋”だ

西荻北2丁目　桃三小周辺

小学生のころは桃三野球部のダメキャプテンで、小学校の外周を走るのが嫌で仕方なかった。しかし、いまとなってはあのころ体力がついたんだなと感謝する。右の角にはその昔ラジコンや鉄道模型、エアガンを売る「ニットー教材」というお店があって、小中学生には手の届かない高価な品揃えに胸が躍った。いつからかファミコンの中古ソフトをあつかうようになり、お年玉で買ったソフトを売っては別の中古ソフトを買うという経済活動に夢中になった。あの時代にはソフト買取価格表が各店舗独自に存在していて、このお店はかなり高額で買い取ってくれた。子どもにとっては優良店だったけれど、そのぶん販売価格も高くて、あれじゃあ売れないんじゃないかとこちらが心配になるくらいだった。他のお店ではとっくに価値が下がっていても、ここではけっこう長いこと買取価格が据え置きだった。通常、ファミコンソフトの買取価格は株式相場のようにどんどん変わるから、安く買い、高く売るための情報収集が勝負なのだ。ただ、数万円もするラジコンカーが当時かなり売れていたので、案外お店としては潤っていたのかもしれない。私もたしかタミヤのブーメランというラジコンバギーを買ってもらった

西荻北3丁目
「理容フクドメ」周辺

伏見通りから左に延びた路地に入り中央線高架へ続く小道は、昭和の風情をとどめたいい道だ。人気の「居酒屋 豪」、突きあたりの角には、フランスっぽい小さなパン屋さん「ル プチ パン イ・ウ」が控える

杉並区と武蔵野市の境界の道

西荻北4丁目付近の神明通り先にある樫の実幼稚園に通っていた。当時の園児がいまでは、西荻が誇る名店を取り仕切るオーナーだったりするから時の流れを感じる。園の前には喫茶店「ウッドストック」がある

松庵3丁目 「ルポン」と
「パブスナック COCO」の裏道

居酒屋晩小屋もある名裏道。ルポンは地下バーみたいな雰囲気のビストロ、COCOは同じビルの地下1階で昔から続くスナック。COCOの看板デザインがすごく良くて、ここを通るたびに“ジャケ飲み”したくなる

西荻北3丁目
チャペルマンションの見える風景

右手の味わい深いアパートは昔から変わらない。中学生のころは腹が減ると、とらやでコロッケとメンチを買い、この静かな路地で揚げたてを食べたものだ。買ったそばから熱々を丸かじりがいちばんうまい

関根橋

私にとって善福寺川随一のメジャーな橋といえばここ。どことなく観光地っぽくもある景色。近所にはカレーのガネーシャガル、洋食のみかさ、タルトのアングレーズなどなど。川面に浮かぶ鴨の姿もちらほら

西荻北3丁目「ビリヤード山崎」の路地

西荻屈指の名裏路地。ビリヤード山崎は昭和初期からの老舗。理髪店「アオヤギ」のたたずまいもいいし、通り抜けた突きあたりは左右に折れるT字路となり、西荻の名店が点在する住宅地へそれぞれ延びていく

「や乃家」跡

伏見通り沿いにかつてあった蕎麦屋や乃家とイタリアンの「ベントルナート」跡

西荻窪駅高架下から見た風景

高架下タクシー乗り場は、かつて深夜になると西荻で飲んだ泥酔者の溜まり場だった。西荻の8割がたのトラブルはここで起きるといってもいいだろう。悪酔いをした友人が、ひどいくだを巻ちらしてたなあ

ボクの西荻点景

西荻マイロード商店街

2021 MASAYA 西荻窪マイロード

移り変わっていく西荻もあれば、私が子どものころからほんとに変わらない西荻もあって、このマイロードは“日本のパリ”とはかけ離れた存在だ。昭和にはどこの駅前にもあったような高架下商店街。「手芸キムラヤ」やトヨダヤ靴店、フランクフルトなど入口付近に並んだお店には、いまや文化遺産と言いたくなるような昭和の風が吹いている。たまにわけもなく無性に通りたくなって、いそいそと足を向けている。高架下なので、急に雨が降ってきたときなどには便利な駆けこみ場所にもなる

西荻台マンションの見える風景

駅の北口を出て正面に口をあけた小道を直進し、酒房高井、ゴローゾテツのあたりを越えてさらに進んでやや下れば、善福寺川に架かった駅通橋に出る。V字になった急坂の中腹にそびえるのは界隈最大級の西荻台マンションだ。私は子どものころ、ドラクエに出てくる「大灯台」と呼んでいた。手前にある木造古民家とのコントラストがすごい。背後から西荻の街全体を睥睨する巨大な城を、より威厳に満ちた姿に感じさせてくれるお気に入りの構図だ

2021 MASAYA 西荻北5-7 西荻台マンションを望む古民家

豊栄マンション周辺

桃三小裏にそびえる白い城。毎朝登校する直前まで観ていた番組『ズームイン!!朝!』に、当時このマンションに住んでいた友人が突然、銅版画家の山本容子さんといっしょに画面に現れて驚いた記憶がある

西荻南3丁目　新堀ギター周辺

新堀ギターや「松月庵」こそ、いぶし銀の西荻名所。個人的にはここのカーブの具合が大好きだ

西荻窪駅南口

駅前のパチンコ屋がいつのまにかドラッグストアになっている。飲み屋街の入口には長きにわたり鎮座する中華料理店とみやがあった。のちの町中華ブームを待たずに、惜しまれつつ閉店してしまった

「びあん香」周辺

商店街の入口に突如現れる半地下の喫茶店は“ちいさな森”のよう。ここから東に延びる道の先には、Water Blue Cafe、古着屋「often（オフトン）」や「ノムカフェ」ほか、さまざまな名店が立ちならぶ

ボクの西荻点景

西荻北3丁目の辻

かつてこのあたりは銭湯玉の湯、しゃがれ声で客寄せをする親父さんの八百屋、駄菓子の田丸屋、酔っ払いの野球部監督で料理名人が営む支那そば美華、バラエティ番組の酒特集回でよく舞台となった「やきとり雅」などが居ならぶ、北口有数の繁華な一角だった。バス通りに面して、コンビニのサンクスや博多ラーメン「ふくふく亭」があった。現在は、美華が入っていた建物の1階で「欧風カレー Y's Cafe」が頑張っている。新しいお店がひしめく和合マンションの存在も新風を吹かせてくれている

置田橋

JR高架下の北側すぐに架かる善福寺川の橋。位置的には荻窪駅寄り。右手のJRの社宅に住む友人（父親は東京駅駅長）と、このへんでよく遊んだ。高架を走る電車は特急あずさかかいじだろう。バス通り沿いの関根橋からこの置田橋までは閑静な住宅地だが、中央線の南側へ抜けていくとマンションや商業ビルがターミナル駅荻窪の裏手という感じになる。井の頭線の浜田山駅からほど近い善福寺川緑地公園をスタートして善福寺公園まで、側道を自転車で遡上していく行為を“カリブの海賊”と勝手に呼んでいる

gallery cadocco周辺

北口高架脇の神明通りには独特な充実感がある。イタリアンのShimaneko、洋食の「キャロット」、古書音羽館をはじめ蕎麦、鰻、台湾料理、ピザ屋、ステーキハウス、とんかつ屋、画材屋までが揃う裏さんぽ道だ

松庵3丁目「石見銀山 群言堂（暮らしの研究室）」周辺

すでにこのあたりから松庵だったとは。南口ピンクの象のアーケードを抜け、駅を背に乙女ロードを少し進んで右に入る。古民家を改装したこのお店やBAR G7、「しおと」が入る一角もある

西荻窪駅北口

右手のビルには昔から1階にサンジェルマンがある。かつて最上階の白木屋は、金欠盛りの私たちには貴重なオアシスだった。外が明るくなってくるまでよく飲んだものだ。窓際はなかなかの眺望だった

西荻北2丁目「でじま」周辺

駅北口を出て右手に渡った道をまっすぐ行ったでじまには、実家にいたころよく出前をお願いした。いまや界隈唯一の長崎チャンポン専門店。目の前にはお社があり巨木が覆いかぶさるように葉を茂らせている

西荻窪南口の飲み屋街

いい店しか生き残れないサバイバルエリア。飲み屋の主人が仕事前に昼飲みしにきたり、朝まで働いた仕事明けに1杯という光景も。全体的にお店の人たちは若返りを果たし、みんな頑張っている

それいゆの全体像

素朴なアパートの建物。このアパートに住めるのいいなあ。裏側から見るとまた情緒がある

西友出入口

駅北口から西側神明通りへの抜け道にもなる、高架下の独特なスーパー。“西友は通り抜けられるもの”という認識が刷り込まれているせいで、阿佐ヶ谷や高円寺のような箱形タイプの西友のほうが私には新鮮だ

村田商會、どんぐり舎の見える十字路

西荻北3丁目周辺。西荻的には現在もメインストリートのひとつだが、古くから続く西荻独自の細道文化の名残をとどめた通りだ。ある種の“結界”を感じさせるなんとも不可侵な風景。これぞ裏道の鑑

西荻北3丁目　音羽館周辺

音羽館は文句なしに西荻随一の老舗古書店で、店主の広瀬さんは『西荻窪の古本屋さん 音羽館の日々と仕事』という著書も持つ。3丁目にはほかにも旅の本屋のまどや「忘日舎」などもあって心強いかぎりだ

西荻窪南口・飲み屋街の奥地

隠れ家みたいな「最後に笑え」。レモンサワーの「スタンドルポン」。ワインの「バー・ル・マタン」。いずれも気取らずに飲める店。戎で引っかけてから、こうしたお店に流れていくのが私の好みだ

松庵3丁目　晩小屋周辺

南口の隠れ名店街というべき裏路地。「みちのくらさん」「ビストロキッチン ルポン」など。晩小屋は知る人ぞ知る実力派で、グループでわいわい飲んでも楽しく、独酌も最高。居酒屋の粋を極めたような名店だ

松庵2丁目　高橋菓子店周辺

乙女ロードを抜けた先。久我山・吉祥寺・環8通り方面への岐路となる閑静な住宅街だ。喜田屋、越後餅屋と並ぶ西荻三大和菓子店の一角、高橋菓子店は五日市街道沿いの西荻南第二交差点にある

ボクの西荻点景

西荻南3丁目
高架沿いの細長い建物

淡いパステルカラーのお店がかわいい景色を生んでいる。カフェクチュ、豆花の雲(WAN) など。古い建物は変わらぬままに、アイデアしだいで新陳代謝する“東京のパリ”とでもいうべき場所

西荻南3丁目　グレース周辺

スイーツとかパティスリーではなく、それいゆと同じく“喫茶店のケーキ”と呼ぶのが似合う。大ぶりのふかふか生地にたっぷりのクリームが魅力的。線路と直角方向に走る路地たちはどれも心地よい風景

北口高架沿いにある
トラック車庫

手入れの行き届いたぴかぴかのトラックが見える。昔はガレージが開けっぱなしで、迫力ある洗車風景が見えたりした。いまは自動シャッターが降りるが、たまに開いていることも。親玉みたいな大きな車輛も

西荻北3丁目
大けやきの見える道

右手には西荻が誇る豆腐の名店寿屋。豆腐そのものを味わいたければ、塩か生醤油をかけて食べるのがいちばんだ。北の奥に大けやきを望み、四季を通じてドラマチックな印象を受ける。西荻の名景ベスト5

デイリーストア

たこ焼きたけちゃん

じんからの路地

焼き肉 よね田

「京桝屋」周辺

西荻南3丁目のギャラリー周辺

「メリ・プリンチペッサ」

大宮前体育館

昭和レトロな和合マンション

水色がまぶしい日本標準ビル

西荻北3丁目　ラズベリー周辺

アンティークの「プベル」

西荻北3丁目　村田商會周辺

西荻北3丁目　吉野ビルの風景

西荻北4丁目　稲荷通り

西荻南口仲通街

裏けやき

おわりに――西荻窪には何かある

この本が出た後はしばらくのあいだ、なじみの店には大行列ができ、あるいは予約しなければ入れなくなってしまうかもしれない。それ以前に私自身、恥ずかしくて西荻の街を歩きにくくなってしまうかもしれない――。

頭をかすめるそんな邪念を振り切って、断固たる覚悟を持って本書を書いた。というのは冗談だけれど、尽くせぬ西荻愛を私なりに、全力で紙面に注ぎこんだつもりだ。なにぶん個人的な思い入れや経験に偏っている面はあるが、そこはお許し願いたい。西荻のことをよく知っている人にも、一度も来たことがない人にも、少しでも楽しんでいただけたらこんなにうれしいことはない。

西荻好きな人に出会って話をしてみると、それぞれまったくちがうコースで食べたり飲んだりしているのがわかっておもしろい。子どものころから過ごしている私でも

聞いたことがない店の名前が出てきたりして、そのたびに驚かされる。大都市東京の中にあって、さして広くもないこの街西荻。そこに毛細血管のように広がる数々の路地。軽く散歩でも、と少し歩けば、たちどころにいろいろな顔を見せてくれるので、本当に底が知れない。最近はやりの多様性に満ちた迷宮と言っていいんじゃないかと思う。西荻の街にはそんな磁力があって、これからもそういう、人それぞれに感じる〝何か〟に惹かれた人びとが集まることだろう。

2022年には「コーヒーロッジ ダンテ」が閉店、こけし屋は3年間の休業に入った。この原稿を書いているまさにいま、〝日本一のかつ丼〟と謳われた坂本屋が閉店するという報を受け、正直動揺もしている。長く続いてきた歴史的な名店も永遠ではないんだと痛感させられる。とはいえ、西荻は死なず。最近ふらふら街を歩いていると、開店準備中のお店をよく見かける。閉店するより明らかに、新たにはじまるお店のほうが多いのだ。はたしてこのうち、どれだけのお店が30年、50年と続いていくのだろうか、期待をこめて見守っていきたい。

「はじめに」でも触れたとおり、この本は西荻窪のガイドや町案内本をつくろうと思って書いたものではなく、個人的な記憶や印象に基づいたエッセイにイラストレーションを合わせた、ちょっと変わった本になっている。もしかすると実際とは異なる描写があったりするかもしれない。たとえば、いまの萬福飯店には、本書に書かれている天津麺はない。でも、私が子どものころには確かにあったのだ。お店に行かれて「目黒が書いていた天津麺はありますか?」と聞いてみたら、ひょっとすると出てくるかもしれないし、断られるかもしれない。だからと言って怒ったりせず、いまのお店の味を楽しんでもらえたらと思う。でも、ポモドーロの魔女風カツレツは事前に電話注文すれば食べられます。これはマスターに確認を取ったので間違いない(はず笑)。よほど事情が変わらないかぎり、喜んでつくってくれるだろう。

西荻のレジェンドたちもみんな、いい年齢になった。あるいは、もう20年とはいかないかもしれない。思い立ったが吉日。さっそく足を運んで、西荻の街をささやかに

おわりに――西荻窪には何かある

楽しんでもらえたら私もうれしい。
2022年に着手したこの本づくりも、2023年半ばにこうしてついに形になった。その間、西荻を擁する杉並区では新人区長が誕生、長かった新型コロナウイルスの感染拡大もようやく落ちついて、街角には以前にも増して活気がもどってきた。いま、西荻の街は新たな展開を迎えている。静かにエールを送りながら、私もこの西荻の街とともに、刺激と安らぎの日々を今後もゆるゆる送っていきたいと思う。

本書を書くにあたっては、西荻のお店のみなさんにたいへんお世話になりました。本当にありがとうございます。また、この機会をあたえてくださった亜紀書房の高尾豪さんをはじめ編集部の皆様、デザイナーの植草可純《かすみ》さん、前田歩来《ふらい》さん、さまざまなエピソードに出てくる私の友人たち、そして、ともに西荻を徘徊する名も知らない心の同志、すべての人たちに厚く御礼を申し上げます。

西荻の街よ、永遠に。

目黒雅也

目黒雅也　Masaya Meguro

1977年東京・西荻窪に生まれる。イラストレーター、絵本作家。杉並区立桃井第三小学校、日本大学第二中学校・高等学校を経て日本大学芸術学部デザイン学科卒業。在学時には安西水丸に師事。単著に『うちのしょうちゃん』(皓星社)、歌人枡野浩一との共著に絵本『あれたべたい』(あかね書房)、『ネコのなまえは』(絵本館)、児童小説『しらとりくんはてんこうせい』(あかね書房)がある。古くて味のある喫茶店や酒場を愛す。中野区・新渡戸文化学園にて剣道の指導にもあたっている(錬士六段)。

西荻《にしおぎ》さんぽ

2023年7月6日　第1版第1刷　発行

著　者　目黒雅也
発行者　株式会社亜紀書房
　　　　〒101-0051　東京都千代田区神田神保町1-32
電　話　03-5280-0261(代表)
　　　　03-5280-0269(編集)
　　　　https://www.akishobo.com

装　丁　APRON(植草可純、前田歩来)
DTP　山口良二

印刷・製本　株式会社トライ
https://www.try-sky.com

Printed in Japan　ISBN978-4-7505-1795-7 C0095